ÉLÉMENTS
DE
DROIT CONSTITUTIONNEL

A L'USAGE

DES ÉTUDIANTS DE PREMIÈRE ANNÉE

PAR

Charles MONNOT

DOCTEUR EN DROIT

PARIS

LIBRAIRIE NOUVELLE DE DROIT ET DE JURISPRUDENCE

ARTHUR ROUSSEAU, ÉDITEUR

14, RUE SOUFFLOT ET RUE TOULLIER, 13

1900

ÉLÉMENTS
DE
DROIT CONSTITUTIONNEL

DU MÊME AUTEUR :

Éléments d'histoire du droit français depuis la période gallo-romaine jusqu'en 1815, *à l'usage des étudiants de première année*. — 1 vol. in-18 publié avec la collaboration de M. Amédée Bonde, docteur en Droit. 2ᵉ édition, Paris, A. Rousseau, éditeur (1898).

ÉLÉMENTS

DE

DROIT CONSTITUTIONNEL

A L'USAGE

DES ÉTUDIANTS DE PREMIÈRE ANNÉE

PAR

CHARLES MONNOT

DOCTEUR EN DROIT

PARIS

LIBRAIRIE NOUVELLE DE DROIT ET DE JURISPRUDENCE

ARTHUR ROUSSEAU, ÉDITEUR

14, RUE SOUFFLOT ET RUE TOULLIER, 13

1900

PRÉFACE

En publiant ces *Éléments de droit constitutionnel* nous nous sommes proposé un double but : faciliter aux étudiants la préparation de leur examen, et, surtout, faire œuvre éducatrice.

Notre étude comprend une introduction et deux parties. L'introduction est un historique du droit constitutionnel qui n'offre guère d'intérêt que pour les candidats au doctorat.

Dans la 1re *partie*, à laquelle nous avons donné spécialement nos soins, et qui a une portée plus haute que la préparation de l'examen, nous nous sommes appliqué à établir la fausseté de certaines théories mises en honneur par tous ces pontifes de la science, dont les conceptions prétendues philosophiques paraissent un défi porté à l'esprit humain, à la conscience humaine.

Que n'a-t-on pas dit, pas écrit sur le fondement de la souveraineté et ses caractères, sur les droits de l'État opposés aux droits du citoyen ? Nous avons cherché dans ces questions d'un ordre spéculatif à dégager le vrai du faux.

Nous avons été heureux de nous trouver sur presque tous les points en communion d'idées avec M. Chénon, et sur la plupart des points, avec M. Esmein, les savants professeurs de l'Ecole de droit.

Toutes les fois d'ailleurs que nos idées étaient en

opposition avec les leurs, nous avons eu soin de le faire remarquer.

Dans la 2e *partie* de notre étude, nous nous sommes occupé de l'organisation des pouvoirs publics dans les principaux pays, et spécialement en France.

Nous ne nous dissimulons pas que notre travail prêtera le flanc à une double critique : on nous reprochera certaines attaques vives, certaines hardiesses combatives qu'il n'est pas d'usage d'introduire dans un ouvrage doctrinal ; on trouvera aussi, probablement dans quelques mois, dans quelques semaines, que certaines actualités sont devenues des anachronismes.

De ces reproches, nous n'avons cure.

Quand on a l'honneur d'écrire pour les jeunes générations, quand on porte au cœur l'amour de la France, on a le droit et le devoir de dire en face, et quelle que soit la forme de la publication, leurs vérités à ces despotes d'un jour qui s'intitulent ministres de la défense républicaine, et qui ne sont que des agents de la défense dreyfusarde aux ordres des cosmopolites.

Puissent d'ailleurs les anachronismes que l'avenir nous réserve devenir au plus tôt une réalité !

Nous le souhaitons pour l'honneur de notre pays et pour le salut de la République.

C. MONNOT,
Docteur en droit.

Paris, ce 5 mai 1900.

INTRODUCTION

Le *Droit constitutionnel* est la branche principale du droit public. Il a pour objet l'étude de l'Etat et de ses organes supérieurs ; il règle les rapports de ces organes entre eux ; enfin il indique, et ce point lui est commun avec les autres branches du droit public, quelles sont les limites des droits de l'Etat dans ses rapports avec les particuliers.

Il ne doit pas être confondu avec le *Droit administratif* qui s'occupe des organes secondaires de l'Etat et complète avec le *Droit constitutionnel* l'organisation de l'ensemble des pouvoirs publics.

§ 1. — Sources du Droit constitutionnel.

Les principes généraux les plus importants qui régissent les constitutions modernes se trouvent, soit explicitement, soit en germe, dans un grand nombre d'écrits émanant de publicistes anciens : théologiens, légistes et philosophes.

La POLITIQUE d'ARISTOTE est l'ouvrage le plus remarquable qu'ait produit l'antiquité sur la science de l'Etat. On lui doit la distinction fondamentale des trois formes simples de gouvernement : la *monarchie* ou gouvernement d'un seul, l'*aristocratie* ou gouvernement des meilleurs, la *démocratie* ou gouvernement de la masse des hommes libres. Recherchant quelle est la forme politique la plus sage, Aristote donne la préférence à ce qu'il appelle πολιτεια la *politie*, gouvernement mixte qui comprend un mélange de démocratie et d'aristocratie.

Cette conception d'Aristote sur le *gouvernement mixte* a été adoptée avec des modifications par les théologiens du moyen âge et notamment par le plus éminent d'entre eux, St Thomas d'Aquin qui admet un mélange de royauté, d'aristocratie et de démocratie.

Au XIVe siècle, un auteur italien, MARCILE DE PADOUE, qui fut, en 1312, recteur de l'Université de Vienne en Dauphiné, composa un livre très hardi, intitulé le *Defensor Pacis*, consacré à la défense de Louis de Bavière, frappé d'excommunication par le Pape. Il établit la séparation du pouvoir religieux et du pouvoir civil, le premier tenant ses pouvoirs du Christ, le second ayant pour fondement le droit naturel et humain.

Nous trouvons déjà dans Marcile de Padoue cette idée que *le droit de faire des lois réside dans la nation entière*.

Le principe de la souveraineté nationale est ainsi affirmé pour la première fois en plein moyen âge.

Il le fut de nouveau aux Etats-Généraux de 1484 dans le fameux discours de PHILIPPE POT, seigneur de la Roche.

Au XVIe siècle, le Père jésuite SUARÈS admit également le principe de la *souveraineté nationale* et en donna pour la première fois dans son traité *De legibus* (liv. III, chap. II et III) une explication qui, reprise plus tard, devait avoir un grand retentissement.

Suarès admet la *liberté naturelle*, c'est-à-dire un état primitif dans lequel les hommes auraient vécu sans rapports entre eux, sous une autorité commune les régissant. Dès lors, il n'y a aucune raison pour que le pouvoir appartienne à l'un plutôt qu'à l'autre. Il conclut en affirmant que l'autorité ne peut découler que d'un véritable *contrat social*. Il est ainsi le précurseur de *Bossuet*, de *Locke*, de *Hobbes* et de *J.-J. Rousseau* qui, en partant du même point, arrivent à des conclusions différentes : à l'absolutisme du monarque ou de la foule, selon qu'ils admettent ou non pour celle-ci le droit de déléguer irrévocablement ses pouvoirs.

A la même époque, JEAN DE SALISBURY affirmait le droit divin de la royauté. Le pouvoir royal vient de Dieu. Donc 1° il ne peut être retiré, 2° il ne peut être limité.

Dans son *Discours sur la servitude volontaire* composé en

1548, ÉTIENNE DE LA BOÉTIE protesta contre l'omnipotence royale et contre l'absorption en la personne du prince, de la puissance publique et de la nation. Il admet que la liberté et la fraternité sont des principes de droit naturel. Si néanmoins les hommes se sont soumis à la volonté d'un seul, c'est que, la monarchie absolue ayant commencé par la violence, la servitude volontaire s'est formée par la puissance de l'habitude ; mais le fait ne crée pas le droit et il y a lieu de s'étonner que les hommes supportent le joug d'une autorité despotique.

Les légistes, d'autre part, favorisaient l'omnipotence royale en faisant une application abusive de cette maxime d'Ulpien : *quidquid principi placuit, legis vigorem abet*.

Les luttes de religion provoquèrent la rédaction d'un grand nombre d'écrits politiques.

Les chefs des Eglises réformées prêchent en général le respect des autorités établies.

La forme religieuse, dit LUTHER, *ne peut régulièrement se faire que par l'autorité des princes.*

CALVIN, dans son *Institution chrétienne* (1535), considère que la meilleure forme de gouvernement est la monarchie mêlée de politie, c'est-à-dire de démocratie. C'est la théorie du gouvernement *mixte* d'Aristote et de St Thomas.

Mais d'un autre côté il rejette la démocratie dans laquelle tous les individus sans distinction participeraient à l'administration de la chose publique.

Quant aux formes de gouvernement, c'est, dit-il, une question oiseuse de rechercher quelle est la meilleure. C'est avant tout une question de milieu et de circonstances.

Un autre protestant, qui fut un jurisconsulte et un homme politique remarquable, FRANÇOIS HOTMAN, rédigea en 1573 la *Francogallia*, dédiée au duc de Bavière. Dans cet écrit, Hotman admet une royauté élective ; il fonde sa théorie sur des données historiques. Depuis l'établissement des Francs en Gaule, la souveraineté a résidé, non dans la personne du roi, mais dans le *concilium* ou assemblée nationale, plus tard dans *les champs de mars et de mai*, et enfin dans les *Etats généraux*. La monarchie serait devenue héréditaire de par la coutume ; de sorte que les *Etats* n'auraient plus eu l'exercice du droit d'élection que dans les cas où la dévolution de la couronne était douteuse.

Hotman conclut qu'à côté du roi il doit y avoir des *Assemblées délibérantes* : Etats généraux et Parlements.

D'autre part entre le pouvoir royal et les assemblées il place l'aristocratie comme tampon.

C'est toujours la théorie du *gouvernement mixte* qui revient.

En 1562, au Concile de Trente, le Père jésuite LAINEZ compara la constitution divine de l'Eglise et la constitution humaine des sociétés civiles.

L'Eglise n'est pas libre, elle a été créée par le Christ qui lui a donné sa constitution.

Quant à la société civile, elle est un *fait naturel*, elle est naturellement libre, elle possède en elle la souveraineté qu'elle règle comme elle l'entend.

Nous avons déjà trouvé cette doctrine dans Marcile de Padoue.

Vers cette époque, les auteurs protestants affirment, au contraire, pour la société civile, la théorie du *droit divin*. Cette thèse se trouve notamment formulée dans les *Vindiciæ contra tyrannos* (1579), ouvrage attribué à HUBERT LANGUET.

L'écrivain absolutiste le plus puissant du XVIe siècle est JEAN BODIN que l'on peut considérer comme le créateur de la science politique dans les temps modernes. Son traité *Les six livres de la République* (ici République est synonyme de gouvernement) eut sept éditions en trois ans et fut traduit dans toutes les langues.

Il est le premier qui ait établi nettement la *distinction entre la souveraineté et le souverain, entre l'Etat et celui qui le représente*. Cette distinction admise entraînait cette conséquence que le souverain, bien qu'il ait l'exercice le plus complet de la souveraineté, ne peut aliéner cette souveraineté.

Bodin, dit M. Chénon, préconisait la forme monarchique ; il admettait une représentation nationale, mais en lui accordant des pouvoirs restreints : droit de conseil, de remontrances, droit de voter les impôts ; le roi avait tous les pouvoirs, sous cette réserve qu'il était tenu d'observer les lois du royaume. Bodin repoussait toute division de la souveraineté entre des pouvoirs indépendants.

Fénelon reproduisit le système de Bodin dans le *Plan général de gouvernement pour le duc de Berry*.

On peut dire en somme qu'Hotman, Bodin et Fénelon ne professent qu'un absolutisme tempéré.

Le philosophe anglais THOMAS HOBBES est un partisan énergique de l'absolutisme ; ses idées sont développées dans deux ouvrages : *Elementa philosophica de cive* (1646) et *Le Leviathan* (1651) (1).

Hobbes admet, comme admettront plus tard Locke et J.-J. Rousseau, l'état de nature, mais avec cette différence que d'après lui cet état de nature n'entraînait pas de droits et de devoirs réciproques des hommes les uns vis-à-vis des autres, tandis que pour Locke et J.-J. Rousseau l'état de nature n'était pas exclusif des droits et des devoirs que dictent la raison et la conscience, droits et devoirs auxquels il manquera la sanction civile, jusqu'au jour où la société sera constituée par le contrat social.

Hobbes va jusqu'à prétendre que dans l'état de nature il n'y a pas d'autre loi que la loi du plus fort, que l'injustice ne se conçoit pas, car l'injustice est la violation d'un droit et le droit n'a pris naissance que par le contrat social : c'est la convention qui crée le droit (2).

La société s'est formée par la renonciation des volontés individuelles au profit de la volonté d'un seul ou d'un groupe, lequel groupe décidera, à la majorité des voix, lequel groupe sera soit une oligarchie, soit la nation tout entière.

D'ailleurs, dans l'état social, comme dans l'état de nature, il n'y a pas de droit pour l'individu : le prince peut tout.

C'est encore une différence avec Locke qui, de même qu'il admet dans l'état de nature l'existence des droits et des devoirs, se garde de reconnaître au prince l'omnipotence dans l'état social.

L'abdication des volontés doit, d'après Hobbes, être faite plutôt au profit d'un seul qu'au profit de la nation tout entière. C'est là une différence avec le système de Rousseau.

---

(1) Pour Hobbes, le Leviathan, c'est l'Etat, la cité.
(2) Cette théorie est tout simplement absurde. Aussi est-il étonnant qu'elle ait valu à Hobbes la réputation d'un puissant penseur.

D'autre part, d'après Rousseau, la souveraineté est inaliénable, tandis que d'après Hobbes, le monarque qui se trouve, en vertu du contrat social, investi du pouvoir, a des droits absolus ; il peut même disposer de la souveraineté.

C'est la théorie de la *monarchie absolue et patrimoniale*.

BOSSUET, dans sa *Politique tirée des propres paroles de l'Ecriture Sainte*, se ressent de l'influence de Hobbes. Lui aussi admet l'*état de nature* et la *convention* qui le fait cesser.

Toutes les formes du gouvernement lui paraissent également légitimes. Sa conclusion est qu'il n'y a aucune forme de gouvernement qui n'ait ses avantages et ses inconvénients, et que pratiquement le parti le plus sage est de s'en tenir au gouvernement auquel un long temps a accoutumé le peuple (1).

D'ailleurs les préférences de Bossuet sont pour la monarchie absolue, limitée par la responsabilité devant Dieu et le respect des lois fondamentales du royaume.

La monarchie absolue de Bossuet diffère de celle de Hobbes en ceci que le monarque n'a pas le droit de disposer du pouvoir. La monarchie de Bossuet est héréditaire, mais non patrimoniale.

Au commencement du XVIIe siècle se fonda une école qui se proposa d'étudier les droits et les devoirs des hommes à l'état naturel, antérieur aux sociétés, les principes sur lesquels reposaient les sociétés civiles et les devoirs réciproques des groupements demeurés dans l'état de nature.

Le chef de cette école est un savant hollandais, GROTIUS, qui, en 1625, publia le traité *De jure belli et pacis*. Après lui nous trouvons PUFFENDORF, auteur du *De jure naturæ et gentium* (1672) ; LOCKE, dont nous avons déjà parlé, qui publia en 1690 son *Essai sur le gouvernement civil* ; WOLF, qui écrivit, de 1740 à 1748, le *Jus naturæ methodo tractatum* ; VATTEL, à qui nous devons les *Principes du droit des gens* publiés en 1758.

On peut dire que les écrivains de cette école ont créé le *droit constitutionnel* et le *droit international public* (2).

(1) C'est à peu près ce que dit Calvin.
(2) Esmein, *Eléments de droit constitutionnel*, p. 145.

MONTESQUIEU, JEAN-JACQUES ROUSSEAU et les autres philosophes français du XVIII° siècle n'ont eu que le mérite de vulgariser leurs doctrines, de les faire accepter par le public, grâce surtout à la clarté et parfois à l'éloquence de leur langage.

Montesquieu dans son *Esprit des lois* formula la théorie de la séparation des pouvoirs ; Jean-Jacques Rousseau dans le *Contrat social* exposa la théorie de la *souveraineté nationale*, celle des *droits individuels* et enfin, dans ses *Considérations sur le gouvernement de Pologne*, la théorie du *pouvoir constituant*.

Nous retrouverons plus loin ces théories.

§ 2. — Constitutions coutumières et constitutions écrites.

Les constitutions s'établissent implicitement par la *coutume* ou explicitement par des *lois écrites*.

Les sociétés primitives n'ont eu que des constitutions coutumières ; et même avant 1789, la plupart des peuples civilisés n'avaient pas de constitutions écrites. Actuellement encore, la constitution anglaise résulte en majeure partie de la coutume.

Les *constitutions coutumières* présentent quelques avantages : elles se modèlent sur les mœurs du peuple qu'elles régissent ; elles se modifient insensiblement et d'une façon continue, ce qui empêche les révolutions. Mais elles ont des inconvénients : elles sont incertaines, ne donnent pas de garanties positives aux individus, et par suite ne conviennent pas aux peuples qui veulent des formules précises et claires.

La précision est un des avantages les plus importants des *constitutions écrites*. Ces dernières déterminent avec certitude le rôle attribué à chacun des pouvoirs de l'Etat et évitent ainsi bien des conflits. Elles sont nécessaires, à la suite d'une révolution, pour fixer les résultats acquis.

Les lois qui renferment la constitution d'un peuple ne

doivent pas être confondues avec les lois organiques et les lois ordinaires. Elles en diffèrent sur plusieurs points que nous indiquerons. D'ailleurs, pour un grand nombre d'auteurs, elles doivent émaner d'un pouvoir spécial, *le pouvoir constituant*.

§ 3. — Théorie des pouvoirs constituants.

Jusqu'à la Révolution, la France ne possédait pas de constitution écrite. Le droit constitutionnel était exclusivement *coutumier*. Il existait certaines grandes règles admises par les États généraux et les parlements sous la qualification de *lois fondamentales du royaume*, mais elles n'avaient jamais été formulées expressément dans un acte solennel (1).

Les philosophes du XVIIIe siècle réclamèrent la rédaction d'une loi renfermant les principes essentiels auxquels devaient être soumis les pouvoirs publics.

Ce sont les États-Unis de l'Amérique du Nord, qui sous l'influence de ces idées ont élaboré la première grande constitution écrite, sous le nom de *Articles of confederation*, de 1782 (2). Cette constitution fut remplacée en 1787, par la constitution fédérale actuelle.

En 1789, Siéyès distingua nettement les lois constitutionnelles des lois ordinaires et dégagea l'idée du *pouvoir constituant* opposé aux *pouvoirs constitués* (3).

---

(1) Voir nos *Éléments d'histoire du droit*, 2e édition, p. 148.

(2) Auparavant, plusieurs colonies de l'Amérique du Nord s'étaient donné des constitutions écrites après leur émancipation en 1776.

(3) « Si nous voulons nous former une juste idée de la suite des lois positives qui ne peuvent émaner que de la volonté de la nation, nous voyons en première ligne les *lois constitutionnelles* qui se divisent en deux parties : les unes règlent l'organisation et les fonctions du corps législatif ; les autres déterminent l'organisation et les fonctions des autres corps actifs. Ces lois sont dites fondamentales, non pas en ce sens qu'elles puissent devenir indépendantes de la souveraineté nationale, mais parce que les corps qui existent et agissent

Les *lois constitutionnelles* sont au-dessus des lois ordinaires ; elles leur sont antérieures ; elles organisent les pouvoirs publics, le législatif, aussi bien que l'exécutif et le judiciaire. Par conséquent, le *pouvoir législatif* ne peut se mouvoir que dans les limites qu'elles lui ont tracées.

Les *lois ordinaires* se modifient et s'abrogent les unes les autres ; au contraire, les lois constitutionnelles ne peuvent être modifiées que par le *pouvoir constituant*.

En principe, le *pouvoir constituant* réside dans une assemblée réunie spécialement pour établir une constitution, ou qui s'attribue ce droit, au moment d'une révolution, avec le consentement implicite du pays. En 1789, l'Assemblée des États généraux se proclama *Assemblée constituante*, le 20 juin, par le décret qu'elle rendit dans la *salle du Jeu de paume*. De même, l'Assemblée nationale élue en 1871, se reconnut formellement, par une résolution du 17 février 1871, une loi du 31 août suivant et une autre loi du 13 mars 1873, le *pouvoir constituant* (1).

En temps normal, le droit de réviser la constitution et d'en faire une nouvelle est fixé par la constitution même. Il peut arriver que ce droit appartienne à l'autorité législative ordinaire, mais, les éléments qui composent le corps législatif fonctionnent d'une manière spéciale, lorsqu'ils agissent comme pouvoir constituant « soit qu'ils se fondent momentanément dans une *assemblée unique et nouvelle*, comme aujourd'hui chez nous, soit que, comme en Belgique, ils subissent un renouvellement préalable

---

par elles ne peuvent point y toucher. Dans chaque partie, la constitution n'est point l'ouvrage du *pouvoir constitué*, mais du *pouvoir constituant*. Aucune sorte de pouvoir délégué ne peut rien changer aux conditions de sa délégation. » *Qu'est-ce que le tiers état*, p. 111. Voir Esmein, *loco cit.*, p. 372.

(1) La loi du 31 août 1871 s'exprime ainsi : « L'Assemblée nationale, considérant que le droit d'user du pouvoir constituant attribut essentiel de la *souveraineté dont elle est investie*... »

Loi du 13 mars 1873 ; « L'Assemblée nationale réservant dans son intégrité *le pouvoir constituant qui lui appartient*... »

avant de pouvoir fonctionner comme pouvoir constituant. Généralement aussi, une majorité plus forte que la majorité simple et ordinaire est exigée pour la révision constitutionnelle (1) ».

La *distinction du pouvoir constituant et du pouvoir législatif* a passé dans la plupart des constitutions écrites des peuples modernes. L'*Angleterre*, toutefois, ne l'a pas admise. Dans ce pays, il n'existe aucune différence entre les lois constitutionnelles et les lois ordinaires ; le Parlement s'est attribué une omnipotence absolue et peut légiférer sur les matières fondamentales de l'organisation politique du royaume ; c'est ainsi qu'à plusieurs reprises, il a modifié les règles de dévolution de la couronne (2).

« Le système anglais, dit M. Esmein, présente une grande souplesse, permettant de modifier la constitution dans ses détails sans créer aucune crise dans le pays... Encore, pour fonctionner d'une façon satisfaisante, ce système suppose-t-il chez la nation des traditions très fortes et un esprit profondément conservateur. Au contraire, dans les républiques démocratiques, chez un peuple à l'esprit mobile et impétueux, le système français et américain paraît bien préférable. Il est presque indispensable là où il n'existe qu'une seule chambre législative dont aucun *veto* ne peut arrêter les décisions (3)... »

---

(1) Esmein, *loco cit.*, p. 377.
(2) « Ce qui est particulier au droit anglais, c'est qu'il n'admet pas d'ordre constitutionnel opposé et supérieur à l'ordre législatif. Toutes les questions les plus hautes et les plus graves, comme les plus humbles, sont du domaine de la loi. Les Anglais ne connaissent pas les *assemblées constituantes* en tant que distinctes des assemblées législatives, chaque parlement se considère comme qualifié pour agir indifféremment dans les deux capacités. » Boutmy, *Etudes de droit constitutionnel*, p. 72.
(3) *Loco cit.*, p. 381.

Rédiger une constitution n'est pas chose facile. Il faut éviter d'y inscrire des règles trop nombreuses qui ne seraient pas essentielles ou n'auraient pas le caractère strictement constitutionnel. Nos constitutions de 1791, de l'an III et de 1848 renfermaient des détails d'organisation administrative et judiciaire et quelques principes essentiels de droit criminel. L'inconvénient de ce système est de nécessiter la mise en jeu du mécanisme de la *révision*, chaque fois que l'on veut modifier une de ces règles d'ordre secondaire insérées dans la constitution.

Il faut donc mettre ces dispositions non fondamentales dans des lois ordinaires susceptibles d'être abrogées et modifiées par le pouvoir législatif seul. C'est ainsi qu'on a été amené à distinguer les *lois constitutionnelles* et les *lois simplement organiques* ; les premières s'occupant des dispositions fondamentales de la constitution, les secondes des détails d'application des lois constitutionnelles (1).

Lorsqu'une constitution renferme des dispositions qui ne sont pas strictement constitutionnelles, qui peuvent être les mêmes sous des gouvernements différents, disparaissent-elles avec la constitution dans laquelle elles avaient été insérées? La Cour de cassation a admis la négative : elles survivent à la constitution et n'ont plus que la force des lois ordinaires (2).

---

(1) Nous pouvons citer comme exemples de lois organiques la loi du 30 novembre 1875 sur l'élection des députés modifiée par la loi du 16 juin 1885 qui a *substitué le scrutin de liste au scrutin uninominal*, cette loi du 16 juin 1885 ayant été elle-même abrogée en partie par la loi du 13 février 1889 qui a *rétabli le scrutin uninominal*. Citons encore la loi du 9 décembre 1884 sur *l'organisation du Sénat et les élections des sénateurs*, celle du 17 juillet 1889 relative aux *candidatures multiples*, etc.

(2) L'application de ce principe a été faite notamment en ce qui concerne le fameux *article 75 de la Constitution de l'an VIII* qui interdisait les poursuites contre les fonctionnaires sans l'autorisation

§ 4. — L'Etat, sa définition, ses formes.

Nous avons dit que le droit constitutionnel a pour objet l'étude de l'Etat et de ses organes supérieurs. Il faut entendre par Etat *une personne juridique* agissant pour le compte des hommes qui forment le peuple ou la nation. L'*Etat*, personne morale, *est sujet du droit* ; il contracte, aliène et acquiert ; il exerce la souveraineté en commandant aux individus à l'intérieur et en les représentant dans leurs rapports avec les peuples étrangers.

Un Etat doit toujours avoir la *souveraineté intérieure* en totalité ou en partie : au contraire, la *souveraineté extérieure* disparaît parfois entièrement, comme nous le verrons dans un instant.

Les Etats sont *simples* ou *composés*. Dans l'*Etat simple*, la souveraineté extérieure est complète, la souveraineté intérieure est homogène, une *législation commune* régit tout le pays ; les citoyens sont soumis à un seul et *unique gouvernement*. Il en est ainsi en France, en Belgique, en Italie, etc.

Les *Etats composés* supposent la réunion plus ou moins intime et durable de plusieurs Etats qui, tout en conservant leur propre gouvernement plus ou moins réduit, sont cependant sous l'autorité d'un gouvernement commun ; ce sont les Etats à forme d'*union personnelle* ou d'*union réelle*, les *confédérations d'Etats*, les *Etats fédéraux*.

1° **Union personnelle.** — Dans l'union personnelle, on trouve ordinairement deux Etats placés sous l'autorité

préalable du Conseil d'Etat. Par un arrêt du 30 novembre 1821, la Cour de cassation a décidé que cette disposition était exclusivement relative à l'ordre administratif et ne se référait nullement à l'ordre politique, que par suite, elle continuait d'être en vigueur (Sirey, *Collection nouvelle*, t. VI, p. 527). L'article 75 de la Constitution de l'an VIII a été abrogé par un décret-loi du 19 septembre 1870.

d'un même chef, pour la durée de la vie de ce chef ou pour une durée qui peut varier, d'après l'application des lois successorales. Les Etats ainsi gouvernés par un souverain unique gardent néanmoins leur individualité, leurs lois distinctes, leur parlement propre; il n'y a aucune subordination de l'un envers l'autre. Chacun a une représentation diplomatique particulière, à l'étranger. En somme, nous trouvons ici un souverain dont l'autorité s'étend sur deux Etats indépendants. Telle a été la situation de l'*Angleterre* et du royaume du *Hanovre*, de 1714 à 1837, époque de l'avènement au trône de la reine Victoria. L'union fut détruite par suite de la diversité des règles de succession. L'Angleterre appelait à succéder les femmes de la ligne directe par préférence aux mâles de la ligne collatérale. Au contraire, le Hanovre où existait la loi salique n'appelait les femmes à la couronne qu'à défaut de mâles dans toutes les lignes.

Citons encore l'union des *Pays-Bas* et du *Luxembourg* qui prit fin le 23 novembre 1890, à la mort de Guillaume III. Sa petite-fille, la princesse Wilhelmine, ne put recueillir que la couronne des Pays-Bas, et le grand-duc Adolphe de Nassau devint souverain du Luxembourg (1).

On a prétendu que la *Belgique* est unie par un lien personnel avec l'*État libre du Congo*. C'est une erreur. Léopold II se comporte comme si le Congo figurait dans son patrimoine à titre de bien librement aliénable. Par son testament du 2 août 1889, il l'a légué à la Belgique. En outre il a signé le 3 juillet 1890 avec cet Etat une convention aux termes de laquelle la Belgique aura la faculté de s'annexer le Congo si celui-ci ne rembourse pas dans un délai de dix ans la somme de vingt-cinq

---

(1) C'est une application de la loi salique et d'un pacte de famille conclu en 1783 entre les différentes branches de la maison d'Orange-Nassau. Ce pacte décidait que les femmes ne seraient aptes à succéder à la couronne ducale du Luxembourg qu'après l'extinction des mâles dans toutes les branches de la famille.

millions à lui prêtée par l'Etat belge. Il y a là une situation absolument contraire aux principes généraux du droit public.

2° **Union réelle.** — Dans l'union réelle, deux Etats sont unis sous un même souverain par un *lien, non pas temporaire* comme dans l'union personnelle, mais *permanent*. L'effet du lien se manifeste dans les *relations extérieures*. Sur ce point les deux Etats n'en forment qu'un seul; la souveraineté de chacun est absorbée dans la souveraineté générale de l'union, qui seule, à la différence de l'union personnelle, a le droit d'envoyer et de recevoir des agents diplomatiques et de conclure des traités. Quant à l'intérieur, chacun conserve ses lois et ses institutions politiques distinctes. Quatre Etats européens sont actuellement encore unis, deux à deux, par un lien réel : l'*Autriche* et la *Hongrie* d'une part, la *Suède* et la *Norwège* d'autre part. L'union austro-hongroise est le résultat d'un compromis qui remonte au 17 février 1867; l'union de la Norwège et de la Suède a été créée par Charles XIII, le 6 août 1815.

3° **Confédération d'Etats.** — La confédération d'Etats réunit plusieurs Etats qui restent *indépendants* à l'intérieur et à l'extérieur, sauf les restrictions inhérentes à l'idée même d'association. Le but de l'union est de pourvoir aux intérêts communs les plus essentiels : protection de l'indépendance des Etats contre une agression extérieure, maintien de la paix dans les rapports entre les Etats confédérés, intervention destinée à assurer dans chaque Etat la tranquillité intérieure, administration des intérêts économiques principaux.

Les mesures communes autorisées par le pacte d'union sont prises dans une assemblée (*comité* ou *diète*). Ces mesures peuvent consister en une déclaration de guerre, une conclusion de paix, une formation d'alliance, un envoi d'agents diplomatiques, etc. Les députés ne votent que d'après les instructions de leurs souverains. Ces députés sont des *agents diplomatiques* plutôt que des représentants du peuple. Ils n'agissent qu'*ad referendum*. Les décisions prises par eux doivent donc être ratifiées par les souverains qu'ils représentent. En outre, ces décisions ne peuvent être appliquées sur le territoire de chaque Etat que par l'action du gouvernement local en vertu de sa souveraineté.

L'assemblée forme une *sorte d'Etat rudimentaire*, composé d'un *organe unique*, l'*assemblée*, capable d'entrer en relations avec les nations étrangères, par la réception et l'envoi d'agents diplomatiques et par la conclusion des traités, mais sans préjudice du même droit que conserve chaque Etat.

Il n'existe plus actuellement de confédérations d'Etats ; elles ont toutes abouti à des Etats fédéraux. La *Suisse* a formé une confédération jusqu'en 1848 ; l'*Allemagne* était la confédération germanique de 1815 à 1866 ; les Etats-Unis de l'Amérique du Nord ont constitué une confédération de 1778 à 1787.

4° **Etats fédéraux.** — L'Etat fédéral réunit un certain nombre d'Etats dont *la souveraineté extérieure disparaît* et dont *la souveraineté intérieure est sensiblement réduite* (1). Un organisme central, complet, émanation de tous les Etats compris dans l'union, véritable Etat lui-même, superposé aux autres, greffé sur les autres, absorbe la souveraineté qu'il leur enlève. Ainsi, aux Etats-Unis, l'Etat fédéral est composé du *Président*, chef du *pouvoir exécutif*, du *Congrès* formé par le *Sénat* et la *Chambre des re-*

(1) Au point de vue intérieur, le Gouvernement central acquiert le droit de légiférer uniformément pour toute l'union, par exemple en matière de droit civil, de droit commercial. Les Etats ne conservent qu'un pouvoir législatif réduit à la police, à l'enseignement, au culte, etc.

présentants dans lesquels réside le *pouvoir législatif*, enfin de la *Cour suprême* qui constitue le *pouvoir judiciaire*.

En dehors des Etats-Unis de l'Amérique du Nord, il faut citer parmi les Etats fédéraux la *Suisse*, le *Mexique*, la *Colombie*, le *Brésil*, la *République argentine* et le *Vénézuéla*. Quant à l'*Allemagne*, c'est un empire fédéral placé dans une situation particulière par suite de la prépondérance de la Prusse. Ainsi, l'empereur allemand doit toujours être le roi de Prusse. Cette hégémonie prussienne est le résultat des causes historiques et politiques qui ont amené la création du nouvel empire.

Certains Etats peuvent être privés de la souveraineté extérieure et même subir une restriction plus ou moins grave de leur souveraineté intérieure, au profit d'un autre Etat, sans qu'il y ait, à proprement parler, une union. C'est la situation des **États vassaux** et des **États protégés**. La *Tunisie*, l'*Annam*, le *Tonkin*, le *Cambodge* sont placés sous le protectorat de la France ; la *Bulgarie*, dans une faible mesure et l'*Egypte*, plus largement, sont des Etats vassaux de la Turquie. La petite république du *Val d'Andorre* est soumise à la co-suzeraineté de l'évêque de Seo d'Urgel et de la France.

§ 5. — Différence entre l'Etat et le Gouvernement.

L'Etat ne doit pas être confondu avec le Gouvernement. Cette dernière expression peut s'entendre dans plusieurs sens. On qualifie de Gouvernement, au sens large du mot, *l'ensemble des organes chargés de l'exercice de la souveraineté*. Si le pouvoir réside dans un seul homme, le Gouvernement est *monarchique* ou autocratique ; s'il réside dans plusieurs hommes, il est *aristocratique* ; si le peuple s'administre lui-même directement ou par des représentants, le Gouvernement est démocratique. Nous avons vu cette distinction dans la *Politique* d'Aristote (1). Nous avons parlé également du gouvernement mixte (2).

Dans un sens plus exclusif, le mot Gouvernement s'applique aux personnes qui exercent le *pouvoir exécutif*. C'est le sens le plus répandu du mot Gouvernement.

Dans une troisième acception, le mot Gouvernement désigne la manière de gouverner. C'est ainsi qu'on dit : le gouvernement parlementaire. Enfin, cette expression indique aussi la direction générale donnée à l'administration des affaires publiques. Dans ce dernier sens, on qualifie le gouvernement de *conservateur*, *radical*, *socialiste.*, etc.

Nous diviserons cet ouvrage en deux parties. La première sera consacrée à l'étude des GRANDS PRINCIPES CONSTITUTIONNELS, la seconde à l'ORGANISATION DES POUVOIRS PUBLICS EN FRANCE, telle qu'elle résulte de nos trois lois constitutionnelles de 1875 et des deux révisions dont elles ont été ultérieurement l'objet.

---

(1) Aristote a indiqué également les excès dans lesquels peuvent tomber ces trois formes et qui sont le *despotisme*, l'*oligarchie* et la *démagogie*.
(2) Voir p. 1.

PREMIÈRE PARTIE

LES GRANDS PRINCIPES CONSTITU-TIONNELS.

Nous avons vu que les principes généraux les plus importants des constitutions modernes se trouvaient au moins en germe dans les ouvrages des écrivains du moyen âge et que les philosophes du XVIIIe siècle n'avaient fait que les mettre en lumière ou en déduire des conséquences rationnelles. D'autres éléments ont été empruntés aux institutions anglaises (1).

Nous étudierons successivement la *souveraineté nationale* et la *séparation des pouvoirs*. Nous verrons ensuite les principes tirés de l'organisation politique anglaise, c'est-à-dire la *responsabilité ministérielle*, le *gouvernement parlementaire* et le régime représentatif par *deux assemblées* ; nous terminerons par l'examen des *droits individuels ou du citoyen*.

(1) Cette double origine des principes constitutionnels modernes a été nettement mise en relief par M. Esmein, *loc. cit.*, p. 23 et suiv.

CHAPITRE PREMIER

LA SOUVERAINETÉ NATIONALE

SECTION I. — **Origine historique et fondement de la souveraineté nationale.**

Affirmée au moyen âge par St Thomas d'Aquin, Marcile de Padoue, Philippe Pot et le père Jésuite Lainez, la théorie de la souveraineté nationale consiste à déclarer que *la source de toute autorité publique réside dans le corps entier de la nation*.

§ 1. — Le contrat social ou système de Rousseau.

L'apôtre de la souveraineté nationale au XVIIIe siècle fut Jean-Jacques Rousseau, qui lui donna comme fondement le contrat social, déjà admis avant lui par Hobbes, Bossuet, Locke et Wolff.

Rousseau suppose un *état de nature* dans lequel les hommes auraient vécu sans reconnaître d'autorité supérieure et pleinement indépendants.

Un jour en vue de mettre fin aux inconvénients de l'état de nature, ils auraient formé un *contrat* pour constituer la société, en subordonnant l'indépendance individuelle au pouvoir public. Mais ce contrat, pour être valable a besoin de l'*unanimité* des volontés. La souveraineté aurait été ainsi formée par l'abandon des libertés individuelles ; puis en échange de sa liberté ainsi abandonnée au profit de la communauté, chacun aurait reçu une part de souveraineté. Par suite du contrat chaque citoyen doit obéir à la volonté générale, laquelle trouve son expression dans la loi, qui est l'œuvre de la majorité.

Personne n'admet plus la théorie de Rousseau et de ses prédécesseurs.

Ce postulat, l'état de nature, est un mythe. Partout, même dans les pays les moins civilisés, il existe un groupement social ; partout on trouve la famille ; partout les familles se réunissent pour former une organisation plus ou moins rudimentaire.

Et, quand historiquement les choses se seraient passées comme le prétend Rousseau, son système n'en serait pas moins inacceptable.

Affirmer que l'autorité sociale a pour base l'accord unanime de toutes les volontés, c'est reconnaître que ces volontés auraient pu ne pas établir cette autorité, que, par conséquent, les hommes, êtres éminemment sociables, auraient pu continuer à vivre indépendants les uns des autres, c'est-à-dire, à moins de les supposer parfaits, dans un état de perpétuelle anarchie.

Et puisque les hommes auraient pu ne se soumettre à aucune autorité, pourquoi n'auraient-ils pas le droit de supprimer celle qu'ils ont créée, ou de la remplacer par une autre ?

Il ne leur est pas plus permis d'abdiquer leurs volontés entre les mains d'une majorité qu'entre les mains d'un souverain.

Si c'est la seule volonté de l'homme qui crée *en droit* la souveraineté, il faut pour sa légitimité, et c'est d'ailleurs ce qu'admet Rousseau pour la période initiale, l'accord unanime de tous les citoyens.

Cet accord unanime du début, d'une réalisation d'ailleurs impossible, en bonne logique ne doit pas cesser, ou du moins doit se retrouver à chaque génération nouvelle ; sinon la souveraineté perd son fondement.

Le consentement unanime des générations futures est

aussi nécessaire que celui de la première génération.

C'est soumettre l'existence du droit à la souveraineté à des conditions irréalisables, c'est la nier pratiquement.

Rousseau qui exige l'unanimité au début du contrat social, se contente ensuite de la majorité des volontés ; mais, si nous comprenons bien l'économie de son système, cette majorité est encore une unanimité. Admirons le raisonnement : il n'y a pas à compter ceux qui sont du parti de la minorité, ils sont des étrangers parmi les citoyens, ils n'ont qu'à passer la frontière. Ou bien si on les compte, c'est pour dire que ceux qui ont voté contre la loi, l'ont quand même approuvée, car s'ils ont voté contre, c'est parce qu'ils croyaient que la volonté générale serait contre.

En faisant dire oui à ceux qui ont dit non, ou en ne comptant pas ceux qui ont dit non, on est assuré d'avoir toujours l'unanimité.

D'ailleurs Rousseau n'a pas à se préoccuper de réunir l'unanimité des suffrages, puisque dans son système, dès lors qu'il y a eu unanimité au début, la souveraineté est perdue pour le peuple ; elle réside dans la *volonté générale*, laquelle est investie, de par les volontés individuelles, d'une souveraineté qui devient inaliénable en passant de la multitude à la volonté générale.

Ainsi donc la multitude confère à la volonté générale plus de droits qu'elle n'en avait elle-même.

Comprenne qui pourra.

Comme le dit très bien Beudant (1), le contrat social livre à la volonté générale l'homme tout entier, sa conscience, ses biens, sa vie. Si la volonté générale dit à un individu : « il est expédient que tu meures, il doit mourir ».

---

(1) *Le droit individuel et l'Etat*, p. 156.

§ 2. — Système historique, évolutionniste, scientifique.

Si le système de Rousseau n'a plus guère de partisans. il n'en est pas de même d'autres systèmes mis à la mode par certains penseurs, d'autant plus profonds que leurs rêves sont plus inintelligibles, ou qu'ils confinent davantage à l'absurde.

Ces systèmes portent des noms différents. mais, au fond, ils se confondent et pratiquement aboutissent aux mêmes conséquences, conséquences qui diffèrent bien peu de celles de Rousseau.

Pour l'école historique, la souveraineté existe non seulement en fait, mais encore *en droit*, là où *la succession des événements* l'a placée. C'est le système de Savigny.

Pour l'école hégélienne, le principe de la souveraineté existe dans l'*Esprit universel*, c'est-à-dire dans le développement de l'esprit du monde.

Ainsi, ce qui crée le droit et par conséquent la souveraineté, c'est pour Savigny la *Conscience nationale*, pour Hégel, l'*Esprit universel*. A cela près les deux systèmes sont les mêmes.

Pour les évolutionnistes et pour les sociologues (cette dernière dénomination a une apparence scientifique qui fait bien) la souveraineté se confond avec le développement d'un organisme.

En somme, tous ces systèmes, en les supposant exprimés sous une forme intelligible, aboutissent à cette conclusion : est légitime la souveraineté constituée par la succession des événements, la souveraineté telle que l'évolution l'a faite, telle que le développement d'un organisme l'a créée. En d'autres termes, est légitime ce qui est. Dans tous ces systèmes c'est la *Force* des choses qui remplace la *Volonté générale* de Rousseau, mais les conséquences sont les mêmes : la négation des droits individuels et l'omnipotence de l'Etat.

La théorie évolutionniste se trouve tout au long exposée par Izoulet dans sa *Cité moderne*, ouvrage devant lequel sont tombés en admiration tous ces pauvres cerveaux détraqués qui se sont décerné le brevet d'intellectuellisme.

Cette théorie est malheureusement celle de beaucoup de nos politiciens dont l'esprit ne sait pas s'affranchir des préjugés courants.

Un député demandait un jour à Gambetta s'il reconnaissait à l'individu des droits antérieurs et supérieurs à la loi civile.

« Il n'y a pas de droit individuel supérieur au droit politique, répondait l'illustre tribun, car ce qui arrive est ce qui doit arriver ; l'évolution ne se trompe pas ; on n'a pas raison contre elle. »

Avec ce système on peut tout légitimer, ou du moins c'est le succès qui légitime tout ; le droit est l'enfant du succès.

Les révoltes qui réussissent sont légitimes ; les autres sont criminelles. Les premières sont un fait d'évolution, les secondes sont de l'évolution manquée.

Les guerres heureuses sont légitimes ; les démembrements de territoires imposés par la force à une population qui veut garder son foyer et sa nationalité sont la plus haute expression du droit, c'est la force triomphante.

Je ne doute pas qu'au prix d'un illogisme le grand patriote qu'était Gambetta n'eût reculé devant l'application de sa théorie à l'Alsace-Lorraine.

N'est-on pas allé jusqu'à prétendre que la société a une vie propre, qu'elle a un corps, des organes, que cet organisme a une conscience, une volonté ? C'est la théorie de Schœffle, d'Auguste Comte, d'Herbert Spencer, d'Ihering et d'Izoulet.

Bluntschli (*Théorie générale de l'État*, p. 18-46) a retrouvé l'acte de naissance du corps social ; il y a découvert son sexe et son âge ; le corps social est du sexe masculin et il a atteint sa majorité en 1740.

On croit rêver en lisant de telles inepties, mais force est bien de se rendre à l'évidence : elles sont bel et bien consignées par écrit (1).

Et si vraiment ceux qu'on appelle l'élite de l'esprit humain se laissent aller à de telles divagations, il est à souhaiter que cette élite n'ait jamais la direction des affaires publiques.

Malheureusement cette élite, en faussant l'esprit de beaucoup de nos contemporains, a créé un réel péril public.

Avec des jeunes générations bercées par ces vieilles guitares, élevées dans le culte de ces inepties d'outre-Rhin, on arriverait bien vite à la négation de tous droits et à l'absolutisme politique. Ce qui n'empêcherait pas les directeurs de ce mouvement de se proclamer des libéraux, des démocrates, et peut-être de le croire, en tout cas de chercher à le faire croire au peuple.

La théorie de la force incarnant le droit vient d'être reproduite par M. Demolins à propos de la guerre du Transvaal. Au nom de la science, au nom de la sociologie — de grands mots qui abritent souvent de grosses sottises — il déclare que le droit est du côté des Anglais. Voyons son raisonnement : *Le monde appartient aux peuples qui possèdent la supériorité sociale* (2). Cette majeure, dans la pensée de M. Demolins, est plus que la constatation d'un fait, elle est l'expression du droit. Or voici la mineure, *les Anglais possèdent vis-à-vis des Boers la supériorité sociale*. Nous pourrions contester cette mineure, mais qu'importe ? fût-elle vraie, la conclusion n'en serait pas moins absurde. Savourons-la : *donc les Anglais possèdent le droit*.

---

(1) Voir Beudant, *Le droit individuel et l'État*, p. 207, avec le renvoi aux sources par lui indiquées.

(2) Autrefois les peuples opprimés et non secourus disaient : *Dieu est trop haut et la France est trop loin*. Aujourd'hui la France, hélas ! est trop dominée par les francs-maçons et les cosmopolites.

Impossible de dire plus clairement qu'il n'y a plus de droit ou, ce qui revient au même, qu'il est toujours du côté du plus fort.

Et si par hasard il prenait fantaisie à quelque philosophe d'Outre-Rhin ou d'Outre-Manche de proclamer la supériorité sociale de son pays vis-à-vis de la France, M. Demolins en conclurait-il que ce pays a le droit de nous imposer sa domination ? Et si la thèse de la supériorité sociale était vraie de peuple à peuple, pourquoi n'enseignerait-on pas également que d'individu à individu la supériorité humaine s'impose ? C'est la loi du plus fort proclamée dans toute sa beauté, sans même, pour le plus faible, la consolation de pouvoir protester contre la violation de son droit, puisqu'il n'a plus de droit. Si c'est pour en arriver là que les savants se farcissent les méninges de sociologie, souhaitons pour l'honneur de l'esprit humain, et pour l'avenir de la civilisation que les pontifes de la science ne fassent pas école.

§ 3. — Système de la monarchie de droit divin.

Partant de cette idée que la société émane de la divinité, on a soutenu que Dieu a remis la souveraineté directement et immédiatement au chef de l'Etat, désigné par l'élection et par l'hérédité.

C'est la *monarchie de droit divin*. Cette théorie défendue notamment par Hotman au XVIe siècle a été surtout une théorie gallicane et protestante.

Le synode protestant de 1613 la proclama, de même qu'en 1617 le Parlement de Rennes condamna un jésuite, le Père André qui avait enseigné la théorie contraire.

La doctrine de la monarchie de droit divin a été celle des Stuarts en Angleterre et des Bourbons en France. Nous la trouvons nettement affirmée dans le préambule de la Charte de 1814 : « La divine Providence en nous « rappelant dans nos Etats après une longue absence, nous

« a imposé de grandes obligations... Nous avons consi-
« déré que bien que *l'autorité tout entière résidât dans
« la personne du roi...*, etc, »

C'est aussi la théorie du Code russe dans son article 1ᵉʳ : « L'Empereur de toutes les Russies est souve-
« rain autocrate, absolu. Dieu ordonne d'obéir à son
« pouvoir suprême. »

Le système de la monarchie de droit divin ne compte plus chez nous que de rares partisans dont le nombre va de jour en jour en décroissant, derniers représentants d'idées qui ont fait leur temps, dernières épaves d'un passé à tout jamais disparu.

§ 4. — Système des théologiens catholiques.

Beaucoup d'écrivains ont trouvé très commode de prêter aux théologiens catholiques des idées qu'ils n'ont jamais eues. Quoi qu'on en ait dit, ce n'est pas parmi les théologiens catholiques que se trouvent les défenseurs de la monarchie de droit divin. Pour eux le droit divin, entendu tel qu'il vient d'être expliqué, ne s'est exercé qu'une seule fois : c'est en faveur des rois d'Israël, lesquels étaient réellement choisis par Dieu.

Il faut les lire pour se rendre compte de la sûreté de leur jugement appliqué à la recherche du fondement de la souveraineté : on est frappé du bon sens exquis qui les guide dans l'étude des divers éléments dont ils auront à tenir compte pour déterminer les règles morales qui régissent les rapports de l'Etat et du citoyen.

Nous résumerons tous les théologiens catholiques (St Jean Chrysostome, Bellarmin, Suarez, Daniel Concina, Billuart, Jacques Balmès) en citant Mgr d'Hulst (1) : « Ce
« n'est pas le dessein de Dieu de faire des pouvoirs hu-
« mains, dans l'ordre civil, une délégation directe de sa

---

(1) Mgr d'Hulst, *Carême* de 1895, p. 26.

« souveraineté. Il veut que le pouvoir existe, parce qu'il
« veut la société qui ne peut s'en passer. Il veut que le
« pouvoir constitué soit obéi, parce qu'un pouvoir qu'on
« peut braver sans crime, cesse d'être utile à la multi-
« tude. Mais il laisse aux causes secondes le soin de dé-
« terminer et la forme de l'autorité, et le sujet en qui
« elle réside, et le mode de sa transmission. »

C'est là la théorie couramment enseignée par la majorité des théologiens.

Pour tous, le pouvoir est de droit divin, mais seulement en ce sens que Dieu ayant fait l'homme être sociable, a également voulu l'ordre dans la société, c'est-à-dire une autorité.

Ce premier point admis, les théologiens se divisent sur la façon dont le pouvoir passe de la multitude au prince.

Pour les uns, le plus grand nombre (Suarez, Bellarmin, St Liguori, Balmès, peut-être St Thomas qui n'est pas très explicite), Dieu confère le pouvoir à la multitude, au peuple, et le peuple le confère à son tour au prince ou à ses représentants.

Pour les autres, le peuple ne fait que désigner le prince ou ses représentants ; mais il n'a pas le pouvoir : c'est Dieu qui le donne directement au prince sans passer par l'intermédiaire du peuple.

Bref, dans la première opinion, la société détient réellement l'autorité qu'elle a reçue de Dieu pour la communiquer au souverain, tandis que dans la seconde opinion, la société n'aurait qu'une sorte de droit de présentation. C'est Dieu qui, en conformité de cette présentation, investirait directement le souverain de l'autorité.

Les conséquences pratiques de ces deux théories doivent être sensiblement les mêmes.

On voit que le principe de la souveraineté nationale a été nettement posé en plein moyen âge par les théologiens catholiques.

§ 5. — Système de l'École libérale.

Dans ce système, comme dans le système des théologiens, on admet le principe de la souveraineté nationale Mais à l'aide de quels arguments établit-on ce principe ?

M. Chénon paraît s'en référer complètement aux idées des théologiens qui invoquent en leur faveur ce texte de St Paul : *omnis potestas a Deo per populum*.

Mais la thèse de la souveraineté nationale, abstraction faite de tous arguments d'ordre religieux, a été brillamment soutenue par la plupart des auteurs modernes. Et il faut bien reconnaître que, si l'on n'est pas d'accord sur les caractères de cette souveraineté, on n'en conteste plus guère le principe.

M. Esmein (1) raisonne ainsi : l'autorité est établie dans l'intérêt du peuple, donc c'est le peuple qui doit la régler, l'établir, la déléguer. Beudant (2), cet esprit si judicieux, paraît se contenter de cette démonstration.

De ces deux idées, la première est hors de conteste ; mais la seconde est-elle aussi évidente, et surtout est-elle une conséquence forcée de la première ? Il est permis d'en douter.

De fait, qui oserait soutenir que la puissance paternelle étant établie dans l'intérêt de l'enfant, c'est à celui-ci à régler cette puissance et à en désigner le dépositaire ; de même pour le pupille, pour l'interdit ?

Si je soulève cette objection, c'est moins pour contester le principe de la souveraineté nationale que pour arriver à cette conclusion que ce principe à lui tout seul ne suffit pas à nous donner la solution des problèmes que nous aurons à résoudre.

Le principe de la propriété individuelle est aussi fortement établi que le principe de la souveraineté natio-

---

(1) *Principes de droit constitutionnel*, p. 157.
(2) *Le droit individuel et l'Etat*, p. 87.

nale. Dira-t-on qu'on nie le principe de la propriété individuelle parce qu'on admet avec toutes les législations que dans un intérêt d'ordre public, un propriétaire peut être dépouillé de sa chose par l'effet d'une prescription accomplie au profit d'un tiers ?

D'une façon générale, il faut se défier des *principes formulés* ; il y en a bien peu d'absolus, s'il y en a.

Malheureusement, l'homme n'arrive pas à enfermer dans une formule rigoureusement exacte les idées que son esprit perçoit, les règles que lui dicte sa conscience.

La formule n'est jamais adéquate à l'idée ; elle n'embrasse jamais tous les cas, n'envisage jamais tous les côtés de la question. L'homme de bon sens n'est-il pas celui qui tout en percevant les côtés secondaires d'une idée, garde la claire vue des côtés principaux, et surtout ne laisse pas s'obscurcir la vue d'ensemble ?

Comment arrive-t-on à formuler un principe ? Je ne parle pas des esprits qui le prennent tout fait, mais de ceux qui l'établissent.

Ou bien en présence de telles et telles *solutions* exactes on s'aperçoit que ces solutions peuvent être *rattachées à une idée commune*, et c'est cette idée qu'on érige en principe, tant par amour de la synthèse que pour pouvoir ensuite en tirer sous forme de conséquences d'autres solutions, mais celles-ci n'étant plus évidentes par elles-mêmes : c'est là qu'est le danger. On croit à l'absolu de la formule qu'on a posée, et on en déduit des conséquences qu'on ne discute plus et qui sont peut-être fausses. Défions-nous des conséquences qui ne peuvent être établies directement.

Ou bien en faveur de certaines théories auxquelles on veut assurer le succès et qui ne sont pas évidentes par elles-mêmes, on *formule un principe qui paraît indiscutable* pour pouvoir les y rattacher et les faire accepter à la lumière de ce principe.

C'est le procédé habituellement employé pour jeter

dans la circulation une foule de préjugés, une foule d'idées fausses.

Encore une fois, si j'insiste sur ces considérations générales, ce n'est pas pour poser en face du principe de la souveraineté nationale un autre principe destiné à supplanter le premier et suivre à mon tour les errements que je signale.

Mais si l'on veut rester dans la note juste, il est nécessaire à mon avis, sinon de restreindre le principe de la souveraineté nationale, du moins de le combiner avec cette autre idée que *l'ordre général doit régner dans l'Etat*.

Sans aller jusqu'à prétendre que la souveraineté est là où l'ordre général exige qu'elle soit, ce qui serait tomber dans un autre excès, il me paraît impossible de ne pas admettre que le principe de la souveraineté nationale a besoin d'un correctif tiré de *l'ordre général*.

D'ailleurs si les partisans de la souveraineté nationale n'ont pas le courage de mettre nettement en évidence ce correctif, presque tous, en fait, l'admettent virtuellement et s'en inspirent dans la pratique.

Qui oserait soutenir qu'une nation qui porte à un peuple barbare la civilisation avec ses bienfaits, viole le droit ? Et pourtant on porte atteinte chez ce peuple au principe de la souveraineté. Oh ! je sais bien que, sous le couvert de la civilisation, bien des infamies ont été commises. Nous en avons une preuve dans cette guerre inique entreprise par l'Angleterre contre ce vaillant peuple des Boers. Je ne dirais donc pas que toutes les entreprises tentées contre les peuples barbares ou réputés tels soient légitimes. Il me suffit que certaines le soient pour que j'aie le droit d'apporter un premier correctif au principe de la souveraineté nationale.

M. Esmein lui-même est bien obligé de n'admettre le principe de la souveraineté nationale qu'avec certains tempéraments, tempéraments qui s'expliquent très bien si l'on fait intervenir cette idée que l'ordre doit régner dans l'Etat, mais qui, abstraction faite de cette idée, sont dans sa théorie de pures inconséquences.

Si le principe de la souveraineté nationale est absolu, pourquoi refuser au peuple le droit de changer de gouvernement selon son bon plaisir, pourquoi lui refuser le droit de légiférer directement, pourquoi ne pas accorder le droit de vote aux femmes, aux adultes ?

A première vue nous ne contestons pas ces restrictions, mais elles ne sont logiques que si l'on s'inspire du principe de l'ordre général.

M. Esmein d'ailleurs, dans certaines parties de son très savant ouvrage, nous semble bien près d'admettre le principe de l'ordre général ; à tout le moins il s'en inspire :

« La loi, dit-il (1), est avant tout une œuvre de justice et « d'intérêt public. Si elle a nécessairement à sa base l'au- « torité du souverain, personne n'oserait dire que le sou- « verain pourrait, de parti pris, édicter des lois injustes « ou nuisibles ; et le système de gouvernement qui, tout « en faisant de la nation la source constante de toute « autorité, pourra le mieux assurer que de semblables « lois ne seront pas votées de bonne foi, mais par erreur, « ce système sera le meilleur et le plus légitime. Le gou- « vernement représentatif fournit-il plus de chances que « le gouvernement direct pour obtenir une législation « juste, utile, rationnelle ? Là est toute la question, et « cette question ne saurait être douteuse. »

Les théologiens se sont peu occupés d'apporter des tempéraments au principe de la souveraineté nationale, car, à l'époque où la plupart écrivaient, ce n'était pas l'omnipotence de la multitude qui était à redouter, mais bien l'omnipotence royale. Néanmoins l'idée de l'ordre général apparaît partout dans leurs écrits, sous une forme plus ou moins explicite.

---

(1) Esmein, *loco cit.*, p. 232.

Qu'il me suffise de citer ce passage de Jacques Balmès (1) : « Les rois, dit-il, sont pour le bien du peuple ; « si cet objet vient à manquer, le gouvernement est de « trop, et sous ce rapport il n'y a pas la moindre diffé- « rence entre la République et la monarchie. »

La même idée se retrouve dans l'encyclique *Immortale Dei* de Léon XIII : « La souveraineté n'est en soi liée né- « cessairement à aucune constitution politique ; elle peut « fort bien revêtir cette forme ou cette autre, pourvu « qu'elle soit de nature à procurer efficacement le bien « commun. »

Les développements un peu longs que nous avons donnés sur le fondement de la souveraineté faciliteront notre travail dans l'étude des questions qu'il nous reste à examiner, en même temps qu'ils l'abrègeront.

Nous considérons, d'autre part, qu'il importe avant tout de bien mettre en relief les idées qui dominent un sujet.

Quand on écrit pour les jeunes générations on doit éviter de jeter dans les esprits des idées fausses, ou des idées qui peuvent être mal comprises.

Les correctifs qu'elles comportent doivent figurer au même plan que les idées principales.

Le principe de la souveraineté nationale étant admis, il importe qu'à côté de lui et à la même place d'honneur, soit posé le principe de *l'ordre général*.

Ce n'est pas assez d'admettre d'une façon plus ou moins déguisée, dans une proposition incidente, et en vue de certaines applications jugées nécessaires, des restrictions au principe de la souveraineté nationale ; il faut avoir le courage de proclamer hautement que ce principe ne se suffit pas à lui-même, mais qu'il doit être combiné avec celui de l'ordre général, comme nous l'avons si souvent fait remarquer au cours de cette étude.

---

(1) *Le protestantisme comparé au catholicisme*, t. III, p. 123.

SECTION II. — Caractères de la souveraineté nationale.

§ 1. — La souveraineté est-elle inaliénable ?

Pour *Rousseau* la *souveraineté* est *inaliénable*. Voici à peu près son raisonnement : la souveraineté est l'expression de la volonté générale, or la volonté n'est pas susceptible d'aliénation, donc la souveraineté elle-même ne peut être aliénée.

D'ailleurs aliéner la souveraineté serait violer le contrat social, et dès lors la société se dissoudrait faute de base.

Comme conséquences de son système, Rousseau admet les solutions suivantes :

1º Le peuple a le droit de changer quand bon lui semble la forme du gouvernement ;

2º C'est lui seul qui fait les lois, ses députés ne peuvent que préparer des projets que doit ratifier la volonté populaire.

Rousseau, dans son système, n'exclut pas le pouvoir monarchique ; car pour lui l'exercice du pouvoir exécutif n'est pas un acte de souveraineté.

La souveraineté consiste à faire des lois. D'ailleurs le roi est toujours révocable, et ses pouvoirs cessent de plein droit, quand le peuple est convoqué pour légiférer.

Inutile de discuter le système de Rousseau, puisqu'il a pour base le contrat social, dont nous avons précédemment établi la fausseté.

Contrairement à la théorie de Rousseau, les auteurs admettent généralement, dans les *pays à forme monarchique*, surtout les légistes, que la *souveraineté* est *aliénable*.

Mais cette aliénation n'est pas admise par tous de la

même façon : les uns accordent, les autres refusent au peuple le droit de renverser les tyrans.

Tandis que pour ceux-là le roi peut disposer de la souveraineté en faveur de qui bon lui semble, pour ceux-ci la souveraineté peut prendre fin pour une des causes prévues au contrat de sujétion, tacitement ou expressément intervenu entre la société et le pouvoir : mort du prince, extinction de la famille royale, etc...

M. Esmein se prononce formellement en faveur de l'inaliénabilité de la souveraineté (1) :

« L'aliénation ne se conçoit, dit-il, que dans le droit
« privé, quant aux produits de l'activité humaine, qui
« ont une valeur d'échange. Elle ne se conçoit pas dans
« le droit public, et quant à la personnalité ou aux
« facultés humaines. Pas plus qu'un individu, un peuple
« en droit ne peut se vendre ou se donner ; comme la
« liberté individuelle, la liberté politique est naturelle-
« ment inaliénable. »

D'autre part, « la souveraineté n'appartient pas à la
« génération présente... : elle appartient à la nation
« incarnée dans l'Etat, c'est-à-dire à la série des généra-
« tions successives ; elle appartient aux hommes de
« demain comme aux hommes d'aujourd'hui. C'est un
« dépôt sacré que les générations se transmettent l'une
« à l'autre. »

Comme si ce raisonnement n'était pas absolument probant, M. Esmein (2) ajoute : « Toute personne qui
« exerce, non pas un droit dont le principe est en elle,
« mais un droit qui appartient à autrui et dont l'exercice
« lui a été confié, en doit compte au titulaire. »

Or la seule responsabilité effective chez les délégués des attributs de la souveraineté est celle qui résulte de la durée limitée de leurs pouvoirs.

---

(1) *Loco cit.*, p. 168.
(2) *Loco cit.*, p. 173.

La conclusion s'impose et, en effet, M. Esmein la tire : c'est la collation à temps de tous les pouvoirs irrévocables. Cette conclusion lui paraît être la conséquence *naturelle, presque nécessaire* de la souveraineté nationale (1).

Par là même sont exclus et la monarchie héréditaire et tout pouvoir d'une durée un peu longue.

Le roi des Belges, la reine d'Angleterre auraient donc un pouvoir établi contrairement au droit. M. Esmein ne le dit pas, mais c'est une application toute naturelle de sa théorie.

J'avoue que si le principe de la souveraineté nationale est un principe absolu qui n'admette aucun correctif, les conclusions de M. Esmein me paraissent rigoureuses, et je m'étonne que lui-même les qualifie simplement de *naturelles, presque nécessaires*.

Reprenons un à un les raisonnements de M. Esmein.

Je reconnais que le premier argument (l'aliénation ne se conçoit que dans le droit privé), est de nature à faire une forte impression sur l'esprit du lecteur.

Mais ne repose-t-il pas sur une équivoque ?

N'appartient-il pas à cette catégorie de raisonnements dont on a l'intuition vague qu'ils pèchent par quelque côté, mais dont on n'arrive qu'à grand'peine à saisir le point faible ?

Suivons la comparaison du savant professeur :

Pas plus qu'un individu, un peuple, en droit, ne peut se vendre, se donner.

Que veut-on dire par là ? De quoi s'agit-il ?

Veut-on dire qu'un individu ne peut aliéner sa liberté au profit d'un autre dont il deviendrait l'esclave ? Si c'est cela, nous sommes d'accord.

Veut-on encore dire que nonobstant tout contrat passé, toute réglementation imposée, un individu garde toujours

---

(1) *Loco cit.*, p. 174.

comme *en puissance* son entière liberté ? C'est également entendu.

Mais voici où commence l'équivoque. On trouvera choquant d'entendre dire, tant est grande la puissance des mots, que la liberté humaine peut être aliénée même partiellement, mais on acceptera très bien cette proposition que la liberté humaine peut être restreinte. Qu'à cela ne tienne. Je souscris très volontiers à cette proposition qu'un homme ne peut aliéner aucune parcelle de sa liberté, aucune parcelle de la souveraineté de sa personne, pourvu que l'on m'accorde que cette liberté individuelle, que cette souveraineté du moi peuvent comporter des restrictions, celles que rendent nécessaires les rapports des hommes entre eux, ainsi que *le bon ordre social*.

Et de fait, comment nier la nécessité des restrictions à la liberté individuelle ? Y a-t-il un homme qui, tout en gardant *en puissance* toute sa liberté, n'ait pas, je me garderai de dire aliéné des parcelles de liberté, mais consenti ou subi des restrictions à cette liberté, à cette souveraineté du moi ? Y a-t-il un homme chez lequel la liberté ne soit grevée de beaucoup de restrictions, restrictions consenties ou imposées, soit au profit d'un tiers, soit au profit de l'ordre social ?

Sans parler de l'homme qui sert, qui travaille chez autrui, sans parler du jeune homme auquel la nécessité de la défense nationale prend les trois plus belles années de sa vie, quel est celui d'entre nous qui n'est pas, comme l'on dit, un peu l'esclave de tels et tels ? Quel est en tout cas celui qui n'est pas l'esclave des lois de son pays, lesquelles, si elles ont leur justification dans la nécessité d'assurer l'ordre général dans l'Etat, n'en sont pas moins toutes restrictives de la liberté du citoyen.

Cela posé, dira-t-on que nous avons aliéné ou qu'on nous a pris des parcelles de notre liberté au profit de ceux dont nous sommes dépendants, au profit de l'Etat ?

Cette façon de parler serait peut-être acceptable ainsi

que les conséquences qu'on en tirerait, mais elle nécessiterait et des distinctions et des réserves, et par là même prêterait à l'équivoque.

Aussi est-il préférable de dire que la liberté individuelle est inaliénable, mais qu'elle peut recevoir des restrictions, non seulement en fait, mais également en droit. Ce que j'ai dit de la liberté individuelle, de la souveraineté du moi, je le dirai de la *souveraineté nationale*.

Elle est inaliénable, mais elle peut subir des *restrictions*, celles que commande l'*intérêt général*.

Et dès lors, la délégation de la souveraineté à une monarchie héréditaire sera parfaitement légitime, si l'ordre général le demande. C'est tout ce que je voulais établir.

Le second argument de M. Esmein est celui-ci : lorsqu'on exerce un droit pour le compte d'autrui, on n'encourt une responsabilité effective (c'est-à-dire, si je comprends bien la pensée du savant professeur, on ne gouverne bien) que si les pouvoirs sont d'une durée limitée.

C'est là une affirmation qui est loin d'être évidente par elle même, et d'autre part, les faits dont nous sommes les témoins attristés, ne lui donnent pas précisément raison.

Croit-on que chez beaucoup de nos élus à court terme, le souci de l'intérêt général tienne une bien grande place, malgré les investitures fréquemment renouvelées que leur donne le peuple ?

D'ailleurs, s'il y a des dangers à laisser exercer un droit par autrui, il est bien plus simple de l'exercer soi-même ; et je ne vois pas pourquoi M. Esmein n'admet pas avec Rousseau l'exercice direct de la souveraineté par le peuple. C'est la conséquence forcée, et il y en a bien d'autres également inadmissibles, de la souveraineté nationale proclamée comme principe absolu.

M. Chénon à son cours, admet sur cette question de l'inaliénabilité de la souveraineté, des solutions qui me paraissent toutes marquées au coin du bon sens.

Il est partisan du régime représentatif, avec cette réserve que le peuple pourra, dans certains cas, être consulté par voie de plébiscite ou *referendum*.

Il proclame le droit pour le peuple de rentrer en possession de l'exercice de la souveraineté dans certains cas; d'abord dans les cas prévus par la Constitution, ensuite lorsque le prince est hors d'état de gouverner, lorsqu'il est devenu un tyran.

M. Chénon justifie ces solutions en disant avec certains théologiens que, si la *souveraineté* est *inaliénable*, l'*exercice en est aliénable* ; et dans les cas qu'il cite, le peuple reprendrait simplement l'*exercice* de la souveraineté.

Cette *distinction entre la souveraineté et l'exercice de la souveraineté* est ingénieuse, mais, est-elle fondée ?
Souvent dans les matières juridiques on sépare l'exercice d'un droit de sa jouissance, mais on a soin d'ajouter que cette distinction ne doit pas être faite dans les cas où l'exercice ne peut être séparé de la jouissance, dans les cas où, en enlevant à un individu l'exercice d'un droit, on le priverait par là même de la jouissance de ce droit.

Or ne sommes-nous pas ici en face d'un droit dont la jouissance et l'exercice sont inséparables ?

Sans doute, et c'est ce qui a pu faire naître l'illusion, il reste au peuple qui a cédé l'exercice de la souveraineté, le bénéfice d'être gouverné, mais le bénéfice d'être gouverné, ce n'est pas la jouissance de la souveraineté, c'en est pour ainsi dire le côté passif ; la jouissance active est perdue, bel et bien perdue par la perte de l'exercice.

Dira-t-on d'un homme qui a aliéné sa liberté qu'il n'en a aliéné que l'exercice, car il a le bénéfice d'avoir un maître ? Etrange jouissance !

En réalité, ce qui serait perdu pour le peuple dans le système de M. Chénon, si l'on se risquait à parler ici le langage juridique, ce ne serait pas l'exercice de la souveraineté, mais bien plutôt l'usufruit de la souveraineté, et alors ce qui resterait au peuple qui a cédé l'exercice de la souveraineté serait une sorte de nue propriété, dépourvue de tout intérêt en présence d'un usufruitier qui ne meurt pas ou presque jamais.

Notre conclusion est toujours la même : *la souveraineté existe dans le peuple, elle est inaliénable, aussi bien quant à son exercice que quant à sa jouissance,* car on ne peut les séparer, mais *elle doit se combiner avec le principe de l'ordre général,* et grâce à la combinaison de ces deux idées, on n'est pas exposé à trop étendre, ni à trop restreindre les droits du peuple.

Nous arrivons ainsi aux mêmes solutions que M. Chénon, mais sans avoir besoin de recourir à une fiction juridique.

§ 2. — La souveraineté est-elle indivisible ?

Pour nous, cette question est la même que la précédente. Si la souveraineté est inaliénable, elle ne peut pas plus être aliénée en partie qu'en bloc. C'est en effet le système qu'adopte M. Esmein (1), ce qui ne l'empêche pas de se prononcer en faveur du système représentatif, en faveur de la division en trois pouvoirs : exécutif, législatif, judiciaire. Ces conclusions sont aussi celles de M. Chénon, et il y arrive à l'aide de sa distinction entre la souveraineté et son *exercice,* celui-ci étant *seul divisible.*

Les solutions des deux savants professeurs découlent naturellement dans notre système, du principe de la souveraineté nationale combiné avec le principe de l'ordre général, celui-ci, aussi bien que l'intérêt du peuple, demandant le système représentatif et la triple division des pouvoirs.

(1) *Loco citato,* p. 175.

Mais ces solutions nous paraissent dans le système de M. Esmein des inconséquences, et dans le système de M. Chénon des déductions logiques d'une distinction plus ingénieuse que fondée.

§ 3. — La souveraineté est-elle imprescriptible ?

En d'autres termes, un usurpateur, un tyran peut-il acquérir une souveraineté légitime ? La négative me paraît devoir s'imposer aux partisans de la souveraineté nationale érigée en principe absolu. M. Esmein n'est pas très explicite sur ce point (1).

M. Chénon partant de la distinction par lui adoptée, déclare que la souveraineté est imprescriptible, mais que son *exercice* est *prescriptible* ; et dès lors il conclut, que le pouvoir de l'usurpateur deviendra légitime non par la prescription, mais par ce fait qu'il l'exerce pour le bien commun et avec l'adhésion expresse et tacite de la multitude.

La combinaison du principe de la souveraineté avec le principe de l'ordre général nous conduit à la même solution.

Sans prétendre qu'on doit obéissance à un gouvernement par cela seul qu'il est, et en considérant uniquement le fait de son existence, et même en supposant ce fait illégitime, il ne faudrait pas tomber dans l'excès contraire et proclamer le droit à l'insurrection contre tout gouvernement qui n'a pas à sa base et à ses origines la consécration de la volonté nationale.

C'est à peu près le système des théologiens catholiques :

« La violation du droit, dit Mgr d'Hulst, est un crime
« et un malheur ; mais c'est aussi un événement histo-
« rique qui laisse des traces ; et des traces que le mal a

---

(1) *Loco citato*, p. 161.

« laissées, le bien lui-même doit tenir compte quand il
« s'agit de déterminer les devoirs du citoyen à l'égard de
« la puissance publique (1). »

Et plus loin : « Un régime est légitime quand il incor-
« pore à un moment donné l'intérêt public, quand il vaut
« mieux pour le bien du pays travailler à l'améliorer qu'à
« le renverser (2). » Il est possible que dans son système,
Mgr d'Hulst ne laisse pas à la volonté nationale une place
suffisante.

§ 4. — La souveraineté est-elle illimitée ?

« Le monde antique dans sa civilisation la plus haute,
« dit M. Esmein, admettait sans réserve la toute-puis-
« sance, le droit illimité de l'Etat, que l'Etat prît la forme
« républicaine ou qu'il s'incarnât dans un Empereur, peu
« importait : l'individu n'avait jamais un droit propre
« qu'il pût lui opposer (3). »

Cette théorie est à peu de chose près la théorie de Hobbes, de Rousseau et aussi, comme nous l'avons vu, celle de l'école historique et de l'école évolutionniste.

Aujourd'hui tous les écrivains sérieux (MM. Esmein, Chénon, Beudant) que n'aveugle pas l'esprit de secte, reconnaissent qu'à côté des droits de l'Etat, il y a les droits de l'individu.

Les droits de l'Etat sont limités par ceux de l'individu, car la raison d'être de l'Etat est précisément la nécessité d'assurer la protection des droits des individus dans la mesure où ils peuvent se concilier avec les intérêts de la collectivité.

La difficulté est de déterminer exactement les droits de l'individu qui sont conciliables avec les intérêts de la

---

(1) *Conférences*, année 1895, p. 42.
(2) *Ibid.*, p. 329.
(3) *Loco citato*, p. 344.

collectivité, les droits par conséquent que l'Etat doit respecter.

La difficulté est aussi de préciser les moyens que peut légitimement employer l'individu pour résister à l'intervention oppressive de l'Etat.

Les adorateurs de la légalité quand même, ont été magistralement flétris par Mgr d'Hulst dans une page de la plus haute éloquence (*Conf.*, année 1895, p. 44-45) :

« St Paul, qui a parlé si fortement des droits du pou-
« voir, avait eu soin d'en assigner la raison d'être. Le
« pouvoir, dit-il, est le ministre de Dieu pour le bien :
« *Dei enim minister est in bonum.* Mais si son action tend
« au mal ? Alors il n'est plus le ministre de Dieu, car on
« ne peut être délégué de Dieu pour le mal. Et, quand le
« support de l'autorité divine l'abandonne, son droit
« s'écroule. S'il continue de l'exercer, ce n'est plus un
« droit, c'est une usurpation, une tyrannie.

« Je sais qu'en développant cet enseignement je m'ex-
« pose à irriter les adorateurs de la légalité quand même.
« Ils affecteront de se scandaliser. Mais je ne m'en trou-
« blerai pas. Je les ai vus à l'œuvre ailleurs. C'étaient
« pour la plupart des hommes dont la jeunesse avait
« appartenu aux séditions et aux complots. Portés un
« jour au pouvoir par le flot populaire qu'ils avaient
« déchaîné, ils s'éprenaient d'une passion tardive, mais
« féroce, pour les prérogatives de l'autorité. Qu'un
« chrétien protestât contre une loi injuste, oppressive,
« attentatoire aux droits de la conscience, c'est ce qu'ils
« ne pouvaient supporter. La loi, c'est le dernier mot de
« toute chose. — Oui, sans doute, répondait ce chré-
« tien, si elle est conforme à la justice absolue. — Il n'y
« a pas de justice absolue, répondaient nos révolution-
« naires transformés en défenseurs de l'ordre ; il n'y a
« que la justice légale. Et l'Etat a toujours raison, car
« l'Etat, c'est tout le monde. »

Ainsi, d'après les théologiens et aussi d'après M. Chénon, la puissance publique ne doit édicter *aucune prescription contraire aux lois divines et aux lois morales.*

Cette proposition nous paraît rigoureusement exacte ; mais, pour le législateur qui n'admettrait pas la vérité religieuse, elle se traduirait à tout le moins sous cette forme, que la puissance publique ne doit pas porter atteinte au droit naturel, aux lois morales, aux droits individuels du citoyen.

Quelle est la sanction de ce principe que l'individu a des droits à l'encontre du pouvoir de l'Etat ? *Le citoyen a-t-il le droit de résister à des lois oppressives et injustes ?* Oui, sans aucun doute, n'en déplaise aux adorateurs de la légalité.

Nous ne nous dissimulons pas les dangers de la théorie que nous soutenons, mais une théorie est une théorie, elle ne cesse pas d'être vraie parce qu'elle peut être mal comprise, mal interprétée ou appliquée à faux.

M. Chénon, après avoir posé ce principe qu'obéissance est due à l'Etat, tant qu'il ne dépasse pas les limites de son pouvoir, prévoit *trois* sortes de *résistance* aux actes oppressifs de l'autorité :

1° La résistance *passive* qui consiste à ne pas se soumettre à des lois injustes ;

2° La résistance *défensive* qui est le fait de repousser la violence par la violence ;

3° La résistance *agressive* qui consiste à organiser une émeute, un coup d'Etat en vue de renverser le gouvernement établi. Mais cette résistance agressive n'est légitime que si elle est le seul moyen de rétablir l'ordre gravement troublé et que, d'ailleurs, elle ait des chances sérieuses de succès.

C'est en somme une question de fait, d'une appréciation très délicate.

Toutes ces solutions nous paraissent parfaitement exactes.

C'est à peu près la théorie exposée par Jean Balmès (1) : « Je ne nierai point, dit-il, qu'il n'existe des cas où, « même sous un gouvernement illégitime, il est à propos « de recommander aux peuples l'obéissance : lorsqu'on « prévoit par exemple que la résistance sera inutile, « qu'elle ne conduira qu'à de nouveaux désordres et à une « plus grande effusion de sang. Mais, en recommandant « aux peuples la prudence, ne mêlez point de fausses « doctrines au langage de la prudence. »

D'ailleurs, le droit à l'insurrection est mal précisé par cet auteur.

Aux termes de la déclaration de 1793, la résistance agressive serait toujours permise. Formulée en ces termes généraux, une telle théorie ne saurait être acceptée.

Du tyrannicide. — La résistance agressive peut-elle aller jusqu'au *tyrannicide*?

Cette question a été spécialement étudiée par Aristote, Jean de Salisbury, St Thomas d'Aquin et Bodin.

Il paraît résulter des écrits de St Thomas d'Aquin qu'il faut distinguer entre ce que Barthole a appelé plus tard *le tyrannus absque titulo* et le *tyrannus quoad exercitium* : le premier, l'usurpateur, est celui qui exerce illégitimement le pouvoir, le second est celui qui, investi d'un pouvoir légitime, le détourne vers une fin privée, au lieu de le faire servir à l'intérêt général des gouvernés.

Le *tyrannus absque titulo*, d'après St Thomas d'Aquin, est comme en état de guerre avec la société, et chaque citoyen a vis-à-vis de lui les droits qu'on a contre un ennemi.

Quant au *tyrannus quoad exercitium*, on a le droit, quand ce sera possible, ou de le déposséder, ou de recourir contre lui à un tribunal supérieur, à un suzerain par exemple, mais on n'a pas le droit d'attenter à ses jours.

---

(1) Jean Balmès, *Le protestantisme comparé au catholicisme*, t. III, p. 151.

Les raisons pour lesquelles le *tyrannus quoad exercitium* est mieux traité que le *tyrannus absque titulo* n'apparaissent pas très clairement.

Une décision du concile de Constance (1414) condamna la théorie du tyrannicide, mais cette décision qui visait les exagérations de Jean Petit, est formulée en des termes qui laissent place à la discussion, même pour les théologiens. Il en est de même de la condamnation prononcée par le pape Paul V au commencement du XVIIe siècle.

Voici d'ailleurs les propositions condamnées :

Les sujets peuvent à leur gré corriger les souverains qui manquent à leurs devoirs.

Tout prince (ici prince doit avoir le sens de tyran) *peut et doit être mis à mort (c'est un acte permis et méritoire) par son sujet, même en employant des embûches, sans tenir compte des serments ou des traités, sans attendre une sentence ou une délégation d'un juge.*

L'exagération des propositions condamnées paraît évidente, mais il paraît non moins évident que les décisions ici rapportées ne tranchent pas d'une façon absolue, même pour un catholique, la question du tyrannicide.

Si pour être tyran il suffit d'avoir usurpé le pouvoir ou d'avoir détourné à son profit les avantages du pouvoir, même en des matières où l'ordre social n'est pas gravement intéressé, il est difficile d'imaginer un prince qui ne soit pas un peu tyran, et, étant donné cette définition du tyran, il tombe sous le sens que la théorie du tyrannicide est souverainement inhumaine, injuste et immorale.

Cela dit, nous ne croyons pas que la condamnation du tyrannicide s'impose comme règle absolue ne comportant aucune exception dans certains cas extrêmes : voilà des innocents dont la mort a été décrétée par un tyran ; le seul moyen de sauver ces innocents est de tuer le tyran. Je n'oserais appeler criminelle la main qui le frapperait.

N'y a-t-il pas là un cas de légitime défense ?

Une telle théorie ne saurait être rendue responsable des fausses applications que certains pourraient être tentés d'en faire.

SECTION III. — Des différentes formes de gouvernement.

Comme nous l'avons dit précédemment, il n'y a aucun gouvernement qui puisse revendiquer le monopole de la légitimité. Mais quelle est, parmi les différentes formes de gouvernement, la meilleure ? A la question ainsi posée, il est impossible de faire une réponse unique. Vraisemblablement cela dépend des temps, des lieux et des mœurs publiques d'un pays.

Sans parler des petits Etats, qui peuvent plus facilement que les grands s'accommoder des différentes formes de gouvernement, peut-on poser quelques jalons ?

C'est peut-être beaucoup se risquer ; en tout cas doit-on se garder d'être trop affirmatif.

Les peuples jeunes, barbares ou non entièrement civilisés ont besoin, ce semble, d'un pouvoir fort, plus ou moins autocrate.

Les peuples décadents où les éléments de dissolution apparaissent, où les rênes de l'Etat sont tombées entre les mains des philosophes et des rhéteurs, sont peut-être dans le même cas.

Les peuples dans la force de l'âge, en pleine possession d'eux-mêmes, selon toute vraisemblance, peuvent indifféremment s'accommoder de la monarchie parlementaire ou de la République, surtout si les mœurs publiques ont assez d'autorité pour imposer aux gouvernants le sacrifice de leurs intérêts particuliers aux intérêts généraux du pays.

La République est théoriquement l'idéal des gouvernements, celui qui se concilie le mieux avec le principe de la souveraineté nationale ; mais il est celui qui exige le plus d'honnêteté politique, le plus de désintéressement chez les gouvernants.

La République, dans laquelle les principales fonctions sont électives, assure, mieux que tout autre gouvernement, la paix et la tranquillité publiques, le peuple ayant conscience qu'avec ses bulletins de vote il aura toujours le dernier mot :

Quel souverain aurait pu subir Fashoda ? aurait pu gracier un traître et un espion ?

Toutefois il faut bien reconnaître que si la tranquillité publique y trouve son compte, c'est au détriment de l'honneur national et au mépris des sentiments patriotiques qui animent les cœurs français.

Aussi a-t-on pu dire avec une apparence de raison que le gouvernement républicain était le gouvernement des responsabilités anonymes, c'est-à-dire des irresponsabilités.

Et comme si cette absence de responsabilité n'était pas encore assez complète, n'a-t-on pas, dans un but facile à deviner, imaginé d'ériger en doctrine la *concentration républicaine*, sorte d'assurance mutuelle contre l'obligation d'avoir à rendre des comptes ?

Il n'est que juste d'ajouter que les abus signalés sont peut-être plus le fait des hommes que des institutions, et qu'une monarchie constitutionnelle n'en défendrait guère mieux la nation qu'une république parlementaire.

Y a-t-il rien de plus attristant que cette interview de M. Lockroy publiée par un journal parisien, désireux de connaître l'opinion d'un ancien ministre de la marine sur les causes de l'insuffisance de notre préparation à la guerre maritime.

A qui la faute ?... « A personne... à tout le monde, ré-
« pond M. Lockroy... c'est la faute du Gouvernement qui n'a
« pas demandé l'argent nécessaire pour nous mettre en état
« de lutter ; c'est la faute du Parlement qui n'y a pas songé
« non plus, ou qui a fait la sourde oreille aux avertissements.
« C'est la faute à la marine elle-même, à son esprit de rou-
« tine... Mais il n'y a pas de responsabilité ! A qui voulez-
« vous qu'on s'en prenne ? »

Après M. Lockroy, citons Mgr d'Hulst (*Confér.*, 1895, p. 54) :
« Regardez, dit-il, où vont les deniers publics. Est-ce à des
« entreprises glorieuses et fécondes ? Oui en partie. Mais dans
« ce fleuve de la richesse commune on pratique des saignées
« occultes : tant de millions pour faire mentir la presse et
« tant d'autres pour la faire taire ; tant pour payer l'éloge
« des affaires véreuses et tant pour imposer silence à ceux qui
« en démasqueraient l'improbité ; tant pour acheter les suf-
« frages des électeurs et le reste pour diriger les suffrages des
« élus. Qui profite de ces détournements ? Une oligarchie de
« politiciens sans scrupules. Qui en supporte le préjudice ? Ce
« sont les humbles de ce monde, ceux qui n'ont qu'une
« brebis. »

La République entraînera moins à la légère le pays dans une guerre extérieure qu'un souverain, qui est plus exposé à tenter une diversion pour sauver sa couronne menacée.

Mais d'autre part, le défaut d'esprit de suite dans l'organisation militaire ou maritime, l'absence de direction diplomatique peuvent plus facilement conduire une république à l'abîme, au milieu de la confusion des pouvoirs, qui se produirait fatalement au jour d'une déclaration de guerre. Ne l'oublions pas ! C'est ce jour-là surtout que les fautes d'un régime apparaissent au grand jour, c'est ce jour-là qu'elles se payent. Hélas ! ce ne sont pas les coupables qui en portent le châtiment, c'est la Patrie qui en meurt.

La République est la chose de tout le monde : théoriquement, elle se prête moins bien qu'une monarchie à l'accaparement au profit d'un parti.

L'expérience a démontré qu'en France, elle était devenue la chose des francs-maçons.

Plaise à Dieu ! qu'elle ne devienne pas la chose des cosmopolites.

Quoi qu'il en soit, tout bon citoyen a le devoir d'accepter la constitution de son pays ; son seul droit, sauf dans des cas exceptionnels, est de chercher à améliorer son gouvernement.

Et d'ailleurs, dans notre cher pays, un citoyen doit avant tout être Français : *Français* est son nom patronymique, le nom qu'il a reçu de ses pères, qu'il doit transmettre intact à ses enfants, le nom du sol qui le porte, de ce sol tout pétri du sang des grands ancêtres et de la poussière des batailles.

Quant aux prénoms (bonapartistes, royalistes, républicains, progressistes, radicaux, socialistes), ils ne sont que médiocrement intéressants.

Le soir de la bataille de Sedan, un vieux légitimiste en apprenant avec la nouvelle de la défaite de l'armée française, la nouvelle de la captivité de l'empereur, s'écria (je l'entends encore) : *Eh bien ! tant mieux.*

Voilà bien le cri de l'homme de parti, de l'homme qui est royaliste avant d'être français. Hélas ! à l'heure actuelle, n'y a-t-il pas, je ne dirai pas dans le peuple, qui a gardé intacte la notion du patriotisme et de l'honneur, mais chez certains de nos gouvernants ou de ceux qui en approchent, des hommes de parti qui sont républicains avant d'être français, qui crieraient : Périsse la France plutôt que la République : plutôt que notre République !

Écoutez, opposé au langage de l'homme de parti, le langage du patriote, le langage de François Coppée :

« Au *Soleil*, dit-il, vous êtes royalistes, et je vous envie vos
« convictions si fermes et si fidèles. Or moi, pauvre homme,
« je m'accommoderais très bien d'un bon roi, mais je veux
« bien aussi d'un bon dictateur, d'un ou plusieurs bons con-
« suls, d'une bonne République, de tout ce qu'on voudra,
« pourvu que ce ne soit plus le régime et la bande des poli-
« ticiens actuels qui, décidément, après une expérience de
« vingt années, ont bien prouvé leur impuissance à produire
« autre chose que la corruption et la honte. »

France.... d'abord !

SECTION IV. — Exercice de la souveraineté nationale.

La souveraineté nationale s'exerce soit *directement*, soit par l'intermédiaire de *représentants*.

§ 1. — Gouvernement direct.

A l'origine des Etats libres, le peuple exerçait lui-même l'autorité dans des assemblées de citoyens. Il en était ainsi dans les petites républiques de l'antiquité, notamment à Athènes et à Sparte, où les citoyens peu nombreux se réunissaient sur la place publique autour de la tribune.

Sous l'influence de ces coutumes primitives, Jean-Jacques Rousseau rejette, dans son *Contrat social*, le gouvernement représentatif pour n'admettre que le gouvernement direct.

L'idée des représentants est tellement moderne, dit Rousseau, que le mot *représentant* n'existait même pas dans l'antiquité.

Dans le système de Rousseau, la souveraineté ne peut

pas plus être représentée qu'elle ne peut être aliénée. Toutefois il n'exclut pas les assemblées délibérantes ; mais leurs décisions n'acquièrent force de loi que par la ratification populaire.

§ 2. — Gouvernement représentatif.

La théorie de Rousseau est à peine discutable. Les sociétés modernes, formées de vastes agglomérations, placées dans des conditions économiques très différentes de celles des sociétés et des cités antiques, doivent être soumises à des règles également différentes.

Dans les petits États d'autrefois, les citoyens avaient, pour s'occuper des affaires publiques, tous les loisirs que leur donnait l'institution de l'esclavage ; ils en profitaient pour développer leur éducation politique.

Il n'en est plus de même aujourd'hui. Absorbés par un labeur quotidien, la plupart des citoyens des États modernes seraient incapables d'émettre un avis éclairé sur des projets de loi qui leur seraient soumis. N'arrive-t-il pas à nos législateurs eux-mêmes d'être souvent inférieurs à leur tâche ?

Qu'on suppose un Code de commerce, par exemple, soumis au vote populaire, « il arrivera fatalement, dit « M. Esmein (1), de deux choses l'une : ou la majorité « votera les yeux fermés un projet qu'elle ne comprend « pas ; ou ce projet, peut-être excellent en lui-même, sera « repoussé à raison de quelque disposition peut-être « secondaire, contre laquelle se sera formé un de ces « préjugés populaires, si prompts à naître et si difficiles « à détruire. »

D'autre part, aucune discussion sérieuse ne saurait avoir lieu dans les assemblées populaires, et l'on arriverait fatalement à l'adoption ou au rejet, en bloc, du projet de loi.

(1) *Loco citato*, p. 231.

Ajoutons que la réunion fréquente des citoyens pour le vote des lois, serait de nature à entretenir dans le pays un état d'agitation continuel et de détourner le peuple de ses occupations quotidiennes au grand détriment du travail national. Sans compter que vraisemblablement les citoyens empressés au début d'user de leur droit électoral, finiraient par y renoncer et laisseraient le terrain libre à une infime minorité de politiciens.

En somme, le système représentatif doit être préféré au gouvernement direct pour cette raison, qu'il nous garantit plus sûrement une législation juste et conforme à l'intérêt général.

Cette raison s'harmonise très bien avec notre système de l'ordre général combiné avec le principe de la souveraineté nationale, beaucoup moins bien avec celui de M. Esmein, qui n'admet pas de tempérament théorique au principe de la souveraineté nationale, bien qu'il y déroge dans la pratique.

La doctrine du gouvernement représentatif s'applique aussi bien aux *lois constitutionnelles* qu'aux *lois ordinaires* ; car les premières, bien qu'elles déterminent la forme du gouvernement, n'ont pas au fond un caractère essentiellement différent de celui des secondes.

On a bien soutenu que, par les lois constitutionnelles le peuple adoptait le système représentatif, et que par conséquent ces lois devaient être son œuvre. Mais c'est là une application de la théorie du contrat social, théorie que nous avons reconnue fausse.

Néanmoins on a pu prétendre, et dans la pratique il en est souvent ainsi, que les lois constitutionnelles, à raison de leur importance, devaient être votées par des représentants investis de pouvoirs spéciaux, ou que leur rédaction devait être rendue plus difficile.

§ 3. — **Système représentatif mitigé de quatre façons.**

Si le gouvernement direct n'a plus guère de défenseurs

de nos jours, il n'en est pas de même des différentes combinaisons imaginées pour tempérer le gouvernement représentatif.

Ces combinaisons peuvent revêtir quatre formes : le *mandat impératif*, le *referendum* ou plébiscite, l'*initiative populaire*, le *veto populaire*.

1º **Mandat impératif et révocation des élus.** — Dans ce système, l'élu est un simple mandataire du corps électoral de sa circonscription. Or le mandant a le droit de déterminer les pouvoirs du mandataire et de le révoquer.

C'est la négation pure et simple du système représentatif.

Nous avons vu que l'élu est censé plus apte à faire les lois que le peuple, et c'est celui-ci qui aurait le droit de lui dicter sa règle de conduite ! Alors qu'on supprime purement et simplement l'élu.

De nos jours, le mandat impératif trouve des partisans surtout dans le parti socialiste.

Quelle est la *sanction du mandat impératif*? On en a proposé deux : les uns admettent un droit de révocation *ad nutum*, par application des règles du mandat civil. Ce procédé peut conduire très loin, d'autant plus loin qu'en pratique, cette révocation émanera toujours d'un comité, c'est-à-dire de quelques individus. Ce comité pourrait, il est vrai, se retrancher derrière la décision d'une réunion publique. Mais tout le monde sait qu'une réunion publique provoquée par un comité est toujours composée à l'image de ce comité.

Il arrive parfois que l'élu signe en blanc sa démission et la remet à son comité. C'est encore plus abusif. Jamais en France, la pratique parlementaire n'a admis la validité d'une démission envoyée par un tiers au président de l'Assemblée. D'autres acceptent l'idée d'une révocation pour cause déterminée ; les électeurs feraient la preuve de la violation du mandat et le juge serait, ou l'assemblée législative, ou l'autorité judiciaire. Or, si c'est la Chambre qui juge, la politique lui enlèvera toute impartialité ; si c'est l'autorité judiciaire, celle-ci est exposée à verser aussi dans la politique, au grand détriment de la considération qui lui est due.

En résumé, le mandat impératif doit être repoussé, car il présente les inconvénients du gouvernement direct, l'inaptitude du peuple en matière législative.

Il se heurte aussi à cette objection, que l'élu d'une circonscription n'est pas seulement le représentant de cette circonscription, il est le représentant du pays tout entier.

C'est pour ces motifs, qu'en France l'article 13 de la loi organique du 30 novembre 1875 déclare que : « Tout « mandat impératif est nul et de nul effet » (1).

2° **Referendum.** — Le mandat impératif est le tempérament le plus radical qui puisse être apporté au gouvernement représentatif.

A côté de ce tempérament, nous en trouvons d'autres que nous avons déjà énumérés : le *referendum* dont

---

(1) Autrefois pour les Etats généraux le mandat était impératif. Au début, le roi demandait des impôts aux seigneurs laïques et ecclésiastiques, aux villes, avec lesquels il traitait de puissance à puissance. Les seigneurs comparaissaient personnellement ou par mandataires ; forcément les villes étaient toujours représentées. Plus tard les membres du clergé furent convoqués, non plus en tant que seigneurs, mais *comme ordre*, en même temps que les communautés religieuses : couvents, monastères, prieurés, chapitres, etc... Puis les habitants des villes et des campagnes furent également convoqués comme ordre. Le roi discutait donc avec les représentants de groupements et communautés. Ces représentants étaient des mandataires dans le sens civil du mot : ils étaient responsables, on les payait. Quand les élections se firent par bailliage, chaque député fut considéré *comme mandataire de son ordre dans le bailliage. La notion de l'unité du pays n'apparaissait pas encore.

nous allons nous occuper, l'*initiative populaire* et *le veto populaire*.

Le *referendum* revêt différentes formes :

Le *referendum consultatif* qui consiste dans ce fait que le législateur soumet au vote populaire le principe d'une réforme.

Le *referendum obligatoire* a lieu lorsqu'une loi ne devient définitive qu'après la ratification populaire.

Le *referendum facultatif* suppose que dans un délai déterminé, un certain nombre de citoyens peuvent demander que la loi soit soumise au vote populaire. Alors la loi n'est définitive qu'à la suite de ce vote populaire. Si le délai s'écoule sans réclamation, la loi devient définitive.

Le *referendum obligatoire*, ainsi que le *referendum facultatif*, s'appelle *referendum législatif* par opposition au *referendum consultatif*.

Il n'est d'ailleurs pas très facile, à première vue, de distinguer le referendum facultatif du veto populaire, dont nous parlerons plus loin (1).

Que doit-on penser du referendum ? A notre avis il faut se garder d'idées trop absolues. On a proposé le referendum pour les lois de finances, dans la pensée que la fortune publique s'en trouverait bien. En effet, chaque député n'a jamais assez de fonds pour sa circonscription, et l'Etat n'a jamais assez de fonctionnaires à son service. Le peuple, pense-t-on, serait plus économe. On a fait remarquer que si cela est vrai en général, il y a des cas dans lesquels les économies seraient parfois dangereuses, notamment à propos des dépenses militaires ou maritimes, dont l'urgence n'apparaîtrait pas toujours clairement au peuple.

On a vanté aussi les avantages du *referendum* à l'occasion des lois constitutionnelles. Beaucoup s'en effrayent

(1) Nous indiquerons les différences entre ces deux systèmes, p. 64, note 1.

à cause des dangers du césarisme. Je suis de ceux qui pensent que les Césars ne sont à craindre que le jour où les gouvernants manquent gravement à leurs devoirs.

Quoi qu'il en soit, MM. Esmein et Chénon ne semblent pas très favorables au referendum. Ils ont raison s'il s'agit de faire voter au peuple les détails d'une loi. Mais sur un fait simple et précis, sur un principe clair et à la portée de tous (ceci s'appliquerait surtout au *referendum consultatif*) pourquoi le peuple ne pourrait-il pas juger avec son bon sens naturel tout aussi bien que des législateurs trop souvent aveuglés par la passion?

Certaines grandes libertés qui font peur à nos représentants, seraient bien vite proclamées par le peuple réuni dans ses comices (liberté de la presse, de l'enseignement, liberté d'association, etc.).

J'ai confiance dans le peuple, car il est bon, honnête et généreux. Je n'oserais dire que ceux qui le représentent sont toujours dignes de lui !

Le *referendum municipal*, dont nous ne dirons qu'un mot en passant, nous paraît présenter de grands avantages dans certains cas déterminés. Souvent une question très simple (emplacement d'une gare, direction d'un chemin) divise une commune. Le moyen le plus naturel de faire cesser les récriminations ne serait-il pas de prendre l'avis du peuple ? Ce referendum municipal n'est pas dans nos lois françaises, mais quelquefois en fait on y a recours, et il arrive que l'administration supérieure a le bon esprit de fermer les yeux sur l'irrégularité du procédé.

A l'époque de la Révolution, la France a voulu faire un essai d'application du *referendum* au vote des *lois ordinaires* : c'est en 1793 sous l'influence des théories de Rousseau.

La Constitution de juin 1793 distingue les *lois* et les *décrets*. Le Corps législatif exerce pour le vote de ces dertiers une représentation pleine et entière. Quant aux lois, il ne fait que des *projets*, sous la qualification de *lois proposées*. Quarante jours après l'envoi de la loi proposée, si dans la moitié des départements plus un, le dixième des assemblées primaires de chacun d'eux réclame, le Corps législatif convoque toutes les *assemblées primaires* (1) dans lesquelles les citoyens votent *pour* ou *contre* la loi. Si dans ce délai il n'y a pas de réclamation, le projet est accepté et devient loi définitive.

La Constitution de 1793 n'a jamais subi l'épreuve de la pratique.

Dans le *domaine des lois constitutionnelles*, le principe du vote populaire a d'abord été énergiquement affirmé par une résolution de la Convention, en date du 21 septembre 1792. Il a été ensuite appliqué à l'égard des Constitutions de 1793, de l'an III et de l'an VIII. Bonaparte y eut recours, en l'an X, pour se faire décerner le Consulat à vie, et en l'an XII pour la création de l'Empire. En 1815, l'*acte additionnel* fut également soumis au vote de la nation.

Après le coup d'Etat du 2 décembre 1851, le vote populaire réapparaît sous le nom de *plébiscite*. Le Coup d'Etat d'abord, puis la Constitution du 14 janvier 1852 furent ainsi ratifiés. Enfin, le plébiscite fonctionna pour la dernière fois à la veille de la guerre avec la Prusse, pour approuver les réformes libérales de la Constitution du 21 mai 1870.

Le procédé du *referendum* est entré dans la législation courante de deux Etats fédéraux, la SUISSE et les ETATS-UNIS de l'Amérique du Nord.

En SUISSE, le gouvernement direct était appliqué de-

---

(1) Réunion de tous les citoyens de chaque circonscription électorale la plus restreinte, le *canton* ou la *commune*.

puis les temps les plus anciens dans un certain nombre de petits cantons. Les citoyens se réunissaient dans des assemblées appelées *Landsgemeinde* qui se tenaient en plein air ; ils y discutaient et y votaient la loi, comme ils le font, du reste, aujourd'hui, dans les quelques cantons où le gouvernement direct est encore pratiqué et où subsistent encore des *Landsgemeinde* (1).

Dans des cantons plus importants, à Berne, dans le Valais, dans les Lignes des Grisons, la pratique du *referendum*, s'est introduite d'assez bonne heure. Actuellement ce système fonctionne en Suisse sous deux formes distinctes dont nous avons déjà parlé :

1° Le *referendum obligatoire* qui doit nécessairement intervenir pour tous les actes qui y sont soumis.

2° Le *referendum facultatif*, système analogue à celui qu'établissait la Constitution française de 1793. Si dans un délai déterminé, un certain nombre de signatures sont réunies en faveur du *referendum*, le peuple doit voter pour ou contre la loi. Dans le cas contraire, la loi devient définitive.

C'est surtout depuis 1815 que l'institution du *referendum* s'est développée en Suisse, sous l'influence d'un parti qui s'est efforcé de démocratiser les institutions du pays. Dans le programme de ce parti, aucune *réforme constitutionnelle* ne devait s'opérer sans la volonté du peuple, aussi bien *dans les cantons* que *dans la Confédération*. Le programme dont il s'agit a été réalisé.

En effet, en ce qui concerne les *constitutions cantonales*, la théorie démocratique a été consacrée par la Constitution fédérale de 1848, maintenue, sur ce point, par la

---

(1) Ces assemblées sont formées par la réunion de tous les citoyens du canton. Les quelques cantons qui ont encore des *Landsgemeinde* ou assemblées primaires sont les suivants : Glaris, les deux Appenzell, Uri et Unterwald.

Constitution de 1874 : le *referendum* est *obligatoire* ; et on exige pour l'acceptation de toute réforme, la majorité, c'est-à-dire la moitié plus un, des électeurs votants.

En ce qui concerne la *Constitution fédérale* ou centrale, le *referendum* est également *obligatoire*. Mais ici la majorité des votants doit être complétée par la majorité des cantons (1). Ce dualisme de conditions est justifié par ce fait qu'il s'agit d'un groupement fédératif d'Etats où il faut empêcher les plus grands d'opprimer les petits.

L'école démocratique voudrait étendre le *referendum obligatoire* à toutes les *lois ordinaires*. Jusqu'à présent, elle n'a pas complètement réussi. La situation est actuellement la suivante :

A. — A l'égard des *lois fédérales ordinaires*, faites par le *Gouvernement central* pour la Suisse entière, le *referendum* est *facultatif*. Après avoir été votées par les deux Chambres, elles sont soumises à l'adoption ou au rejet du peuple, si la demande en est faite, dans le délai de 90 jours, par 30.000 citoyens actifs ou par huit cantons (2).

B. — Quant aux *lois ordinaires cantonales*, nous trouvons dans certains cantons le *referendum obligatoire* et dans d'autres le *referendum facultatif*. Il semble que l'avenir soit au premier, car dans ce pays les institutions se rapprochent de plus en plus des principes de la démocratie pure (3).

---

(1) *Constit.* de 1848, art. 114 ; *Constit.* de 1874, art. 121 ; amendement de 1891, art. 122.

(2) *Constit.*, de 1874, art. 89.

(3) Le *referendum* obligatoire présente cependant le très grave inconvénient de décourager les assemblées législatives, de leur enlever toute initiative. Elles hésiteront, en effet, souvent à élaborer des réformes sérieuses que le vote d'une foule ignorante ou passionnée viendra ensuite rejeter.

L'influence française a exercé un grand rôle sur le développement des institutions démocratiques en Suisse. Les principaux agitateurs

Dans l'AMÉRIQUE DU NORD, le gouvernement direct était pratiqué avant l'indépendance, par les colonies qu'avaient fondées les puritains. Au début, les *freemen* (hommes libres) faisaient directement les lois. Quand la population eut augmenté, il fut plus difficile de réunir les citoyens en assemblée et le gouvernement représentatif apparut. Mais les lois faites par les députés durent être soumises à la votation populaire. Au moment de la proclamation d'indépendance en 1776, le *referendum* a disparu. Il réapparaît après la création du gouvernement des Etats-Unis, dans les différents Etats de l'Union et se développe à la suite d'un courant d'idées démocratiques. Toutefois, il ne s'applique guère qu'à la *révision totale des constitutions* et aux *amendements* ou révisions partielles.

C'est seulement à titre d'exception, dans quelques Etats seulement et pour certaines lois qu'existe le *referendum* appliqué aux lois ordinaires (1).

Quant au *gouvernement fédéral*, les lois qu'il élabore ne sont jamais soumises à la ratification populaire. Les amendements à la Constitution fédérale ne sont pas non plus soumis à la ratification directe du peuple, ils doivent être approuvés par les législatures des trois quarts des Etats particuliers ou par les conventions (assemblées constituantes) réunies dans les trois quarts de ces Etats, au choix du Congrès.

3° **Initiative populaire.** — L'initiative populaire est le droit qu'ont les citoyens de provoquer les consultations du peuple sur le projet de loi ou de réforme qu'ils proposent.

---

suisses ont fait leur éducation en France dans les livres avancés, dans les productions des Jacobins. Les hommes de 1793 voulaient le gouvernement du peuple par le peuple. Les Suisses ont pris dans leurs projets ce qui leur a semblé pratique.

(1) Lois autorisant des emprunts, des banques d'émission, etc.

Là où il existe des assemblées représentatives, l'initiative permet à la nation de triompher de la résistance que les représentants peuvent apporter dans la confection des lois ; mais, d'un autre côté, l'œuvre du gouvernement peut être entravée à chaque instant par des projets de toute sorte émanés des citoyens.

En Suisse, dans les cantons à *Landsgemeinde*, l'initiative populaire a existé de tout temps pour la confection des *lois ordinaires*. Au début, chaque homme avait qualité pour prendre l'initiative, sans aucune condition de temps, ni de forme. L'assemblée du peuple votait sur les propositions ainsi faites à n'importe quel moment de la réunion. Quand l'état social se fut compliqué, ce système devint impraticable. L'exercice de l'initiative fut alors soumis à une procédure qui varia d'après les cantons (1).

Pour éviter l'encombrement des propositions et la confection hâtive des lois, chaque projet doit désormais être soumis à l'autorité supérieure cantonale pour qu'elle l'étudie et éclaire ensuite le peuple sur son objet et sa valeur; mais, en vertu de ce droit d'examen, l'autorité de chaque canton tendit naturellement à arrêter les propositions qui lui déplaisaient et à les écarter de l'ordre du jour des travaux de la *landsgemeinde*. Il en résulta des conflits qui durent encore dans certains cantons à gouvernement direct, notamment à Unterwalden-le-Bas.

L'initiative populaire existe-t-elle, dans les cantons à *Landsgemeinde*, en *matière constitutionnelle* ?

Elle existe largement et s'exerce dans les conditions

---

(1) Avant 1886, dans le canton d'Uri, la proposition devait être présentée par sept citoyens appartenant à des familles différentes. Cette règle n'existe plus. Dans le demi-canton d'Appenzell (Rhodes extérieures) la proposition doit être appuyée par autant d'électeurs qu'il y a de membres dans le conseil du canton (Constit. du 15 octobre 1876, art. 27).

qui suivent. S'il s'agit de la *révision totale*, on a jugé qu'il serait dangereux de la laisser à la merci du premier venu ; aussi, chaque citoyen n'a-t-il que le droit de *réquisition*, c'est-à-dire qu'il ne peut pas demander la révision, mais seulement provoquer le vote du corps électoral sur la nécessité de la révision constitutionnelle. Le peuple peut alors être appelé à émettre deux votes successifs, l'un sur le principe de la révision, l'autre sur la nouvelle disposition constitutionnelle. S'agit-il, au contraire, de la *révision partielle*, partout, sauf dans les deux demi-cantons d'Unterwalden, où la réquisition doit émaner, dans l'un de 500 et dans l'autre de 800 citoyens, l'initiative individuelle s'exerce presque sans frein. Parfois, l'auteur de la proposition doit avoir une cinquantaine de parrains.

Dans les *cantons à régime représentatif*, l'initiative populaire s'est répandue, sous l'influence des cantons à *Landsgemeinde*. Dans le domaine des *lois ordinaires*, elle ne s'applique généralement pas à toutes les matières, mais seulement à des objets déterminés. L'initiative s'exerce de plusieurs façons. Tantôt les citoyens demandent à l'assemblée de préparer la loi, tantôt ils rédigent le projet et l'envoient à l'assemblée qui le soumet au vote du peuple, avec le droit de présenter un contre-projet ou de faire connaître par une proclamation les motifs de son opposition à la loi proposée. L'initiative est donc toujours suivie du *referendum*.

La plupart des constitutions ne se contentent pas de l'initiative individuelle ; elles exigent la réunion d'un grand nombre de signatures.

Dans le *domaine constitutionnel*, le droit de révision par initiative du peuple a été rendu obligatoire par la Constitution fédérale de 1848, à l'égard de toutes les constitutions cantonales. Ce droit se rencontre donc aussi bien dans les cantons à régime représentatif que dans les cantons à *Landsgemeinde*. L'article 6 de la nouvelle Constitution fédérale de 1874 a maintenu ce principe.

Si nous passons maintenant au *Gouvernement fédéral*, nous constatons que *l'initiative en matière de lois ordinaires n'y existe pas*. L'initiative eût été difficile à régler, à cause de l'autonomie des cantons. Fallait-il qu'elle émanât à la fois des citoyens et des cantons, ou bien soit des cantons, soit des citoyens seulement. Chaque solution présentait des inconvénients : le sacrifice de l'autonomie des petits cantons ou l'amoindrissement de l'unité de l'Etat fédéral.

La Confédération imposant *l'initiative constitutionnelle* aux cantons devait nécessairement l'admettre pour elle-même. Une disposition de la Constitution de 1848, maintenue en 1874, décide que *l'initiative de la révision doit émaner de* 50.000 *citoyens*. La proposition peut être conçue en termes généraux ou se présenter sous la forme d'un projet préparé de toutes pièces. La demande de révision peut être aussi bien partielle que totale (1) Si les Chambres approuvent, elles procèdent à la révision dans le sens indiqué et soumettent ensuite le projet au *referendum*. Si elles ne l'approuvent pas, la question est néanmoins soumise à la votation populaire et l'assemblée fédérale doit se conformer à sa décision.

Les Suisses n'ont pas, comme les Français, des idées très arrêtées sur les matières que doit comprendre le droit constitutionnel ; ils y font rentrer toute mesure administrative d'une certaine importance. L'initiative a servi pour proposer des mesures d'un intérêt secondaire (2).

(1) Art. 121 de la Constit. de 1874, modifié en 1891.
(2) Ainsi, en 1893, le peuple suisse a fait voter sur l'initiative de 55.000 citoyens, une disposition dirigée contre les Juifs, pour interdire de saigner les animaux, sans les avoir étourdis préalablement (Nouvel art. 25 *bis* de la Const.).

Dans les Etats de l'Union américaine, l'initiative populaire n'existe pas.

4° **Veto populaire** (1). — Dans le système du veto populaire, le gouvernement représentatif subsiste intégralement et continue à rendre des lois définitives, mais les citoyens ont toujours le droit, s'ils réunissent dans un certain délai un nombre déterminé de signatures, d'opposer leur veto à l'exécution d'une loi, ou de la suspendre, jusqu'à ce que le peuple tout entier, consulté, se soit prononcé.

Ce procédé fut affirmé pour la première fois dans le canton de St-Gall après notre révolution de 1830. Il se développa rapidement ; mais ce n'était qu'un moyen transitoire. Au fur et à mesure que le pur régime représentatif disparaissait en Suisse (2) il était *remplacé par le referendum*. Il en est maintenant ainsi à peu près dans tous les cantons.

Nous venons de voir les différents tempéraments qui peuvent être apportés au gouvernement représentatif.

§ 4. — Fonctionnement du Gouvernement représentatif pur.

Voyons comment fonctionne le gouvernement représentatif pur au point de vue de l'*électorat*, de l'*éligibilité* et des *systèmes électoraux*.

1° **Electorat politique.** — Le principe de la souve-

---

(1) La différence entre le *veto populaire* et le *referendum* facultatif est la suivante. Le *veto* est un moyen de casser ou de suspendre une loi votée *définitivement* ; le *referendum* est nécessaire pour donner à la loi sa perfection. Tant qu'il *peut* ou *doit* intervenir, la loi votée par une Assemblée n'est encore qu'un projet.

(2) Le régime représentatif intégral n'existe plus que dans le canton de Fribourg.

raineté nationale a-t-il pour corrélatif nécessaire l'attribution du droit de suffrage à tout membre de la nation ?

Dans son *Contrat social*, Rousseau effleure à peine cette question. Il déclare seulement que le droit de voter ne saurait être enlevé aux citoyens. Logiquement si la souveraineté réside dans le peuple et *dans tous les individus du peuple*, chacun doit être consulté, sinon il ne serait pas vrai que tous les hommes sont égaux en droit, que tout homme est citoyen. C'est la théorie brillamment exposée par *Robespierre* à l'Assemblée constituante le 22 octobre 1789. C'est aussi la théorie de Pétion, de Condorcet, de Boissy d'Anglas.

Pour eux, le suffrage est donc un *droit*.

Et dès lors le droit de vote ne saurait être refusé ni aux femmes, ni aux enfants au moins adultes, ni aux nomades, ni aux indigents.

Un autre système considère que le suffrage politique n'est pas un droit appartenant à tout individu du corps social, mais une véritable *fonction*.

En exerçant le droit de suffrage, les hommes n'agissent pas en leur nom, mais au nom de la nation qu'ils représentent : « La qualité d'électeur, a dit *Barnave* à l'Assem-
« blée constituante dans la séance du 11 août 1791, n'est
« qu'une *fonction publique* à laquelle personne n'a droit,
« que la société dispense ainsi que le lui prescrit son
« intérêt. »

Ce système est devenu classique de nos jours. C'est celui de M. Esmein (1) et aussi celui de M. Chénon à son cours.

Il se recommande par ses conséquences, mais, si je ne me trompe, il a pour base une pure pétition de principe.

Venir dire que le droit de vote est une fonction à laquelle certains peuvent être soumis à l'exclusion d'autres, c'est résoudre la question par la question.

(1) *Loco citato*, p. 193.

On a beau dire que la souveraineté nationale existe dans le corps social et non dans les individus. De quel droit le corps social vient-il exclure du droit de vote une partie de ce corps social ? car après tout, on ne fait pas autre chose quand on prive du droit de vote des catégories d'individus.

Une souveraineté nationale à laquelle participe seule une partie de la nation — partie d'ailleurs qu'il serait bien impossible de déterminer — n'est plus la souveraineté nationale. C'est une oligarchie arbitrairement composée. Tous les raisonnements du monde ne peuvent aller là contre.

Si l'on persiste à poser comme absolu le principe de la souveraineté nationale, il faut aller jusqu'au bout des conséquences tirées par les disciples de Rousseau.

Pour nous, nous n'éprouvons aucune difficulté à admettre la plupart des conséquences du système qui considère le droit de vote comme une fonction, mais nous les rattachons à cette idée tant de fois formulée, que le principe de la souveraineté nationale doit se combiner avec le principe de l'*ordre général*, de l'*intérêt général*.

Ces considérations d'ordre général, d'intérêt général se trouvent dans Barnave : elles reviennent sans cesse sous la plume de M. Esmein (1). Aussi nous étonnerons-nous que l'éminent professeur ne les ait pas nettement érigées en principe.

Cela dit, notre conclusion est que le droit de vote doit être accordé à tout individu, dans la mesure où le permet l'ordre général.

Il est plus facile de poser la formule que de l'appliquer.

En principe, on est d'accord pour n'accorder le droit de vote qu'à partir d'un certain *âge*. Les uns demandent 21 ans, l'âge de la majorité civile, d'autres 25.

---

(1) *Loco citato*, p. 193.

L'*âge* est ordinairement une garantie, mais elle n'est pas toujours sérieuse.

De même on exige certaines conditions de *domicile* (6 mois, un an) ainsi que l'absence de certaines *condamnations*. Ce sont encore là de faibles garanties (1).

On s'accorde aussi à refuser le droit de vote aux *militaires* pour cette double raison qu'ils sont sous la dépendance de leurs chefs et qu'ils doivent rester étrangers à la politique.

Les gendarmes sont assimilés aux militaires tandis que les douaniers ont, peut-être abusivement, le droit de vote (2).

---

(1) J'ai connu un remueur d'idées qui prétendait avoir trouvé la vraie solution de la question de l'électorat : refuser le droit de vote à ceux dont l'insolvabilité aurait été constatée par jugement.

Il pensait par là écarter tous les éléments mauvais. Ce système est bien draconien.

(2) Je connais des régions frontières où les douaniers ne votent jamais librement et où, je parle des petites communes, ils sont absolument maîtres du choix de la municipalité.

D'une façon générale, — et c'est là une réforme qui s'impose — les fonctionnaires, à tous les degrés, sauf, peut-être, dans les grandes villes où ils sont à peu près indépendants devraient être privés du droit de vote. C'est l'avis de tous ceux qui ont gardé le souci de leur dignité ; ils n'ont que faire d'un droit dont ils ne peuvent user librement.

En France, l'habitant des villes ne sait pas ce qu'est la candidature officielle ; il s'imagine qu'elle n'est plus qu'un souvenir lointain d'un passé disparu.

L'Empire avait mis en honneur la candidature officielle, mais il avait au moins le mérite de la pratiquer franchement, ouvertement, j'allais presque dire : loyalement.

Aujourd'hui elle se cache dans l'ombre comme ceux qui l'exploitent.

Sans contester absolument l'influence du ministre de l'intérieur et des préfets, j'affirme qu'ils ne sont pas actuellement les vrais organisateurs de la candidature officielle.

Le plus souvent ce sont les francs-maçons, devant lesquels tremblent tous les fonctionnaires, les francs-maçons qui ont dans chaque

Le droit de vote comporte-t-il d'autres restrictions que celles que nous venons de voir. Notamment faut-il refuser le *droit de vote aux femmes* ? faut-il rendre le *vote obligatoire* ? Y a-t-il lieu d'exiger de l'électeur un certain *cens* ou une certaine *instruction* ? Y a-t-il lieu d'accorder à certains électeurs *plusieurs voix* ? Le *suffrage indirect* est-il supérieur au *suffrage direct* ?

Le droit de vote doit-il être accordé aux femmes ?
L'idée d'accorder l'électorat aux femmes a fait du chemin dans les pays anglo-saxons, et en réalité le droit de vote leur a été accordé dans trois États de l'Union Américaine.

Chez nous une tendance contraire se manifeste. On fait remarquer que les hommes et les femmes ont des natures différentes, surtout des rôles différents dans la société. Les femmes doivent rester confinées dans le gouvernement intérieur de la famille, dans l'éducation des enfants.

Cette tâche se concilierait mal avec le souci des luttes politiques. Et puis, par tempérament, la femme est diri-

---

canton au moins un représentant connu, sorte de mouchard, de *casserole* officielle pour employer le mot à la mode.

Malheur au fonctionnaire dénoncé par ce policier : s'il n'a pas de puissants protecteurs il est perdu.

N'est-ce pas à la bande maçonnique que s'appliquent ces paroles éloquentes de Mgr d'Hulst (a) : « Vous qui proclamez l'insurrection « *le plus saint des devoirs*, vous n'êtes pas plus tôt détenteur du « pouvoir que vous faites sentir partout une main de fer. Vous « n'avez à la bouche que les intérêts du peuple ; mais, dès que vous « êtes les maîtres, les fonctions publiques deviennent l'enjeu que « se disputent les convoitises satisfaites et les appétits inassouvis. « Vous invoquez dans vos programmes la justice sociale, mais pour « vous le dernier mot de la justice, c'est la sanction populaire ; et « celui qui a su la surprendre par le mensonge ou l'imposer par la « peur ne se croit plus comptable à personne de l'abus qu'il fait de « sa puissance. »

(a) *Le droit chrétien et le droit moderne*, p. 24-25.

gée dans ses préférences plus par des considérations de sentiment que par des raisons d'ordre pratique. Enfin n'y aurait-il pas lieu de craindre que la politique ne fut une cause de trouble dans les ménages ?

Sans faire miennes toutes les revendications du féminisme, je ne trouve pas concluantes toutes ces objections.

Est-il vrai que les luttes politiques soient très absorbantes pour la très grande majorité des citoyens ? Hélas ! non, puisque beaucoup s'en désintéressent, et que d'autres se contentent de déposer à de rares intervalles un bulletin de vote.

Croit-on que parce que la femme ne vote pas, la politique soit absente du foyer ?

La scandaleuse affaire Dreyfus serait là pour prouver le contraire.

Et puis l'objection en tout cas ne s'appliquerait ni à la femme veuve, ni à la femme célibataire.

Enfin y aurait-il grand mal à ce que dans la politique les arguments du cœur fissent un peu contre-poids aux arguments de la froide raison ?

Et en vérité je me demande, comment la politique de sentiment inspirée par les femmes, pourrait descendre plus bas que la prétendue politique de raison, telle qu'elle est comprise aujourd'hui par les hommes.... ceux qui abaissent le pavillon français devant le parti de l'étranger.

Je reconnais d'ailleurs bien volontiers que c'est à l'usage, que la théorie de l'électorat des femmes pourrait être sérieusement appréciée.

Le vote doit-il être rendu obligatoire ?

L'affirmative me paraît certaine, et je m'étonne que ceux qui considèrent le droit de vote comme une fonction ne soient pas plus explicites sur ce point.

M. Chénon fait aux citoyens un devoir moral de voter, mais se demande si ce devoir peut être sanctionné par une loi, à raison des difficultés pratiques que présenterait l'application de cette loi.

Ces difficultés ne nous paraissent pas insurmontables.

Pour nous, tout citoyen a le devoir de voter, car l'intérêt social l'exige. Quels sont ceux qui ne votent pas ? Généralement les citoyens paisibles, d'un esprit calme, ceux qui devraient servir de pouvoir pondérateur dans une nation démocratiquement organisée. Les représentants des partis violents, des partis extrêmes votent toujours. Le malheur des démocraties est que les gens à idées modérées n'ont pas de tempérament. Tant qu'on n'aura pas compris que les idées modérées doivent être défendues avec passion, on n'arrivera à rien.

Le vote a été rendu obligatoire au Mexique et en Belgique.

Il l'est chez nous dans un cas : les délégués sénatoriaux qui ne voteraient pas seraient frappés d'une amende (Loi du 2 août 1875, art. 18).

Y a-t-il lieu d'exiger de l'électeur un certain cens ou une certaine instruction ?

Des orateurs de la Révolution, comme Barnave, exigeaient de l'électeur un certain cens à titre de garantie de l'intérêt à la conservation de l'ordre social existant.

Il est bien évident qu'un certain cens présente des garanties sérieuses, mais il va à l'encontre de nos idées démocratiques et égalitaires, et de plus, quand il dépasse un certain chiffre, il risque de donner à un pays des Chambres en opposition formelle avec l'opinion publique.

J'ai cru autrefois qu'une certaine instruction était une garantie de saine appréciation des choses politiques ; je n'y crois plus depuis que j'ai vu à l'œuvre *les intellectuels*, depuis que j'ai pu constater que sur vingt individus instruits, il y en a à peine un capable de penser autrement que le journal qu'il lit, d'avoir des opinions différentes de celles du milieu qu'il fréquente. J'en arrive à cette conclusion, que l'homme qui n'a pas de jugement est d'autant plus sot qu'il est plus instruit.

Y a-t-il lieu d'accorder à certains électeurs plusieurs voix ?
Ce système, s'il n'était pas contraire à nos idées démocratiques et égalitaires, aurait sans aucun doute des avantages appréciables : il accorde à chaque électeur un, deux, trois, quatre suffrages d'après son âge, sa fortune, son degré d'instruction, ses charges de famille. En Belgique, où il est en vigueur, il peut fonctionner ; mais il serait difficilement applicable chez nous.

Le suffrage indirect est-il supérieur au suffrage direct ?
Lorsque le suffrage est direct, les électeurs nomment eux-mêmes les représentants de la nation ; lorsqu'il est indirect, ils désignent quelques-uns d'entre eux qui sont chargés d'élire les représentants. Le suffrage peut être ainsi à 2 ou 3 degrés. Avec le suffrage indirect, on est plus sûr que l'électeur votera en connaissance de cause. Est-ce une raison pour que ses choix soient meilleurs ?
Le suffrage indirect est préconisé par M. Chénon ; il existe chez nous pour l'élection des sénateurs.
De toutes les réformes, la plus efficace, mais la plus difficile à réaliser, serait d'améliorer les mœurs publiques.
Rien ne serait curieux comme l'étude psychologique d'un vote dans un coin de pays.
On verrait que, sauf dans les circonstances graves où il y a un véritable courant d'opinion publique, ce ne sont pas les considérations d'ordre général qui dictent le choix de l'élu, mais bien, chez la plupart, des considérations d'ordre tout à fait mesquin.
Dans une nation, il y a toujours assez de poussière humaine, mais jamais assez d'hommes, d'hommes de

caractère, d'hommes pensant par eux mêmes, ne subissant ni l'influence des loges, ni l'influence des journaux, d'hommes de devoir sachant mettre au-dessus de leurs petits intérêts, de leurs petites rancunes, de leurs petites rivalités, les intérêts généraux du pays.

Historique du droit de suffrage en France. — Dans notre ancien droit, les élections aux Etats généraux se faisaient au moyen du suffrage indirect pour le Tiers Etat. Les assemblées primaires des villes et des campagnes nommaient des électeurs chargés de choisir les délégués aux Etats. Tous les habitants inscrits au rôle de la taille devaient prendre part à l'élection du premier degré (1).

L'*Assemblée Constituante* inspirée par la théorie de Barnave, considéra le *suffrage* comme une *fonction* et adopta un système analogue à celui qui était en vigueur pour les Etats généraux. Le suffrage fut à *deux degrés*. Les assemblées primaires (2) réunies au chef-lieu de canton comprenaient les citoyens actifs, c'est-à-dire les Français âgés de 25 ans, domiciliés, payant une contribution directe égale à la valeur de trois journées de travail, inscrits au rôle des gardes nationales. Les domestiques, accusés, faillis, insolvables, en étaient exclus.

Ces assemblées désignaient les électeurs du second degré. Ces derniers devaient être des citoyens actifs et propriétaires, usufruitiers ou locataires d'un bien d'une certaine valeur, variable, suivant les localités.

Dans la *Constitution* de 1793 qui ne reçut jamais d'application, le *suffrage universel et direct* fut admis pour

---

(1) Voir pour les détails nos *Eléments d'Histoire du droit*, 2ᵉ édition, p. 179 et 180.

(2) Nous avons défini plus haut les *assemblées primaires*, p. 57, note 1. Leur nom vient de ce que, au point de vue électoral, elles forment un *premier degré* d'élection.

l'élection au Corps législatif : tout électeur fut éligible. Le droit de suffrage appartint à tout Français âgé de 21 ans ; mais, pour avoir accès dans les assemblées primaires, il fallait avoir six mois de domicile dans le canton. Le suffrage indirect à deux degrés fut maintenu pour l'élection des fonctionnaires administratifs et judiciaires.

La *Constitution de l'an III* réagit contre le système de 1793 et revint au *suffrage indirect* en matière politique. Les assemblées primaires comprenaient les citoyens ayant un an de résidence dans le canton, âgés de 21 ans accomplis, inscrits sur le registre civique, n'appartenant pas à la classe des domestiques attachés à la personne ou au ménage, et payant une contribution directe, foncière ou personnelle. Le principe du *cens* était donc admis ; mais aucune limite minima n'était fixée ; il suffisait de payer un cens quelconque. La Constitution exigeait pour l'avenir que les jeunes gens demandant leur inscription sur le registre civique sussent lire et écrire et connussent un métier manuel.

Les électeurs du second degré devaient avoir 25 ans et justifier d'une certaine propriété, ou bien d'un usufruit, d'un fermage ou d'un loyer.

Dans la *Constitution de l'an VIII*, nous trouvons un système compliqué dû à Sieyès et que l'on a appelé la *pyramide*. A la base le suffrage est universel. Tout homme âgé de vingt et un ans accomplis, inscrit sur les registres civiques de l'arrondissement communal est électeur, s'il habite depuis un an sur le territoire de la République. La Constitution énumérait les citoyens incapables ou indignes ; les domestiques à gages attachés à la personne ou au ménage figuraient dans l'énumération.

Les électeurs de l'arrondissement communal dressent une *liste de confiance* comprenant le dixième de leurs membres ; sur cette liste, doivent être choisis les fonctionnaires publics de l'arrondissement.

Les citoyens ainsi compris dans les listes communales de tout un département désignent également le dixième d'entre eux ; il en résulte une *seconde liste*, la liste départementale dans laquelle doivent être pris les fonctionnaires publics du département.

Les citoyens compris dans la liste départementale élisent, enfin, un dixième de leurs membres pour former une *troisième liste*. C'est avec l'ensemble de tous les citoyens composant ces troisièmes listes qu'est formée la liste nationale sur laquelle le Sénat choisit les membres du Corps législatif et du Tribunat, les consuls, les juges de cassation et les commissaires de la comptabilité.

Le *sénatus-consulte de thermidor an X* modifia cet arrangement en organisant des *assemblées primaires de canton* comprenant, sans condition de cens, les citoyens domiciliés. Celles-ci élisaient des *collèges électoraux* d'arrondissement et de département qui présentaient les candidats entre lesquels le Sénat devait faire un choix. Mais, les membres de ces collèges étaient nommés à vie et le Premier Consul pouvait leur adjoindre un certain nombre de membres.

Le *sénatus-consulte de floréal an XII*, sous l'Empire, maintint le système, mais introduisit dans les collèges électoraux une foule de membres de droit.

Les combinaisons compliquées de la Constitution de l'an VIII et des deux sénatus-consultes tendaient au rétablissement de l'autorité absolue au profit de Bonaparte.

La *Charte de* 1814 revint au suffrage direct ; mais elle restreignit sensiblement le droit de vote. Les droits électoraux n'appartenaient qu'aux Français mâles âgés de 30 ans et payant au moins trois cents francs de contributions directes. Pour être éligible, il fallait payer une contribution directe de mille francs et avoir 40 ans. La loi du 29 juin 1820 créa le *double vote*. Pour l'élection des députés, deux collèges électoraux étaient établis : des *collèges d'arrondissement* nommant chacun un député, et des *collèges de département* formés du quart des électeurs les plus imposés et nommant plusieurs autres députés (172 pour toute la France).

Les électeurs les plus imposés votaient ainsi deux fois, une fois dans chaque collège. On assurait, par ce moyen, une prépondérance à la fortune foncière.

En 1830, *la Charte* révisée ramena à 25 ans l'âge nécessaire pour être électeur et à 30 ans l'âge nécessaire pour être élu député. Les autres conditions durent être fixées par une *loi ordinaire qui fut rendue le* 19 *avril* 1831. Cette loi conféra le droit électoral aux Français âgés de 25 ans qui payaient 200 francs de contributions directes. Le cens était réduit à 100 francs pour les membres de l'Institut et certains officiers supérieurs en retraite. Pour être éligible, il fallait payer 500 francs de contributions directes.

Bientôt, un courant d'idées se produisit en faveur de *l'adjonction des capacités*, c'est-à-dire de l'extension des droits électoraux aux personnes possédant une instruction supérieure. Mais le Gouvernement résista énergiquement à cette tendance de l'opinion publique. Une campagne de banquets commença ; le Gouvernement en prononça l'interdiction. Ce fut la cause de la Révolution de février 1848.

A peine installé, le Gouvernement provisoire institua, par un *décret du* 5 *mars* 1848, le *suffrage universel et direct* en faveur de tous les Français mâles, majeurs de 21 ans et possédant leurs droits de citoyens.

Une dernière tentative de rétablissement du cens

devait être faite peu après d'une façon mal déguisée. En effet, par une *loi du 31 mai 1850*, l'Assemblée législative fixa à 3 années continues dans le même canton le temps de résidence imposé à tout électeur ; mais elle n'admit comme preuve de la résidence que l'inscription sur les rôles des prestations et contributions personnelles, ce qui revenait à exiger, pour être électeur, le paiement de contributions directes depuis trois ans.

Louis-Napoléon Bonaparte, alors Président de la République, abrogea la loi du 31 mai 1850 par son coup d'Etat du 2 décembre 1851, dans les termes suivants : « Art. 1er. L'Assemblée nationale est dissoute. — Art. 2. Le suffrage universel est rétabli. La loi du 31 mai est abrogée. » Ce rétablissement très habile devait accroître la popularité du prétendant et faire accepter le second Empire.

Le suffrage universel et direct est maintenant définitivement admis en France.

Le droit de suffrage à l'étranger. — Le suffrage universel et direct existe en *Allemagne* pour les élections au Reichstag (1), en *Grèce* (2), en *Espagne* (3), en *Suisse*, dans la plupart des *Etats de l'Union américaine*.

En *Angleterre* le droit de suffrage appartient à toute personne occupant, à un titre quelconque, une maison entière ou une partie de maison formant une habitation complètement séparée, et à ceux qui occupent comme locataires un appartement qui, non meublé représente une valeur locative de 10 livres, ou 250 francs par an (4). Ce système extensif semblerait n'exclure que les nomades. Mais, en fait, il n'en est pas ainsi : « Un grand

(1) Constitution du 16 avril 1871.
(2) Constitution de 1864.
(3) Loi du 26 juin 1890.
(4) **Act de 1884.**

nombre de ceux qui ont le droit de voter ne peuvent pas en profiter en pratique. Cela provient de la procédure difficile et compliquée qui conduit à l'inscription sur les listes électorales, en particulier des justifications, quant au paiement des impôts, qui sont exigées pour obtenir cette inscription (1) ».

En *Italie*, on exigeait, d'après la loi de 1860, pour être électeur, un cens de quarante francs ; il y avait, en outre, adjonction des capacités.

Une loi de 1882 a accordé les droits électoraux, à partir de 21 ans, sans condition de cens, aux personnes justifiant qu'elles ont subi avec succès l'examen du cours élémentaire obligatoire, ou possédant des titres scolaires supérieurs, ou exerçant une des professions énumérées dans la loi et dont la nature dispense de la justification de l'examen.

D'un autre côté, sont électeurs s'ils savent lire et écrire, les citoyens qui paient 19 lires 80 d'impôt ou qui ont un loyer annuel variant entre 150 et 400 lires d'après les communes.

Au *Portugal*, sont électeurs d'abord tout chef de famille, puis tout citoyen sachant lire et écrire.

En *Autriche*, il existe quatre collèges électoraux : le collège des grands propriétaires fonciers, celui des villes, celui des chambres de commerce et d'industrie, celui des communes rurales.

Dans tous les collèges, il faut avoir vingt-quatre ans pour être électeur, avoir une propriété d'une valeur

(1) Esmein, *loc. cit.*, p. 219. La loi anglaise a, en outre, maintenu le principe qui accorde le suffrage à raison de la propriété foncière. Une même personne possédant des propriétés dans plusieurs comtés a donc le droit de voter dans diverses circonscriptions électorales ; on aboutit ainsi à un *vote plural* particulier. Esmein, p. 220.

déterminée ou exercer certaines professions (1). Cependant, une loi du 4 octobre 1882 n'exige plus, dans les villes et communes rurales, en dehors de l'âge, que le paiement de cinq florins d'impôts fonciers. Les femmes qui jouissent de leurs droits d'une manière indépendante, figurent parmi les électeurs, mais seulement dans la classe de la grande propriété foncière.

Nous avons mentionné plus haut la *nouvelle loi belge* du 25 septembre 1893 qui admet le vote plural. D'après cette loi, le vote est *obligatoire* à moins d'empêchement constaté. Les électeurs sont divisés en trois classes : 1° ceux qui n'émettent qu'*un vote*. Cette classe comprend tous les Belges âgés de vingt-cinq ans, jouissant de leurs droits civils et politiques et ayant un an de résidence dans la localité, ce sont les *univox* ; 2° les électeurs qui ont le droit d'émettre *deux votes*. Pour faire partie de cette classe, il faut réunir les conditions suivantes : avoir trente-cinq ans, être marié, ou veuf avec enfants, et payer cinq francs d'impôts directs à l'Etat, ce sont les *bivox* ; 3° les électeurs qui ont le droit d'émettre *trois votes* ; ce sont ceux qui figurent soit dans la deuxième classe, soit dans la première seulement et qui acquièrent une ou deux voix supplémentaires par l'exercice de hautes fonctions, par la possession de diplômes d'enseignement supérieur, etc. Les prêtres de toutes les confessions sont électeurs *trivox* de droit.

2° **Éligibilité politique.** — Pour être éligible aux assemblées politiques, il faut d'abord remplir des conditions d'*âge*.

---

(1) Loi du 2 avril 1873.
(2) En *Hongrie*, on n'exige que l'âge de 20 ans, il faut payer un cens minime. L'exercice de certaines professions, la possession de certains diplômes dispensent du paiement d'un impôt.

Age. — En général, les constitutions exigent pour l'éligibilité un âge plus mûr que pour l'électorat.

On en donne cette raison que les bonnes lois ne peuvent être faites que par des hommes à qui l'âge a donné une certaine expérience.

Le scandale de la haute Cour tendrait à faire croire que c'est du Sénat que voulait parler le bon Lafontaine quand il disait : *cet âge est sans pitié.*

Malgré tout, je crois que l'homme arrivé à un certain âge est plus apte à légiférer que le jeune homme, sauf dans le cas où il a vieilli dans la politique, au milieu de cette atmosphère viciée qui lui enlève la vue claire des choses.

L'homme qui s'est cantonné dans une secte politique n'en sort plus, quel que soit son âge ; il s'enlize tous les jours davantage.

Mais je considère que l'homme qui entre dans la politique vers la quarantaine, offre plus de garantie que le jeune homme de 25 ans.

D'autre part, la condition d'un âge mûr chez l'élu présente cet immense avantage d'exclure de la politique ceux par qui, dès le collège, elle est envisagée comme une profession. Le mandat électif ne devrait jamais être une carrière, mais bien le couronnement d'une carrière, pour l'homme qui a fait ses preuves dans la vie. Et celui-là d'ailleurs n'aurait pas besoin d'indemnité parlementaire, ce qui serait encore un avantage.

J'expose ici des théories générales, sans nier d'ailleurs que dans certains cas exceptionnels elles auraient l'inconvénient de priver le pays du concours de juvéniles ardeurs fort sympathiques ou de très braves gens, dont la dignité et le talent dans de modestes situations commandent à tous le respect.

Mais les théories sont comme les médailles, elles ont toutes leurs revers.

Quoi qu'il en soit, les conditions d'âge exigées par la

plupart des constitutions pour l'égibilité sont une garantie absolument illusoire.

En 1791 et en 1793 il fallait avoir, EN FRANCE, 25 ans pour être éligible ; en l'an III, on ne pouvait pas faire partie du *Conseil des Cinq-Cents* avant trente ans et du *Conseil des Anciens* avant quarante ans accomplis.

Nous avons vu que la Charte de 1814 fixait également à 40 ans l'âge minimum requis pour l'éligibilité. La Constitution de 1848 déclara éligible les électeurs âgés de vingt-cinq ans. Le décret-loi du 2 février 1852, déclarait également éligibles au Corps législatif tous les électeurs âgés de vingt-cinq ans. Cet âge a été maintenu par la loi organique actuelle du 30 novembre 1875 pour la Chambre des députés. Ne sont éligibles au Sénat que les électeurs âgés de quarante ans (1).

EN PAYS ÉTRANGER il faut, pour être éligible, 30 ans en *Allemagne*, en *Autriche*, en *Italie*, dans les *Pays-Bas*, en *Norwège*, en *Grèce* ; 21 ans en *Angleterre*, 20 ans en *Suisse*. Partout où il existe une deuxième Chambre, on exige pour celle-ci un âge plus élevé.

Il ne suffit pas pour être éligible que l'on ait l'âge requis par la loi ; il faut, en outre, que l'on ne soit pas déclaré *inéligible* et que l'on ne porte pas atteinte à la loi qui prohibe les *candidatures multiples*.

INÉLIGIBILITÉS. — Les *inéligibilités* sont des incapacités spéciales ; elles sont, en principe, les mêmes pour les deux Chambres.

L'inéligibilité est *absolue* ou *relative*. Dans le premier cas, l'incapable ne peut être élu dans aucun collège de France. Il en est ainsi : 1° pour les *militaires* ou *marins*

---

(1) **Loi const. du 24 février 1875, art. 3 ; loi du 9 décembre 1884, art. 4.**

en activité de service : on ne veut pas introduire la politique dans l'armée ni désorganiser les cadres (1) ; 2° pour les *étrangers naturalisés,* pendant les dix années qui suivent le décret de naturalisation (2) ; 3° pour les *membres des familles ayant régné sur la France* (3). Cette disposition inspirée par la crainte des prétendants n'a guère de raison d'être ; ce n'est qu'une application de l'ancien ostracisme des Grecs.

L'*inéligibilité absolue* atteint aussi les individus *interdits* pour cause de démence, les *faillis non réhabilités* et tous ceux qui sont déclarés *indignes* par une disposition formelle de la loi. Nous renvoyons, du reste, aux développements que nous avons donnés sur ce point dans la matière de l'électorat. En effet, les individus privés du droit de vote sont, *à fortiori,* inéligibles.

L'*inéligibilité relative* s'oppose à ce que l'incapable soit élu dans une circonscription, tandis qu'il peut être valablement élu dans une autre. Elle a pour objet d'assurer la pleine liberté de l'électeur et s'applique à un certain nombre de fonctionnaires de l'ordre administratif ou judiciaire ainsi qu'à des dignitaires religieux : archevêques, évêques et vicaires généraux (4). *Cette inéligibilité cesse,* non pas immédiatement avec les fonctions, mais seulement *six mois après* qu'elles ont pris fin par démission, destitution, changement de résidence ou de toute autre manière.

---

(1) Loi du 30 novembre 1875 pour la Chambre, art. 7 et du 9 décembre 1884 pour le Sénat. D'après la loi de 1884, les maréchaux et amiraux sont éligibles au Sénat. L'exclusion des militaires et marins en activité de service présente l'inconvénient de priver les deux Chambres de l'expérience d'hommes du métier dans les affaires concernant l'armée ; mais l'élection reste ouverte aux officiers démissionnaires ou retraités.

(2) Loi du 26 juin 1889, art. 3.

(3) Loi du 16 juin 1885, art. 4 et loi du 22 juin 1886, art. 4.

(4) Voir l'énumération dans l'article 12 de la loi du 30 novembre 1875 en ce qui concerne la Chambre des députés, et dans l'article 21

PROHIBITION DES CANDIDATURES MULTIPLES. — D'après la loi du 18 juillet 1889, tout citoyen qui se présente aux élections partielles ou générales pour le mandat de député doit faire sa déclaration à la préfecture le cinquième jour au plus tard avant le jour du scrutin. Nul ne peut être candidat dans plus d'une circonscription. Si plusieurs déclarations ont été faites pour diverses circonscriptions par le même candidat, la première en date est seule valable ; si elles portent toutes la même date, elles sont toutes nulles. L'acte de candidature fait avant la déclaration est passible d'une amende de 10.000 francs contre le candidat. Quant aux personnes qui, avant cette déclaration, signent ou apposent des affiches, envoient ou distribuent des bulletins, circulaires ou professions de *foi* dans l'intérêt du candidat, elles sont punies d'une amende de 1.000 à 5.000 francs. Les bulletins déposés dans l'urne, au nom d'un citoyen dont la candidature a été posée en violation de la loi n'entrent pas en compte dans le résultat du dépouillement.

La loi qui interdit en France les candidatures multiples à la Chambre des députés est une loi de circonstance. Elle a été faite contre un homme, le général Boulanger. Elle constitue une grave atteinte à la liberté de l'électeur et de l'éligible ; la sanction en est exagérée, quant à l'amende ; cette loi est inconstitutionnelle en ce qui concerne les bulletins qui ne doivent pas compter dans le dépouillement (1). On a cherché à la justifier. « Quand

---

de la loi du 2 août 1875, à l'égard du Sénat ; dans les deux lois l'énumération est identique. Citons notamment les présidents des Cours et tribunaux, les juges des tribunaux de première instance, les préfets, sous-préfets, trésoriers-payeurs généraux, etc.

(1) Chacune des Chambres, dit la loi constitutionnelle du 16 juillet 1875, art. 10, est juge de l'*éligibilité* de ses membres et de la *régularité* de leur élection. Comment la Chambre des députés pourra-t-elle exercer sa fonction de juge, si on ne tient aucun compte des bulletins régulièrement déposés dans l'urne, au nom d'un candidat et si la commission de recensement ne peut proclamer qu'il a la

on se présente dans cinquante collèges, a dit M. Wallon, on ne cherche pas à entrer à la Chambre des députés, on cherche à se mettre au-dessus d'elle (1) ». Mais, au lieu de limiter toute candidature à un siège unique, ce qui est mettre un frein brutal à la volonté de la nation, on aurait dû permettre à un même candidat de briguer un siège dans trois ou quatre circonscriptions. « Pour les chefs de parti, en effet, pour tous ceux dont la présence est indispensable ou très utile à la Chambre des députés, il est dur de les réduire aux chances que leur offre une seule circonscription (2). »

3° **Incompatibilité**. — L'*incompatibilité* diffère de l'inéligibilité ; elle a pour but *d'empêcher le cumul du mandat législatif avec les fonctions publiques*, d'assurer l'indépendance de l'élu (3). A la différence de l'inéligibilité qui rend l'élection absolument nulle, l'incompatibilité n'annule pas l'élection ; mais l'élu est mis en demeure d'opter entre la fonction qu'il remplit et son siège de député.

EN FRANCE, la *Constitution de* 1791 admit un certain nombre de cas d'incompatibilité ; ils s'appliquaient aux fonctionnaires éligibles.

La *Convention nationale*, par un décret du 25 septembre 1792, déclara toutes les fonctions publiques incompatibles avec celles de représentant de la nation.

---

majorité et, par suite, qu'il est élu, sauf à la Chambre à statuer sur l'éligibilité de ce candidat et la régularité de son élection. Une loi ordinaire ne peut modifier, même indirectement, une loi constitutionnelle.

(1) Séance du Sénat du 25 juillet 1889.
(2) Esmein, *loco cit.*, p. 614.
(3) Il serait souvent difficile matériellement de remplir à la fois la fonction publique et le mandat électif. Puis, les fonctionnaires dépendant du gouvernement, le principe de la séparation des pouvoirs serait atteint.

Il en fut de même dans la Constitution de l'an III. Toute fonction publique fut déclarée incompatible avec la qualité de membre du Corps législatif, excepté la fonction d'archiviste de la République.

Les traditions d'indépendance des représentants disparurent après le coup d'Etat de brumaire. Par une *loi du 10 novembre* 1799, non seulement les membres du Corps législatif purent être employés dans toutes les fonctions civiles ; ils furent même *invités au nom du bien public à les accepter*.

La *Constitution de l'an VIII* ne créa d'incompatibilités que pour les sénateurs.

La *Restauration* resta muette sur la question des incompatibilités. Mais la nomination fréquente de fonctionnaires comme députés et le choix de députés pour l'exercice de fonctions publiques provoquèrent des plaintes très vives.

Le *Gouvernement de Louis-Philippe* réagit contre l'usage suivi sous la Restauration et créa, par l'article 64 de la loi du 19 avril 1832, plusieurs incompatibilités. La *Constitution de* 1848 revint aux interdictions de la Convention. De son côté, l'*Empire* formula, par le décret organique du 2 février 1852, le principe de l'incompatibilité des fonctions publiques rétribuées avec le mandat de député au Corps législatif.

Notre *loi organique du* 30 *novembre* 1875 a admis le même principe, dans son article 8 en ce qui concerne les fonctions publiques *rétribuées sur les fonds de l'Etat* (1). « En conséquence, continue cet article, tout fonctionnaire élu député sera remplacé dans ses fonctions si, dans les huit jours qui suivront la vérification des pouvoirs, il n'a pas fait connaître qu'il n'accepte pas le mandat de député.»

---

(1) L'incompatibilité n'atteint pas les fonctions non salariées, celles qui sont rétribuées sur les fonds des départements, des communes, des établissements publics.

Dans notre droit actuel, *l'incompatibilité n'est pas absolue*. D'abord, par application du régime parlementaire, elle ne peut pas atteindre les ministres qui sont régulièrement choisis dans les Chambres. Ensuite, il existe un certain nombre de fonctionnaires qui ont acquis une situation élevée et indépendante et dont la haute valeur intellectuelle ne peut qu'illustrer un parlement. Telles sont les raisons pour lesquelles les ministres, sous-secrétaires d'Etat, ambassadeurs, ministres plénipotentiaires, le préfet de la Seine, le préfet de police, le premier président de la Cour de cassation, de la Cour des comptes, de la la Cour d'appel de Paris, le Procureur général près de la Cour de cassation, près de la Cour des comptes, près de la Cour d'appel de Paris, les archevêques, évêques, les professeurs de chaires données au concours, etc., échappent par exception, au principe de l'incompatibilité.

Les PAYS ÉTRANGERS admettent, comme la France, l'incompatibilité entre le mandat législatif et l'exercice des fonctions publiques. En *Angleterre*, l'interdiction s'étend aux fournisseurs du gouvernement, aux agents de l'armée, aux collecteurs des taxes. En *Italie* elle frappe les directeurs, administrateurs et représentants des sociétés ou entreprises industrielles et commerciales subventionnées ou garanties par l'Etat, les avocats ou avoués de ces sociétés, les concessionnaires des travaux publics. Des incompatibilités de ce genre existent au *Portugal*.

L'interdiction qui s'adresse aux *commerçants et industriels ayant passé des contrats avec le gouvernement* s'explique aisément ; ils peuvent être tentés de sacrifier l'intérêt de l'Etat à leur intérêt personnel. EN FRANCE, on tend à élargir les incompatibilités en les appliquant, comme dans les pays dont nous venons de parler, à cette catégorie de personnes (1).

(1) Voir notamment les incompatibilités qui figurent dans la

Ajoutons, pour terminer, que chez nous, les mandats de sénateur et de député ne se cumulent pas.

4° Systèmes électoraux. — De quelle manière convient-il de grouper les électeurs pour la nomination des représentants ? Deux systèmes se conçoivent : l'un prend pour base la *population* et attribue un ou plusieurs députés à une quantité d'électeurs déterminée ; l'autre admet la *représentation des intérêts*.

Dans ce deuxième système on forme des groupements professionnels ou corporatifs : des députés représentent chaque groupement (agriculture, commerce, industrie, classe ouvrière).

Système qui prend pour base la population sans distinction d'intérêts. — En faveur de ce système on fait remarquer qu'il est seul conforme au principe de la souveraineté nationale. Mais on oublie qu'on a considéré le droit de vote, comme une fonction. Or, s'il est une fonction, la nation peut en investir aussi bien des groupements d'intérêts que des groupements territoriaux.

Pour nous, toute la question est de savoir quelle est, des deux combinaisons, celle qui doit donner les meilleurs résultats.

Si l'on exclut la représentation des intérêts, le système idéal consisterait à n'établir qu'un collège électoral pour le pays tout entier, à faire nommer en même temps tous les représentants par un vote d'ensemble.

On prétend que ce système se heurterait à des difficultés d'application insurmontables. C'est possible ; en tout cas ce système présente un grand avantage et un grand inconvénient : l'avantage est *qu'on voterait pour*

loi du 30 juin 1883 concernant les services maritimes postaux et dans celle du 20 novembre 1883 approuvant les conventions avec la Compagnie des chemins de fer Paris-Lyon-Méditerranée. Un projet de loi d'ensemble a été déposé à la Chambre, le 14 novembre 1895.

un programme au lieu de voter pour des hommes ; l'inconvénient est que les minorités, à moins de combinaisons spéciales, ne seraient pas représentées.

Système des groupements professionnels. — Nous avons vu que les objections théoriques adressées à ce système ne sont pas fondées.

Quels résultats donnerait-il ? C'est un peu l'inconnu. En tout cas il ne pourrait en donner de plus mauvais que le système actuel.

Vraisemblablement, toutefois, ce système enverrait dans nos assemblées parlementaires plus de gens compétents et moins de politiciens.

Le groupement des intérêts pourrait d'ailleurs être combiné avec le groupement territorial, soit pour les élus de la même Chambre soit pour les élus de la Chambre haute.

Je ne me dissimule pas néanmoins qu'en France toutes les réformes, même les meilleures, resteront inefficaces tant que n'aura pas été brisée la toute-puissance des francs-maçons associés aux cosmopolites, tant que ceux qui gémissent au coin du feu sur les malheurs des temps n'auront pas compris leur devoir social d'aller au peuple, à ce peuple qu'on apprend à aimer en apprenant à le connaître, tant que les représentants des régimes tombés nourriront des espoirs irréalisables et se croiront dispensés de concourir à l'établissement d'une république d'honnêtes gens. Ils ne s'aperçoivent donc pas que leur opposition anticonstitutionnelle sert à merveille les intérêts de nos tristes gouvernants. Elle permet à un ministère aux abois de faire contre eux la concentration républicaine, toutes les fois qu'il a quelque infamie à commettre.

Tandis que M. Esmein se rallie au groupement géographique (1), M. Chénon se prononce pour le groupement des intérêts.

(1) Il admet néanmoins, p. 182, que les organes des intérêts soient entendus, mais à titre purement consultatif.

La France n'a jamais appliqué le système de la représentation des intérêts. Mais il a été appliqué à l'*étranger.*

En *Angleterre* les Universités ont un certain nombre de représentants particuliers.

En *Autriche*, comme nous l'avons déjà vu, il y a quatre catégories d'électeurs : 1º les électeurs appartenant à la grande propriété foncière (50 à 250 florins d'impôts); 2º les électeurs des villes et centres industriels ; 3º les membres des chambres de commerce et d'industrie ; 4º les habitants des communes rurales. En 1826 les ouvriers et artisans formaient une 5ᵉ catégorie.

En *Espagne* certains groupes disposent de quelques sièges sénatoriaux : le clergé de 6, l'université de 10, les sociétés économiques de 5.

En supposant la division du pays en circonscriptions électorales, doit-on admettre le *scrutin de liste* ou le *scrutin uninominal* ? Dans le *scrutin uninominal*, les électeurs votent pour un seul candidat, dans le scrutin de liste, ils votent pour plusieurs candidats à la fois.

Scrutin de liste et scrutin uninominal. — Ces deux modes de scrutin ont été alternativement pratiqués chez nous.

Nous avons le scrutin uninominal en 1793, le scrutin de liste sous la Constitution de l'an III, sous la Constitution de l'an VIII, avec la loi électorale de 1817. On revient au scrutin uninominal en 1831, au scrutin de liste en 1849 pour l'abandonner sous l'Empire. Le scrutin de liste est de nouveau en honneur de 1871 à 1876, puis de 1885 à 1889. Aujourd'hui c'est le scrutin uninominal qui fonctionne.

Comparons les deux systèmes :
Quel est le meilleur ?

Le scrutin uninominal se prête mieux à la pression administrative, rend plus facile la corruption électorale pour les candidats riches, éloigne de la politique les hommes de valeur au profit des notabilités de clocher, met trop le député sous la dépendance de l'électeur et lui fait délaisser les intérêts généraux du pays, absorbé qu'il est par ceux de sa circonscription.

Le scrutin de liste échappe à ces reproches, ou du moins, s'il les mérite, c'est à un degré bien moindre ; et d'autre part il est plus favorable aux grands courants de l'opinion.

Cette dernière raison nous paraît décisive, surtout à un moment où, comme aujourd'hui, de grandes crises menacent le pays.

On a donné pour et contre le scrutin de liste deux raisons qui ne me paraissent pas fondées. On a dit qu'il assurait mieux la représentation des minorités, car tous les systèmes imaginés pour assurer cette représentation le suppose établi. Mais nous doutons que les systèmes atteignent le but proposé.

On a dit aussi qu'avec le scrutin de liste, c'est le candidat *remorqueur* (1) qui faisait passer le bloc. Il y a du vrai dans ce reproche, mais quelle est l'élection dans laquelle il n'y ait pas un ou des remorqueurs ? A défaut d'un candidat-remorqueur, on a un préfet-remorqueur, un sous-préfet, un vénérable, un journal, un grand électeur... etc., etc. Et vraiment entre les divers remorqueurs le choix ne me paraît pas facile.

Représentation des minorités. — L'assemblée composée des candidats élus par la majorité ne représente pas exactement le corps électoral. Une minorité importante peut n'avoir qu'un nombre infime de représentants dans cette assemblée ou même n'en avoir aucun.

Le mode de scrutin, soit de liste, soit uninominal, qui aboutit à faire proclamer élu le candidat qui a réuni le

(1) C'est-à-dire un personnage très connu, placé en tête de la liste pour faire passer les autres candidats inconnus, peut-être, des électeurs.

plus de voix sur son nom ne donne donc pas toujours, malgré sa simplicité, des résultats absolument justes. Ainsi, dans certaines circonscriptions, il arrive que le candidat d'un parti passe à quelques voix de majorité, et le même fait peut se reproduire dans un grand nombre de circonscriptions (1). Ne serait-il pas cependant équitable que les minorités aient une représentation proportionnelle à leur importance numérique, afin que l'assemblée soit en quelque sorte une reproduction réduite du corps électoral ?

Cette idée a donné naissance à plusieurs systèmes ayant pour objet d'obtenir la représentation des minorités. Mais ce principe n'est pas admis par tout le monde. Si la nation (c'est le raisonnement de M. Esmein, p. 426) gouvernait directement, la majorité déciderait seule de tout. Il en serait de même avec le *referendum*.

L'argument n'est rien moins que probant. La représentation des minorités n'a pas pour effet, d'empêcher la majorité de décider de tout : elle a simplement pour effet de donner voix délibérative aux minorités. Et précisément dans les cas cités par M. Esmein les minorités votent.

Veut-il dire qu'une fois qu'elles ont voté pour constater qu'elles sont les minorités, elles sont déchues de leur part de souveraineté nationale. Mais ce sont là des raisonnements qui prêtent à toutes les équivoques et qui peuvent conduire aux conséquences les plus abusives.

M. Esmein dit encore : « Dans le gouvernement représentatif, la représentation des électeurs par les élus n'est pas un but, mais simplement un moyen. »

Jusqu'ici je comprends, mais il ajoute : « Le but, c'est l'exercice de la souveraineté nationale, mais celui-ci revient nécessairement et tout entier à la majorité de la nation. »

(1) Aux élections législatives de 1897, près de 40 candidats représentant la politique si sage et si française de M. Méline ont été battus par des adversaires qui n'avaient pas 200 voix de majorité.

Je renonce à saisir nettement l'argumentation de M. Esmein. Veut-il dire que le but du gouvernement représentatif est de donner à l'élu l'exercice de la souveraineté ? Mais l'exercice de la souveraineté n'est pas plus un but que la représentation ; il est lui-même un moyen pour arriver à faire de bonnes lois, autant que possible acceptées par l'opinion. Et toute la question est de savoir si, pour atteindre ce but, le concours de la minorité est utile ou non, ou si la majorité, dont personne, sous certaines réserves, ne conteste les droits, peut de prime abord frapper d'ostracisme la minorité.

C'est dire que la question reste entière (1).

Pour nous la représentation des minorités a de grands avantages que nous allons résumer :

1° Elle assure un salutaire contrôle sur la marche des affaires publiques, en même temps que son opposition est une digue aux lois trop hâtives ou oppressives par la résistance directe qu'elle provoque dans le Parlement.

2° Elle est un élément de pacification : aucun parti n'étant complètement battu, ni complètement victorieux, les passions politiques sont moins vives et plus promptes à se calmer.

3° Elle secoue l'indifférence politique dans le monde des paisibles et des découragés en leur faisant entrevoir la possibilité du succès pour les candidats de leur choix.

4° Elle protège les électeurs contre la tyrannie des élus.

Si théoriquement l'élu a pour mission de faire des lois,

---

(1) Nous sommes heureux de trouver Louis Blanc parmi les partisans de la représentation des minorités : « Prétendra-t-on, dit-il, « qu'il suffit d'une voix de différence pour faire que l'une des frac- « tions soit le peuple et que l'autre soit le néant ? Partout où les « minorités n'ont pas leur influence proportionnelle sur la direction « des affaires publiques, le gouvernement n'est qu'un gouvernement « de privilège au profit du plus grand nombre, et n'oublions pas « que la tyrannie germe dans tout privilège. »

l'expérience prouve que pour certains c'est le moindre des soucis.

Dans tels et tels départements ou arrondissements, malheur aux fonctionnaires et à ceux qui ne sont pas complètement indépendants, s'ils ont encouru la disgrâce de M. le Sénateur ou de M. le Député.

Les minorités seraient heureuses en pareil cas de trouver aide et protection auprès de leurs élus.

Cette protection leur est d'autant mieux assurée qu'elles ont des représentants régionaux et que la base électorale est plus large.

De fait, et c'est encore ici, soit dit en passant, un des avantages du scrutin de liste, en même temps que de la représentation des intérêts : la tyrannie s'exerce beaucoup moins par les représentants du département que par ceux de l'arrondissement, surtout quand la représentation départementale est bigarrée.

Pour toutes ces raisons nous sommes partisans de la représentation des minorités, d'autant plus que, comme nous l'avons vu, les objections d'un ordre théorique adressées à cette représentation ne sont nullement fondées.

Toute la question est de savoir si les systèmes imaginés pour assurer aux minorités une représentation proportionnelle sont pratiques et atteignent le but poursuivi.

Malheureusement à ces deux questions la réponse nous paraît devoir être négative.

Dans le système actuel, la minorité est tout à fait sacrifiée dans un collège électoral, c'est vrai ; mais dans tel collège voisin l'opinion de cette minorité sera représentée par une majorité, et l'on arrivera ainsi dans l'ensemble du pays à donner à une minorité un chiffre de représentants très convenable, sans doute inférieur à sa force numérique, mais probablement supérieur à celui que lui donneraient tous les systèmes jusqu'à présent connus et dont nous allons dire un mot. Ces systèmes ne seraient, ce nous semble, de quelque utilité, que pour les infimes minorités. Il est juste de remarquer que si dans nos assemblées parlementaires les minorités de quelque importance sont toutes représentées, il n'en est pas de même dans les conseils municipaux d'où une minorité même très importante est souvent complètement exclue. Aussi M. Mirman demande-t-il que le système de la représentation des minorités soit d'abord appliqué aux élections municipales.

Un mouvement s'est dessiné à l'étranger en faveur de la représentation proportionnelle des minorités.

Cette représentation existe au Danemark (constitution révisée de 1866), en Portugal (loi du 21 mai 1844), en Espagne (loi du 26 juin 1890), dans plusieurs cantons suisses (Le Tessin, Genève, Neufchatel, Zug), en Serbie, dans la province de Buenos-Ayres, dans certains États de l'union américaine du Nord ; il vient d'être introduit en Belgique. L'Angleterre l'a eue de 1867 à 1885.

Les systèmes imaginés par la représentation des minorités *supposent tous le scrutin de liste*. Nous allons examiner les principaux.

A. — *Système du quotient électoral*. — Ce système dû à M. Andræ est assez compliqué. Plusieurs combinaisons sont possibles. La suivante est usitée au *Danemark* pour la Chambre haute, et en *Serbie*. On part du principe que tout candidat doit être considéré comme élu lorsque le nombre des suffrages qu'il a obtenus est égal au quotient du nombre des électeurs par celui des députés à élire.

Supposons 50.000 votants, et 5 députés à élire, dans une circonscription déterminée ; le quotient électoral est de $\frac{50.000}{5} = 10.000$ voix. Chaque candidat ayant obtenu 10.000 voix devra être proclamé élu. Le dépouillement se fait en ne tenant compte que d'un seul des noms inscrits sur chacun des bulletins de vote, du nom qui figure en tête. Quand il a obtenu le quotient, on s'arrête, et on passe au candidat inscrit le second sur les bulletins et ainsi de suite.

Ce système exige une grande discipline ; si elle se rencontre, une minorité égale au quotient électoral est certaine de faire passer un candidat ; mais peut-être aurait-elle pu faire passer deux candidats ; seulement pour cela elle aurait dû être renseignée d'avance sur l'état exact de ses forces, ce qui est impossible. Et d'ailleurs le résultat peut varier suivant que le dépouillement commence par tels ou tels bulletins.

B. — *Système du vote accumulé.* — On le trouve en *Portugal*, pour certains sièges et dans plusieurs Etats de l'union américaine (l'*Illinois*, l'*Utah*, l'*Ohio*). Il attribue à chaque électeur autant de suffrages à exprimer qu'il y a de députés à élire. L'électeur est libre soit de répartir les suffrages dont il dispose sur plusieurs candidats, soit de les donner tous au même. En groupant tous ses suffrages sur un seul candidat, la minorité peut arriver à le faire passer en lui constituant une majorité par la multiplication des voix (1).

Ce système suppose que les électeurs connaissent bien l'importance numérique des divers partis. Les calculs de la majorité ou ceux de la minorité peuvent être inexacts et les résultats sont alors tout différents de ce qu'ils devraient être réellement. La majorité qui se croit moins forte qu'elle ne l'est ramassera ses voix sur un petit nombre de candidats et n'aura pas tous les représentants qu'elle aurait pu avoir ; par contre, la minorité sera peut-être plus largement représentée qu'elle ne devrait l'être.

(1) La majorité, si elle est disciplinée, dit M. Chénon à son cours, pourra déjouer cette manœuvre, en portant toutes ses voix sur la moitié des candidats au premier tour et sur l'autre moitié au second tour de scrutin.

Mais elle peut tout aussi bien avoir une représentation insuffisante.

C. — *Système du vote limité.* — Il est appliqué en *Espagne* dans un assez grand nombre de collèges, ainsi qu'au *Portugal*, en *Italie*, dans les Etats de *New-York* et de *Pensylvanie*. Chaque électeur ne peut voter que pour un nombre de candidats inférieur au nombre des candidats à élire. Ce nombre est déterminé par la loi : 2 sur 3, par exemple, ou 4 sur 6. La majorité ne peut faire passer qu'une partie de ses candidats ; les sièges restant sont réservés à la minorité. Le vice de ce système c'est que l'on fixe à l'avance la proportion qui devra exister entre la majorité et la minorité.

D. — *Système de la concurrence des listes.* — Ce système très savant est une combinaison du vote cumulatif et du quotient électoral. On le trouve en vigueur dans le canton de Zug (1).

E. — *Système belge, ou système d'Hondt.* — Le nouveau système récemment voté par les Chambres belges porte le nom de son inventeur, M. d'Hondt ; il est très ingénieux. Dans ce système les élections comprennent trois séries d'opérations successives :

1° La présentation des candidatures et l'impression des bulletins de vote ;

2° Les opérations du scrutin et la computation du nombre des voix données dans les différents bureaux de votes à chaque liste et à chaque candidat ;

3° Le recensement général des suffrages, l'attribution à chaque liste d'un nombre de députés proportionnel au nombre des voix obtenues et la proclamation des élus.

(1) Il est assez difficile à comprendre et encore plus à expliquer clairement. Nous nous contentons de renvoyer à M. Esmein, p. 629.

La première opération est simple : 100 électeurs signent une liste de présentation où les noms des candidats sont inscrits les uns à la suite des autres dans l'ordre arrêté par le groupe électoral qui les a choisis. Ces actes de présentation sont contresignés par les candidats. Ensuite, le président du collège électoral fait imprimer des bulletins de vote en nombre suffisant, sur lesquels les listes sont placées les unes à côté des autres ; en même temps, il publie par voie d'affiches la *liste officielle des candidats* et le fac-similé du bulletin de vote.

Chaque liste porte un numéro ; elle figure de la manière suivante sur le bulletin (1) :

Liste 1.

La seconde opération est le vote, il s'exprime en noircissant au crayon un des points blancs entourés de noir qui se trouvent sur le bulletin. Si l'on veut voter pour la liste tout entière, il suffit de noircir par un coup de crayon le point blanc de la case placée au-dessus de chaque liste. Si on ne veut pas voter pour la liste entière, on ne peut voter que pour un seul candidat, bien qu'il y en ait plusieurs à élire.

(1) Ce dispositif est annexé tel quel, avec ses noms de fantaisie au Code électoral belge.

Le scrutin fermé, on procède au dépouillement dans les bureaux. On classe pour cela les bulletins par paquets : votes en tête de la liste n° 1, c'est-à-dire, vote pour cette liste intégrale ; votes pour le premier candidat de cette liste, pour le deuxième et ainsi de suite, et de même pour chacune des listes. Ce classement terminé, on compte le nombre des bulletins de chaque espèce et l'on envoie les résultats du dépouillement au bureau central qui se charge de la dernière partie des opérations.

Le bureau central fait les additions pour obtenir ce qu'on appelle *le chiffre électoral* de chaque liste. Ce chiffre électoral est établi en *comptant à la fois le nombre des voix données à chaque liste et celui des voix obtenues par chaque candidat de la liste.*

On fait alors la répartition des sièges entre les listes, d'après la formule imaginée par M. D'Hondt, professeur de droit à l'Université de Gand. Pour cela, « on divise « chacun des chiffres électoraux par un nombre qui donne « des quotients dont la somme égale le nombre des sièges à « conférer.

« A cet effet, le bureau central divise les chiffres élec-« toraux des listes par 1, 2, 3, 4, 5, etc., et les nomina-« tions sont attribuées dans l'ordre d'importance des quo-« tients. Le plus fort quotient confère la première nomi-« nation, le second quotient la seconde nomination et « ainsi de suite, jusqu'à ce que tous les sièges soient « pourvus ».

Ce procédé ne peut être bien compris que par un exemple.

Supposons trois listes, portant les n°ˢ 1, 2 et 3. Les chiffres électoraux de chaque liste sont respectivement de :

Liste 1, 34.000 *voix, liste* 2, 19.000 *voix, liste* 3, 7.000 *voix.*

Nous supposons qu'il y a 6 sièges à conférer. S'il n'y en avait qu'*un seul*, il devrait revenir au parti le plus fort, à celui qui a eu 34.000 voix. On lui attribue donc le premier. S'il y avait *deux sièges*, et qu'ils fussent dévolus au même parti qui a eu 34.000 voix, chacun des deux élus de ce parti représenterait seulement 17.000 suffrages. C'est pour faire cette constatation que nous divisons par *deux*, d'après la formule donnée plus haut les chiffres électoraux de chaque liste ; mais la liste 2 ayant 19.000 voix, c'est à elle que revient de préférence le second siège. Nous divisons ensuite les chiffres électoraux par 3, puis par 4, et nous obtenons pour les 6 sièges, le tableau répartiteur suivant :

		Liste 1.		Liste 2.		Liste 3.
Division par	1	34.000	1	19.000	2	7.000
—	1/2	17.000	3	9.500	5	
—	1/3	11.333	4	6.333		
—	1/4	8.500	6			

La liste 1 obtient ainsi le premier siège avec 34.000 voix, le troisième avec 17.000, le quatrième avec 11.333 et le sixième avec 8.500. La liste 2 obtient le deuxième et le cinquième siège ; la liste 3 n'a rien, car elle n'atteint pas le *chiffre répartiteur*.

Dans notre espèce, *le chiffre répartiteur est* 8.500. C'est, suivant la formule donnée plus haut, le nombre par lequel il faut diviser les chiffres électoraux pour obtenir des quotients dont la somme égale le nombre des sièges à conférer à chaque liste. En un mot, il faut 8.500 voix pour faire élire un député. La liste 1 ayant 4 fois 8.500 voix a quatre députés ; la liste 2 ayant deux fois 8.500 voix a deux députés. Les 2.000 voix d'excédent sont des voix nulles.

Le nombre d'élus revenant à chaque liste étant ainsi déterminé, le bureau électoral recherche quels sont les candidats élus dans les listes admises à la répartition. A cet effet, le bureau partage entre les premiers candidats de chaque liste les votes donnés à la liste entière et placés en tête, de façon à faire atteindre à ces candidats, successivement et dans l'ordre de leur inscription sur la liste, le quotient répartiteur, puis on proclame élus, jusqu'à concurrence du nombre voulu, les candidats de chaque liste qui se trouvent avoir le plus de voix.

Ainsi, supposons que les 34.000 suffrages de la liste 1 se soient répartis ainsi :

Tête de liste.......... **21.000** voix.

		voix				
1er candidat	Colin	4.000	nous ajoutons 4.500 qui donnent	8.500 voix.	Elu.
2e »	Delval	1.000	»	7.500 »	8.500 ».	Elu.
3e »	Georts	2.000	»	6.500 »	8.500 ».	Elu.
4e »	Malville	1.000	»	2.500 »	3.500 ».	
5e »	Nelson	4.000	»	» » »	4.000 ».	Elu.
6e »	Nick	1.000	»	» » »	1.000 ».	

TOTAL des 21.000 voix de la tête de liste.

On proclamera élus les trois premiers candidats qui ont le quotient électoral de 8.500 voix ; mais comme le quatrième n'obtient plus que le reliquat de 2.500 voix dans la répartition des 21.000 voix de la tête de liste et qu'il n'atteint pas le quotient électoral, on lui préfère le cinquième candidat, qui, au lieu de 3.500 voix en a 4.000.

Ce système semble extrêmement compliqué ; mais il paraît qu'il n'en est nullement ainsi dans la pratique (1).

Citons encore le système Hare ou du VOTE UNINOMINAL SUR LISTE UNIQUE. On dresse une seule liste pour tout le pays. Les électeurs n'inscrivent chacun qu'un seul nom sur leurs bulletins. On classe les élus d'après le total des voix qu'ils ont obtenues.

(1) Voir, pour plus amples développements, *La représentation proportionnelle en Belgique*, par M. Hermann Dumont, dans la *Revue politique et parlementaire*, n° 66, 10 décembre 1899.

CHAPITRE II

THÉORIE DE LA SÉPARATION DES POUVOIRS

SECTION I. — Historique et règle générale.

Les pouvoirs publics sont les organes essentiels de l'Etat auxquels est dévolu l'exercice de la souveraineté.

Les auteurs des XVIIe et XVIIIe siècles reconnaissaient la pluralité des organes de l'Etat. Un philosophe illustre de l'école du *droit de la nature et des gens*, Puffendorf distinguait sept *partes potentiales summi imperii* (1). Mais, jugeant comme les autres philosophes de la même école, que la souveraineté était *indivisible*, qu'elle ne pouvait se fractionner, il considérait ces *partes potentiales imperii* comme des aspects divers de la souveraineté ; elles devaient être par suite toutes centralisées dans les mêmes mains. Nous avons vu précédemment ce qu'il faut penser de l'indivisibilité de la souveraineté.

Le premier, Locke, dans son *Essay on civil government* reconnaît trois pouvoirs qu'il appelle le pouvoir *législatif*, le pouvoir *exécutif* et le pouvoir *fédératif*. Ce dernier consiste dans le droit de faire la guerre, la paix et les traités (2).

La théorie des trois pouvoirs, en germe dans l'ouvrage de Locke, a été exposée nettement par Montesquieu ; elle

---

(1) *De officio hominis et civis*, liv. II, chap. VII.
(2) Sur les origines de la séparation des pouvoirs, voir Esmein, *loco cit.*, p. 273 et suiv.

est aujourd'hui assez généralement admise. « Il y a, dans chaque Etat, dit Montesquieu (1), trois sortes de pouvoirs, la *puissance législative*, la *puissance exécutrice des choses qui dépendent du droit des gens*, et la *puissance exécutrice de celles qui dépendent du droit civil*. Par la première, le prince ou le magistrat fait des lois pour un temps ou pour toujours et corrige ou abroge celles qui sont faites. Par la seconde, il fait la paix ou la guerre, envoie ou reçoit des ambassadeurs, établit la sûreté, prévient les invasions. Par la troisième, il punit les crimes ou juge les différends des particuliers. On appellera cette dernière puissance la puissance de juger ; et l'autre simplement la puissance exécutrice de l'Etat ».

Ces trois pouvoirs, dit Montesquieu, doivent être séparés, pour plusieurs raisons. D'abord, tout homme qui a du pouvoir est porté à en abuser : il va jusqu'à ce qu'il trouve des *limites*. Pour qu'on ne puisse abuser du pouvoir, *il faut que*, par la disposition des choses, le *pouvoir arrête le pouvoir*. En second lieu, *la liberté n'existe plus* quand la puissance législative est réunie à la puissance exécutrice, parce qu'on peut craindre que le même monarque ou le même Sénat ne fasse des lois tyranniques pour les exécuter tyranniquement. La liberté n'existe pas non plus, si la puissance de juger n'est pas séparée de la puissance législative et de l'exécutrice. « Tout serait perdu si le même homme ou le même corps des principaux, ou des nobles, ou du peuple, exerçait les trois pouvoirs, celui de faire les lois, celui d'exécuter les résolutions publiques, et celui de juger les crimes ou les différends des particuliers. »

Cette division tripartite des pouvoirs n'est pas acceptée par tout le monde. Le jurisconsulte, dit-on, doit distinguer le pouvoir législatif qui formule la loi et le pouvoir exécutif qui veille à son exécution. Les difficultés judi-

---

(1) *Esprit des lois*, liv. XI, chap. 2.

ciaires seraient uniquement des incidents de l'exécution. On va même jusqu'à soutenir que Montesquieu, après avoir mentionné les trois pouvoirs, n'en admet définitivement que deux (1).

Cette controverse entre les partisans des deux pouvoirs et les partisans des trois pouvoirs nous fait toucher du doigt la monomanie de certains esprits qui tiennent absolument à formuler des principes pour pouvoir y rattacher ensuite certaines solutions qui leur plaisent.

Nous ne tenons pas essentiellement à la triple division des pouvoirs, telle que l'a établie Montesquieu, mais nous ne voulons pas qu'on vienne nous imposer la théorie des deux pouvoirs dans le but de nous faire souscrire à ses conséquences.

Nous admettons la théorie des trois pouvoirs, parce qu'elle est celle de Montesquieu, parce qu'elle est généralement admise et semble d'ailleurs assez naturelle ; mais nous nous abstiendrons d'en tirer d'autres conséquences que celles qui peuvent être établies directement et par elles-mêmes.

Cela dit, il nous est absolument indifférent que M. Ducrocq admette la théorie des deux pouvoirs comme plus conforme à la nature des choses, à la tradition historique. Nous lui demanderons simplement de faire comme nous, de ne tirer de sa théorie que les conséquences pouvant être établies directement et par elles-mêmes.

---

(1) Dans l'*Esprit des lois* on trouve ce passage :
« Des trois puissances dont nous avons parlé, celle des juges est en quelque sorte nulle. » On en a conclu que Montesquieu subordonnait la puissance judiciaire à la puissance exécutive. En réalité, Montesquieu considérait la *puissance* de juger comme nulle, uniquement parce qu'il ne voulait pas la remettre à des magistrats permanents, mais à des *jurés*. « De cette façon, dit-il, la puissance de juger, si terrible parmi les hommes, n'étant attachée ni à un certain état, ni à une certaine profession, devient pour ainsi dire *invisible et nulle* ; et l'on craint la magistrature et non les magistrats. »

La controverse sera ainsi ramenée à une question de mots.

Mais ce n'est pas ce que veulent les partisans de la théorie des deux pouvoirs. S'ils rattachent le pouvoir judiciaire au pouvoir exécutif, c'est pour exclure l'élection dans le choix des juges et peut être l'inamovibilité et surtout pour justifier l'existence des juridictions administratives.

Or, comme le dit très bien M. Esmein, p. 318, les questions d'organisation judiciaire doivent être discutées en elles-mêmes, en dehors du point de savoir s'il y a deux ou trois pouvoirs.

Par qui les juges doivent-ils être nommés (1) ?

En France ils sont nommés par le pouvoir exécutif : aucun concours n'intervient, aucun règlement ne préside à l'avancement.

C'est le régime de l'arbitraire et du favoritisme.

Le vote populaire donnerait-il de meilleurs résultats ? c'est douteux.

Mais l'élection par un collège électoral comprenant les avocats, les avoués, les notaires, les magistrats eux-mêmes, etc... présenterait, ce semble, des garanties sérieuses.

A tout le moins pourrait-on donner à ce collège le droit de présenter deux ou trois candidats parmi lesquels choisirait le pouvoir exécutif.

Le mieux peut-être serait de faire intervenir le concours et pour l'entrée dans la magistrature et pour l'avancement.

De l'inamovibilité de la magistrature. — Pour garantir l'indépendance du corps judiciaire, il est nécessaire que les juges soient inamovibles, qu'ils ne puissent être révoqués que dans les cas de forfaiture ou de rébellion ouverte.

(1) Voir Malepeyre, *La magistrature en France et projet de réforme* (1900).

Malheureusement ce principe n'a pas toujours été respecté.

L'inamovibilité imposée dans l'ancienne monarchie par la vénalité des charges fut proclamée par la loi du 16 août 1790, puis par les Constitutions de 1791, de l'an III, de l'an VIII, par les Chartes de 1814 et de 1830, par la Constitution de 1848 et par celle du 20 mai 1870.

Les lois de 1875 ne formulent pas ce principe ; mais ces lois ne proclament aucun principe ; elles supposent l'existence de tous ceux qui ont été affirmés dans les Constitutions précédentes depuis la Révolution, et qui font maintenant partie intégrante du droit public français, d'une façon implicite.

Ces grands principes n'ont du reste pas besoin d'être formulés dans des textes de droit constitutionnel, parce qu'ils sont au-dessus du droit écrit, parce qu'ils forment, dans l'état actuel de la société, un fond intangible de droit coutumier supérieur et qu'ils ne peuvent disparaître qu'à la suite d'un bouleversement de notre organisation politique.

Aussi ne saurait-on s'élever trop énergiquement contre la grave atteinte portée à l'inamovibilité de la magistrature par la loi du 30 août 1883.

Cette loi a été le point de départ d'une ère nouvelle pour la magistrature : les qualités professionnelles sont devenues plus rares, et la confiance des justiciables moins complète. L'inamovibilité a été suspendue pendant trois mois, et le gouvernement a pu dans cet intervalle révoquer tous les magistrats à lui signalés comme ne présentant pas les garanties désirables au point de vue des opinions politiques.

Une pareille loi était évidemment anticonstitutionnelle. Tel est aussi l'avis de M. Chénon. C'est un pur sophisme de prétendre avec M. Esmein que dans le silence de nos lois constitutionnelles sur l'inamovibilité de la magistrature, une loi ordinaire peut écarter l'application de ce principe. Avec ce système tous les grands principes du droit public proclamés par la Révolution seraient peu à peu sacrifiés.

La séparation des pouvoirs peut se manifester sous la forme d'une *séparation absolue* ou d'une *séparation* simplement *relative*.

SECTION II. — Séparation absolue et séparation relative des pouvoirs.

Dans le système d'une séparation rigoureuse, le chef de l'Etat n'a aucune participation à la *confection des lois*; ses *ministres* ne peuvent pas être pris dans le sein du Parlement, ils n'y ont pas accès. C'est ainsi que Montesquieu concevait la séparation et c'est ainsi qu'elle fut mise en pratique dans les Constitutions originaires, inspirées par les théories de ce philosophe : celle des Etats-Unis de l'Amérique du Nord (1) encore en vigueur, et celles que se donna la France en 1791 et en l'an III.

Aux *Etats-Unis*, aucun ministre, aucun fonctionnaire, ne peut être membre de l'une des deux Chambres. Le Corps législatif n'a pas le droit d'infliger un blâme aux ministres (appelés *secrétaires d'Etat*); il ne peut les renverser Agents du pouvoir exécutif qui les choisit librement, ils ne dépendent que de lui ; mais chacun n'a d'autorité que dans les limites de son département ; les ministres ne par-

---

(1) « La Convention de Philadelphie, pénétrée jusqu'à la superstition de la théorie de Montesquieu a mis tous ses soins à tenir les pouvoirs séparés. Les routes qu'elle a tracées sont invariablement parallèles ; elles ne se croisent nulle part. Ils peuvent se voir, se menacer du regard ou avec une voix lointaine ; mais il n'y a pas de carrefour où ils puissent se rencontrer, se prendre corps à corps et engager une lutte qui laisse à l'un d'eux l'avantage et le dernier mot. » Boutmy, *Etudes de droit constitutionnel*, p. 135.

ticipent pas collectivement à la direction générale du gouvernement. Quant au Président, il ne peut introduire aucun projet de loi, même en matière des finances ; il se contente, en ce qui touche le budget, d'envoyer une lettre annuelle contenant les dépenses prévues et les ressources nécessaires pour y faire face.

En fait, aux Etats-Unis, quand le pouvoir exécutif veut obtenir le vote d'une loi, il est obligé de faire présenter la proposition par un membre de l'une ou de l'autre Chambre. Le seul droit que lui reconnaisse la Constitution, c'est d'inviter, en toute matière, le Corps législatif à prendre un objet en considération.

Si le pouvoir exécutif ne participe pas à la confection des lois, il semble qu'il ne devrait pas pouvoir en empêcher l'exécution par un *veto*. Il en était ainsi dans notre Constitution de l'an III, mais non dans celle de 1791. La Constitution des Etats-Unis donne au Président un *veto* suspensif.

C'est encore dans Montesquieu qu'il faut chercher l'explication de ce droit de *veto* : « Si la puissance exécutrice n'a pas le droit d'arrêter les entreprises du Corps législatif, celui-ci sera despotique, car, comme il pourra se donner tout le pouvoir qu'il peut imaginer, il anéantira toutes les autres puissances... La puissance exécutrice... doit prendre part à la législation par sa faculté d'empêcher, sans quoi elle sera bientôt dépouillée de ses prérogatives... La puissance exécutrice ne faisant partie de la législative que par la faculté d'empêcher, elle ne saurait entrer dans le débat des affaires. »

Aux *Etats-Unis*, le président refuse-t-il de promulguer une loi qu'il trouve mauvaise, celle-ci est renvoyée aux deux Chambres et elle ne devient obligatoire que si, dans chaque assemblée elle réunit une *majorité des deux tiers* des voix. Les présidents ont usé assez souvent et utilement de leur droit de *veto*.

Le système de la *séparation absolue* des pouvoirs est *en opposition* complète *avec le régime parlementaire*. Aussi, dans les pays, comme la France, où ce système est en vigueur, n'a-t-on pu pratiquer, entre le législatif et l'exécutif qu'une *séparation relative* consistant surtout en ce que le chef de l'Etat n'est pas sous la subordination des Chambres et ne peut être révoqué par elles.

Le système américain présente des côtés séduisants, dit M. Esmein. « Il paraît plus simple, plus net que le gouvernement de cabinet, avec ses conventions et ses complications. Il paraît par là même convenir mieux aux démocraties qui s'accommodent malaisément de rouages trop compliqués et de combinaisons trop subtiles. Il assure un pouvoir exécutif fort, indépendant et surtout stable ; et les américains ne manquent pas de faire ressortir l'instabilité ministérielle qui est, en bien des pays, la plaie vive du gouvernement parlementaire (1). »

Mais, même aux Etats-Unis, la séparation n'a pas pu se maintenir dans toute sa rigueur. Les organes principaux de l'Etat sont comme les rouages d'une machine. Isolés les uns des autres, ils fonctionnent à l'aveugle sans résultats ; reliés entre eux, ils concourent par leur union à une fin commune et harmonique.

La nécessité d'un lien commun s'est bientôt imposée. Dès l'année 1799, la Chambre des représentants créa une organisation spéciale pour permettre au législatif de communiquer avec l'exécutif ; ce sont les *comités permanents* par lesquels une action plus ou moins régulière s'exerce d'un pouvoir sur l'autre. Le Sénat imita la Chambre en 1816 (2).

Depuis cette époque, *les comités jouent un rôle consi-*

---

(1) *Loc. cit.*, p. 295.
(2) Les comités permanents du Sénat sont nommés par l'assemblée elle-même ; ceux de la Chambre des représentants sont nommés par le président de la Chambre (*Speaker*).

dérable ; ils centralisent l'œuvre législative ; la discussion dans chaque assemblée, après la délibération dans le comité, n'est généralement que de pure forme. Le ministre qui veut faire proposer une loi par un membre de l'une ou de l'autre Chambre s'entend, au préalable, avec les présidents des comités compétents ».

Cet expédient des comités aux Etats-Unis démontre que la séparation absolue est un fait impraticable.

Si la séparation absolue est impossible, il n'est pourtant pas démontré que notre système français soit l'idéal. Avec des ministres pris hors des Chambres, et un Président de la République élu non exclusivement par les Chambres, vraisemblablement le régime parlementaire fonctionnerait mieux, nous donnerait plus de stabilité, plus d'esprit de suite.

Ce qui est certain, c'est que l'immixtion des législateurs dans les nominations des fonctionnaires, dans les demandes de toutes sortes, produit de déplorables effets.

SECTION III. — Prépondérance du pouvoir législatif.

Dans le système représentatif, que le gouvernement soit ou non parlementaire, le législatif joue un rôle prépondérant ; il dirige, par la confection des lois, toute la vie politique et sociale du pays ; par le vote du budget, il tient tous les services de l'Etat à sa discrétion. Le régime parlementaire ne fait qu'accentuer l'action prépondérante du législatif.

En France, ce pouvoir exerce des attributions par lesquelles il semble empiéter sur celles des autres pouvoirs. C'est ainsi, notamment que les *amnisties* sont accordées par les deux Chambres, que celles-ci procèdent à la *vérification des pouvoirs* de leurs membres, que le Sénat joue le rôle de *haute cour de justice*, pour juger le chef de l'Etat, les ministres, et toutes les personnes accusées *d'attentat contre la sûreté de l'Etat.*

L'amnistie intervient, soit avant, soit après la condamnation, elle empêche ou arrête les poursuites, efface la peine et toutes les déchéances légales. Il y a là une limitation évidente du pouvoir judiciaire. Intervenu *avant le jugement*, l'amnistie n'est que l'*exercice normal du pouvoir législatif* qui peut toujours, dans un cas spécial, abroger la loi générale ; mais, intervenue *après le jugement*, l'amnistie en détruisant les effets d'une décision judiciaire régulièrement rendue, en la traitant comme non avenue, *porte atteinte* à une situation acquise, et à *l'autorité du juge*. En théorie, cette observation est fondée ; néanmoins, l'amnistie est pratiquée dans tous les pays. C'est une mesure d'apaisement justifiée par l'intérêt général. Du reste, le pouvoir judiciaire chargé uniquement d'appliquer la loi, n'aurait pas eu qualité pour la suspendre et pour arrêter les effets des condamnations prononcées.

Autrefois, le roi de France accordait l'amnistie sous forme de *lettres d'abolition* ; c'était une conséquence du principe de la *justice retenue* (1). Sous la Restauration et sous la monarchie de Juillet, l'amnistie était également, en fait, une prérogative royale. La Constitution de 1848 décida que l'amnistie ne serait accordée que par une loi. Cette disposition a été reproduite dans la loi du 17 juin 1871 et dans l'article 3 de la loi constitutionnelle du 25 février 1875.

L'article 10 de la loi constitutionnelle du 16 juillet 1875 dispose que *chacune des Chambres est juge de l'éligibilité de ses membres et de la régularité de leur élection*. Nous nous trouvons évidemment ici, dans le domaine judiciaire,

---

(1) Toute justice était censée émaner du roi ; les officiers de judicature n'étaient que des délégués de la royauté.

car il s'agit de savoir si un candidat n'a pas été élu contrairement à la loi, c'est-à-dire s'il était français, s'il remplissait les conditions de domicile, d'âge (etc.). Mais, d'un autre côté, il s'agit aussi d'apprécier la régularité de l'élection, c'est-à-dire d'examiner si l'élection n'a pas été faussée, viciée par des moyens illicites, par une pression exercée sur les électeurs. Sur ce point on pourrait hésiter à confier la décision au pouvoir judiciaire, à cause du rôle actif que les agents du gouvernement jouent fréquemment dans les élections. Les magistrats de l'ordre judiciaire auraient à apprécier des actes ayant un caractère administratif plus ou moins régulier ; ils pourraient faire preuve de complaisance pour le pouvoir exécutif.

Cette observation a son poids. Mais d'un autre côté la Chambre composée d'amis et d'adversaires de l'élu ne prend pas toujours des décisions marquées au coin d'une stricte impartialité. Aussi est-il permis d'hésiter.

Enfin aux termes de l'article 12 de la loi constitutionnelle du 16 juillet 1875 le *Président de la République* NE PEUT être *mis en accusation* que par la *Chambre des députés et* NE PEUT *être jugé* QUE PAR *le Sénat* ; les *ministres peuvent* être mis en accusation par la Chambre des députés et *jugés par le Sénat* ; *toute personne* prévenue *d'attentat contre la sûreté de l'Etat* est *jugée par le Sénat* constitué en Cour de justice. Ici, encore, nous trouvons une dérogation à la séparation des pouvoirs, à laquelle on peut adresser les plus vives critiques qui ne sont que trop justifiées par le spectacle auquel nous assistons à l'heure où nous écrivons ces lignes.

En dehors des exceptions qui précèdent, le pouvoir législatif est tenu de respecter les décisions du pouvoir judiciaire, il ne doit ni les discuter, ni les critiquer.

SECTION IV. — Séparation du pouvoir exécutif d'avec les deux autres.

Le pouvoir exécutif ne peut pas s'immiscer dans les attributions réservées aux deux autres.

§ 1er. — Séparation du pouvoir exécutif d'avec le pouvoir législatif.

Contrairement au principe qui interdit à l'exécutif toute immixtion dans les attributions des deux autres pouvoirs, nous voyons les gouvernements parlementaires, comme la France, donner au chef de l'Etat l'initiative des lois concurremment avec les membres des deux Chambres (1). Cette initiative est justifiée par une raison d'utilité publique. Le chef de l'Etat chargé de l'application des lois se rend compte de leurs effets bons ou mauvais dans la pratique ; il connaît aussi, par les rapports de ses agents les besoins généraux du pays. Il est donc juste de lui donner le droit de préparer des projets de lois et de les soutenir devant le Parlement par l'organe de ses ministres, les Chambres conservant, du reste, pleine et entière liberté pour les adopter, les amender ou les rejeter.

Le droit de *veto* par lequel le chef du pouvoir exécutif suspend l'exécution des lois se justifie aussi, comme nous l'avons vu plus haut, en citant l'opinion de Montesquieu (2). D'après notre loi constitutionnelle du 16 juillet 1875 (art. 7), le président de la République exerce le *veto* suspensif par le droit de demander au moyen d'un message aux deux Chambres, dans le délai de la promulgation des lois, une nouvelle délibération qui ne peut être refusée.

(1) L. du 25 fév. 1875, art. 3.
(2) Voir *supra*.

§ 2. — Séparation du pouvoir exécutif d'avec le pouvoir judiciaire.

Le pouvoir exécutif ne doit pas s'immiscer dans les affaires ressortissant au pouvoir judiciaire. Il ne doit pas, par suite, intervertir et troubler l'ordre des juridictions, enlever certaines affaires aux juges réguliers pour les soumettre à la décision de commissaires spéciaux. Il en était autrement dans l'ancien droit, en vertu de la théorie de la *justice retenue*. Le chef de l'Etat ne peut révoquer les juges qui sont inamovibles, il ne peut refuser d'exécuter les jugements. Mais ne doit-il pas avoir le droit, par une juste dérogation à la règle, d'arrêter les effets d'une condamnation judiciaire, par la *grâce*, ou par la *réhabilitation* ?

La grâce. — A la différence de l'amnistie dont nous avons parlé plus haut, la grâce n'efface pas la condamnation, elle dispense de l'exécution des peines corporelles ou pécuniaires, mais non pas des incapacités ou déchéances prononcées soit par le juge, soit de plein droit par la loi. Elle se manifeste sous la forme de remise ou de commutation de la peine ; elle n'intervient jamais qu'après le jugement. La grâce porte atteinte au principe de la séparation du pouvoir exécutif et du pouvoir judiciaire, puisqu'elle supprime en partie les effets du jugement (1).

Elle empiète également sur le législatif, puisqu'elle suspend l'application d'une loi.

Cette dérogation au principe de la séparation se justifie d'après M. Chénon par les 3 raisons suivantes : 1° elle

---

(1) M. Esmein soutient que le droit de grâce n'est nullement un échec au pouvoir judiciaire, parce qu'il laisse intégralement subsister la sentence. Sans doute la sentence subsiste en droit, mais la peine matérielle que le juge a prononcée disparaît par la grâce, sans l'intervention du juge. Il y a donc bien là une atteinte au pouvoir judiciaire.

permet de tenir compte au coupable de son repentir ; 2° elle enlève l'odieux des peines perpétuelles en laissant l'espérance au condamné ; 3° elle offre un moyen de réparer les erreurs judiciaires.

Mais ces raisons ne sont pas seules ; il y en a d'autres :

L'exercice du droit de grâce est surtout une œuvre de justice sociale, une œuvre de réparation (1).

---

(1) Notre Code pénal porte la marque d'une sévérité féroce. Les peines sont souvent en raison inverse de la culpabilité, et il faut bien reconnaître que les juges — il y a d'honorables exceptions — par l'effet de l'habitude, par l'effet de certaines études mal comprises, qu'aucun rayon d'humanité n'éclaire, arrivent à se former une conscience juridique, qui est à l'opposé d'une conscience humaine ; et à la lumière de faux principes, confinés dans un milieu où les grands mots de droit, de loi, de formes, de tradition de la justice, de dignité de la magistrature font perdre de vue le fond des choses, ils s'imaginent qu'ils ont d'autant mieux sauvé l'ordre social qu'ils ont plus condamné, plus sévèrement condamné.

Oh ! je sais bien qu'ils ne font pas les lois, qu'ils les appliquent, mais je sais aussi qu'avec un peu de bonne volonté il est facile de motiver des sentences, même empreintes d'indulgence.

On motive tout ce que l'on veut.

Je ne connais rien de triste comme certaines audiences correctionnelles.

Il y a bien des *âmes en deuil*, auxquelles la fin de l'affaire Dreyfus a laissé des loisirs, qui devraient aller de temps en temps se promener par là : elles en reviendraient pénétrées de l'urgence de certaines réformes qui s'imposent ; à tout le moins ne prostitueraient-elles pas leur pitié.

Les peines dans notre législation sont presque toujours exagérées, et rarement en rapport avec la gravité de la faute.

Il en coûte plus d'avoir volé cent sous à un bourgeois que d'avoir travaillé dans l'ordre des chevaliers du couteau ou des disciples du père François, pourvu que la victime ait eu l'esprit de ne pas mourir.

Le tortionnaire des enfants martyrs s'en tire à meilleur compte que le manant qui se permet le geste de lancer sa casquette dans la la direction de la toque de M. le Président.

La justice n'a d'entrailles que pour ceux qui n'en ont pas.

Ajoutez à cela que les peines frappent un peu au petit bonheur,

La réhabilitation. — Jusqu'à la loi du 14 août 1885, le chef de l'Etat pouvait également effacer la condamnation après l'achèvement de la peine à l'aide de la réhabilitation.

au hasard de la fourchette, au gré du juge, au gré de la partie plaignante.

Et à égalité de fautes, les peines sont inégales. A quels merveilleux développements donnerait lieu une étude approfondie sur tous ces points.

Mais nous ne pouvons que signaler ici au passage les abus les plus criants.

Voilà un individu qui a commis un crime ou un délit : il est connu. Eh bien ! sera-t-il ou ne sera-t-il pas poursuivi ? Tout dépend du juge et de la partie lésée.

Et à côté des coupables connus, combien de coupables non connus, ou qu'on ne veut pas connaître, et qu'on a souvent raison de ne vouloir pas connaître !

On n'est pas un malhonnête homme assurément par le fait seul qu'on s'est mis dans le cas de tomber sous le coup de la loi pénale, et je me ferais d'ailleurs fort d'établir que, même parmi les citoyens les plus irréprochables, il y en a bien peu qui ne soient pas plus ou moins et en fait tributaires du Code pénal.

Supposez donc cent individus coupables de tel fait délictueux : il n'y en aura sans doute pas plus d'un qui sera poursuivi et condamné

Et c'est cet un qui paiera pour tous ! Est-ce juste ?

Et les condamnations qui frappent avec la même sévérité l'auteur principal et certains complices et le receleur, sans épargner l'ami qui a provisoirement donné asile au coupable recherché ! Est-ce de la justice ?

Et les pauvres diables auxquels personne ne s'intéresse, plus souvent qu'on ne pense victimes muettes des erreurs judiciaires !

La justice a-t-elle le temps de s'occuper d'eux ?

Et tel condamné qui perdra sa situation, son pain, celui de sa femme et de ses enfants parce qu'il aura fait quelques semaines de prison ! qui lui rendra sa place dans la société ? sa place au foyer ? Ce n'est pas pour lui que marche la bande des mercenaires et des intellectuels.

Inutile de nous étendre plus longuement sur ces injustices sociales et sur la nécessité qui s'impose d'avoir au-dessus de la loi pénale et des juges qui l'appliquent une autorité investie d'un pouvoir de pardon et de réparation.

Puisse seulement cette autorité avoir pleine conscience de sa haute mission et comprendre que les traîtres et les espions ne sont pas les seuls condamnés intéressants !

On a jugé avec raison que cette mesure était plutôt de la compétence des tribunaux que du ressort du chef de l'Etat. De quoi s'agit-il en effet dans la réhabilitation ? D'examiner si les conditions prescrites par la loi pour le reclassement du condamné sont réunies.

C'est la Cour d'appel qui, en vertu de la loi de 1885, est chargée de ce soin.

D'après la loi du 5 août 1899, la réhabilitation est de droit au bout d'un certain nombre d'années écoulées depuis l'expiration de la peine ou depuis la grâce obtenue, si dans cet intervalle le condamné n'a pas subi une nouvelle condamnation autre que l'amende.

Théorie des juridictions administratives. — Le pouvoir exécutif n'empiète-t-il pas sur le pouvoir judiciaire par la création des JURIDICTIONS ADMINISTRATIVES qui enlèvent aux tribunaux judiciaires tous les procès dans lesquels l'administration est en cause ?

A l'époque de la Révolution, il fut défendu aux juges, à peine de forfaiture, de troubler de quelque manière que ce fût les opérations des corps administratifs et de citer devant eux les administrateurs pour raison de leurs fonctions.

Les attributions des tribunaux judiciaires se trouvaient ainsi réduites à la *justice civile et pénale.*

Quelle est la raison qui a poussé les hommes de la Révolution à limiter de cette façon le pouvoir judiciaire au profit de l'exécutif ? C'est d'abord le souvenir de la lutte des anciens parlements contre l'administration royale. Ensuite les constituants de 1789 avaient considéré, comme le fait observer M. Esmein, que le pouvoir judiciaire ne comprenait que le jugement des litiges des particuliers entre eux, quant à leurs intérêts privés, l'administration publique, active ou *contentieuse*, rentrant nécessairement dans le pouvoir exécutif (1).

---

(1) *Loco cit.*, p. 337.

Cette théorie n'est peut-être pas tout à fait exacte et il semble bien que l'existence d'une justice administrative soit contraire au principe de la séparation des pouvoirs. *Les tribunaux administratifs*, en effet, *ne se distinguent pas de l'administration elle-même*, c'est-à-dire du pouvoir exécutif. L'*administration* connaît des contestations que ses actes soulèvent, elle *est juge et partie* dans sa propre cause (1).

Actuellement les tribunaux et juges administratifs sont, en France, les *ministres*, chacun dans la sphère de ses attributions, le *Conseil d'Etat*, les *Conseils de préfecture*, présidés par le préfet, le *préfet* lui-même, le *sous-préfet*, le *maire* (2). En dehors des Conseillers d'Etat, ces agents sont tous amovibles, c'est-à-dire à la merci du pouvoir exécutif dont ils dépendent.

On a remarqué très exactement que ces juridictions administratives constituent une survivance de la JUSTICE RETENUE de l'ancienne monarchie.

On prétend, en faveur du maintien des tribunaux admi-

(1) « Les actes de l'autorité administrative soulèvent des difficultés de plusieurs sortes, dit M. Glasson (*Eléments du droit français considéré dans ses rapports avec le droit naturel*, t. II, p. 450) ; tantôt il s'agit de recours purement gracieux contre ces actes, et alors, comme il n'y a pas de litige, il faut bien admettre que ces recours doivent être portés devant l'administration elle-même ; mais lorsque le recours a un caractère contentieux, qu'un particulier se prétend lésé dans son droit par un acte de l'administration, pour quel motif la justice ordinaire ne serait-elle pas saisie de ce procès entre l'administration et un particulier ?... Avec le système actuel, l'autorité judiciaire est, dans certains cas, subordonnée au pouvoir exécutif. On a pu croire que cette dérogation était nécessaire à l'indépendance de l'administration, à une époque où l'on était encore frappé par les abus et les empiétements des anciens parlements, mais l'expérience a prouvé que nos tribunaux judiciaires n'ont plus les tendances de ces corps ».

(2) Il faut ajouter quelques autres tribunaux à compétence spéciale. L'étude des tribunaux administratifs se trouve à la fin de ce volume.

nistratifs que l'instruction des affaires de cette nature exige des connaissances spéciales que n'auraient pas les juges ordinaires, que l'accès de la justice administrative est plus facile, plus rapide et moins coûteux. Ces raisons ne sont pas péremptoires. Il pourrait y avoir, dans la justice ordinaire, soit des tribunaux particuliers, soit des chambres spéciales dont les magistrats seraient recrutés parmi les administrateurs et acquéreraient l'indépendance, par l'inamovibilité de leurs fonctions. Cette justice tiendrait la balance égale entre l'intérêt de l'administration et l'intérêt privé. Rien n'empêcherait d'établir une procédure plus rapide et moins coûteuse devant ces chambres ou tribunaux. Le Conseil d'Etat exercerait le contrôle administratif, la Cour de cassation le contrôle judiciaire (1).

La théorie que nous soutenons est admise en *Italie*, d'après une loi du 20 mars 1855, et dans les *Constitutions belge* et *grecque*. Aux *Etats-Unis*, au *Mexique*, au *Brésil*, le pouvoir judiciaire est compétent pour tout le contentieux administratif.

Protégés, pendant la Révolution contre le pouvoir judiciaire, les membres de l'administration l'étaient également *contre toute poursuite des particuliers* en matière civile ou criminelle, pour faits relatifs à leurs fonctions. Aux termes de *l'article 75 de la Constitution de l'an VIII*, ils ne pouvaient être *poursuivis qu'en vertu d'une décision du Conseil d'Etat*. Malgré l'abrogation de la Constitution de l'an VIII, cette disposition avait été regardée comme étant toujours en vigueur ; on y voyait une conséquence de la séparation des pouvoirs.

Beaucoup d'auteurs considéraient cette garantie administrative comme exorbitante. En réalité elle portait atteinte aux droits de l'autorité judiciaire et privait les ci-

---

(1) En ce sens, M. Chénon, à son cours.

7.

toyens de tout recours contre les abus du pouvoir exécutif, car celui-ci pouvait toujours arbitrairement refuser de laisser juger ses agents même lorsque leur culpabilité était évidente.

Un décret-loi du 29 septembre 1870 a prononcé *l'abrogation de l'article 75 de la Constitution de l'an VIII* et supprimé, en outre, toutes les autres dispositions de lois générales et spéciales ayant pour résultat d'entraver les poursuites contre les fonctionnaires publics de tout ordre.

Cette abrogation n'a pas produit, dit M. Glasson, les résultats qu'on en attendait, bien au contraire. « Aujourd'hui les fonctionnaires de l'ordre administratif échappent encore plus facilement qu'autrefois à l'action des particuliers, même lorsque ceux-ci se plaignent de faits relatifs aux fonctions. Ce résultat bizarre tient à l'*existence d'une justice administrative qui*, au nom du principe de la séparation des pouvoirs *entend soustraire* d'une manière à peu près absolue, *les fonctionnaires administratifs à la juridiction des tribunaux judiciaires*. Un fonctionnaire est-il actionné devant ces tribunaux, il invoque le principe que les actes administratifs échappent à la justice ordinaire ; le plus souvent, le tribunal, dans la crainte de violer les lois de la compétence ou même de commettre un excès de pouvoir, se déclare incompétent ; s'il conserve l'affaire, le préfet prend un arrêté de conflit qui arrête le cours de la justice civile, jusqu'à ce que l'arrêt du tribunal des conflits lui enlève définitivement l'affaire. Aussi, jamais les fonctionnaires administratifs n'ont été mieux protégés et garantis contre l'action des particuliers que depuis l'abrogation de l'article 75 de la Constitution de l'an VIII (1) ».

(1) *Loco cit.*, p. 379. — Le 28 février 1900, le tribunal civil de la Seine a fait application du principe que les tribunaux judiciaires ne peuvent connaitre des actes d'administration, dans une poursuite intentée par M. l'abbé Ardant, directeur de *la Croix de Limoges*,

SECTION V. — Séparation du pouvoir judiciaire d'avec les deux autres.

§ 1ᵉʳ. — Séparation du pouvoir judiciaire d'avec le pouvoir législatif.

La séparation du pouvoir judiciaire d'avec le pouvoir législatif entraîne plusieurs conséquences.

1° *Les juges ne peuvent prononcer par voie de disposition générale et réglementaire* sur les causes qui leur sont soumises (1). Ils n'ont pas le droit, dans les décisions qu'ils rendent, d'énoncer une règle qui les oblige pour l'avenir et s'impose, désormais, à tous les justiciables de leur ressort. Cette interdiction a été formulée expressément dans l'article 5 du Code civil, en souvenir des Parlements de l'ancienne monarchie qui avaient le droit de rendre des arrêts de règlement, véritables lois provisoires obligeant les sujets dans l'étendue de leur circonscription, tant que le roi n'avait pas, par une ordonnance ou un édit, statué différemment.

2° *Les juges ne peuvent annuler ou suspendre l'exécution d'une loi.* — Auraient-ils le droit de refuser l'application d'une *loi* considérée par eux comme *inconstitutionnelle* ? On trouve en effet, dans les Constitutions, des restrictions aux pouvoirs du législateur, des défenses de légiférer sur certains objets ou dans un sens particulier ; d'un autre côté, une règle formulée dans la Constitution ne doit pas être modifiée par une loi ordinaire.

Aux *États-Unis*, on reconnaît, en s'appuyant sur cer-

---

contre M. Millerand, ministre du Commerce, qui l'avait diffamé dans un discours prononcé le 1ᵉʳ octobre 1899, à l'Hôtel-de-Ville de Limoges. — Le tribunal s'est déclaré incompétent.

(1) Code civil, article 5.

tains passages de la Constitution, que les juges ont qualité pour décider, à l'occasion d'un litige déterminé, si une loi est, ou non, conforme à la Constitution ; et, dans le cas où ils estiment que cette loi est inconstitutionnelle, ils refusent de l'appliquer, mais seulement dans l'affaire qui leur est soumise. Le même système est admis au *Mexique* et dans la *République argentine*.

En France, au contraire, on n'oublia pas, lors de la Révolution, l'ancienne lutte qu'avait été obligée de soutenir la royauté contre les Parlements qui vérifiaient les ordonnances et faisaient des remontrances généralement mal accueillies. Aussi, défendit-on aux juges toute appréciation de la constitutionnalité des lois. *Régulière en la forme, toute loi s'impose aux magistrats*, même si elle est contraire à la Constitution. Le principe a été affirmé par un décret du 16 août 1790 ; il est encore en vigueur. La *Belgique*, l'*Italie*, la *Suisse*, l'ont admis. La règle contraire nous paraîtrait préférable et, d'ailleurs, elle se concilierait très bien avec la théorie de la séparation des pouvoirs. En appréciant la constitutionnalité des lois, le juge ne fait pas échec au pouvoir législatif. Les juges ne statuent jamais sans être sollicités par un particulier et leurs décisions n'ont pas une portée générale. Ils ont pour mission de faire respecter et exécuter les lois. « Or, la Constitution est la première et la plus importante des lois ; elle serait violée par l'application d'une loi inconstitutionnelle. En refusant l'application d'un texte contraire à la Constitution, les juges ne violent aucune loi ; une loi inconstitutionnelle n'est pas une loi (1) ».

---

(1) Moreau, *Précis élémentaire de droit constitutionnel*, p. 390. En ce sens, M. Chénon à son cours. En refusant d'appliquer une loi inconstitutionnelle, le juge remplit son devoir. Saisi du litige, il se trouve en présence d'un plaideur réclamant l'application de la Constitution et d'un autre réclamant l'application d'une loi inconstitutionnelle ; il doit donc prendre parti et c'est à la Constitution qu'il doit donner la préférence (M. Chénon). M. Esmein trouve la sys-

§ 2. — Séparation du pouvoir judiciaire d'avec le pouvoir exécutif.

Séparé du pouvoir exécutif, le pouvoir judiciaire ne peut, à peine de forfaiture, comme nous l'avons vu plus haut, troubler de quelque manière que ce soit les opérations des corps administratifs, ni citer devant eux les administrateurs pour raison de leurs fonctions. C'est ainsi que s'expriment les lois du 22 décembre 1789 et du 24 août 1790, les Constitutions de 1791 et de l'an III. L'article 127, § 2, du Code pénal formule la même défense et fixe la même sanction (1).

Il en résulte que *les juges ne peuvent* : 1° *annuler ou suspendre un acte du gouvernement* ou de l'Administration ; 2° *appeler devant eux un fonctionnaire à raison de ses fonctions.*

Peuvent-ils apprécier la légalité des décrets et des règlements et refuser de les appliquer s'ils les considèrent comme illégaux ? Nous ne trouvons nulle part une réponse

---

tème français bon ; pour lui, le système américain fait jouer un rôle politique au pouvoir judiciaire, *loco cit.*, p. 393.

(1) « Sont coupables de forfaiture et punis de la *dégradation civique...*, 2° les juges, les procureurs généraux de la République, ou leurs substituts, les officiers de police judiciaire qui auraient excédé leur pouvoir, en *s'immisçant* dans les matières attribuées aux autorités administratives, soit *en faisant* des *règlements* sur ces matières, soit en *défendant d'exécuter les ordres émanés de l'Administration*, ou qui, ayant *permis ou ordonné de citer des administrateurs pour raison de l'exercice de leurs fonctions*, auraient persisté dans l'exécution de leurs jugements ou ordonnances nonobstant l'annulation qui en aurait été prononcée sur le *conflit* qui leur en aurait été notifié. »

La règle qui interdit à l'autorité judiciaire tout empiétement sur les attributions du pouvoir exécutif a pour sanction non seulement la dégradation civique, mais encore le droit *d'élever le conflit* qui appartient aux administrateurs. — L'étude sommaire des conflits et du tribunal des conflits figure à la fin de ce volume.

générale à cette question. Mais il existe deux textes qui accordent formellement ce droit aux tribunaux. Le premier est l'article 471 § 15 du Code pénal, qui punit d'une amende de 1 à 5 francs ceux qui contreviennent aux règlements *légalement* faits par l'autorité administrative. Le juge a donc le droit de vérifier la légalité des règlements et ne doit pas condamner si le règlement est contraire à la loi.

Le deuxième texte est l'article 2 de la loi du 3 mai 1841 sur l'*expropriation pour cause d'utilité publique*. Aux termes de cet article, les tribunaux ne peuvent prononcer l'expropriation qu'autant que l'utilité en a été constatée et déclarée daus les formes prescrites par la loi. Ils doivent donc s'assurer si les formalités administratives ont été remplies.

Que faut-il décider, en dehors de ces deux cas? Un certain nombre d'auteurs estiment que les tribunaux judiciaires n'ont aucun pouvoir d'appréciation à l'égard des actes administratifs. M. Chénon n'admet pas cette théorie. Pour lui, les juges en appréciant la légalité des règlements qu'ils ont à appliquer ne portent aucune atteinte au principe de la séparation des pouvoirs. Saisis d'un litige, ils se trouvent en présence de deux textes contradictoires, la loi et le règlement; leur devoir est de donner la préférence à la loi. De cette façon, le pouvoir judiciaire devient le gardien des lois. C'est le système admis en *Angleterre*, en *Belgique*, au *Luxembourg*, au *Danemark* et aux *États-Unis* de l'Amérique du Nord.

Les trois éléments de notre droit constitutionnel moderne que nous allons examiner maintenant ont été empruntés à l'Angleterre : 1° *la division du pouvoir législatif en deux Chambres*; 2° *l'irresponsabilité du chef de l'État et la responsabilité ministérielle*; 3° *la théorie du gouvernement parlementaire ou de cabinet*.

CHAPITRE III

DIVISION DU POUVOIR LÉGISLATIF EN DEUX CHAMBRES

SECTION I. — **Historique**.

A l'époque féodale, les rois de France avaient une Cour ou assemblée consultative formée de leurs grands vassaux, appelée *Curia regis*. En Angleterre, après la conquête normande, les rois gouvernèrent féodalement en prenant *conseil*, comme nos rois d'alors, d'une assemblée formée des principaux vassaux et prélats. Cette assemblée des grands devint un organe nécessaire de l'Etat, sous le nom de *Magnum concilium* ou *Parliamentum*. Elle fut convoquée tous les ans à partir du règne d'Edouard Ier (1272).

Le *Magnum concilium* discutait les questions que lui soumettait le roi et en particulier les pétitions adressées au roi en vue d'obtenir justice. En outre, par application de la règle féodale du *jugement par les pairs*, il lui arrivait de citer devant lui les grands vassaux ou les grands dignitaires. C'est le prototype de la *Chambre des lords* actuelle qui a gardé de son origine des attributions judiciaires étendues. Nous y trouvons aussi l'origine de notre Sénat et l'explication sinon la justification de son rôle de *Haute Cour de justice*.

La *Chambre des communes* fut créée postérieurement. Elle naquit le jour où le consentement des populations fut nécessaire au roi pour lever des subsides. A la différence de ce qui se passait en France, les rois d'Angleterre, après la conquête normande, étaient tout-puissants ; ils avaient eux-mêmes distribué les fiefs entre leurs vassaux et s'étaient naturellement réservé la majeure partie des droits régaliens, notamment la levée des impôts.

En 1215, indignés par les exactions et les violences du roi Jean, les seigneurs se coalisèrent contre lui, levèrent des troupes, et le forcèrent à signer la *Grande Charte*. Par cet acte, Jean-sans-Terre renonça à lever des aides extraordinaires ou *escuages* sans l'avis du commun conseil du royaume, c'est-à-dire des vassaux immédiats de la couronne. *Cette concession ne concernait que les grands feudataires* (1).

Plus tard, Edouard Ier après avoir, sans doute, recouru à de fréquentes levées d'impôts motivées par ses nombreuses expéditions militaires, déclara qu'il ne lèverait plus de nouvelles taxes sans l'assentiment de la communauté du royaume. Il s'obligeait ainsi à réunir une représentation générale des habitants avant toute levée d'impôts.

Cet engagement fût tenu. En 1295, Edouard Ier convoqua un parlement qni fut appelé *Parlement modèle* où l'on vit pour la première fois une véritable représentation nationale, comprenant d'abord les éléments du *Magnum concilium*, puis les députés du clergé des chapitres et des paroisses, enfin les délégués élus par les comtés, les villes et les bourgs. Les réunions du Parlement ainsi composé devinrent régulières et périodiques.

L'assemblée dont nous parlons ne se confondait nullement avec le *Magnum concilium*. Celui-ci conservait sa vie et ses attributions propres. Peu à peu, les barons et les prélats cessèrent de se rendre à l'assemblée commune du Parlement (2), et il se forma tout naturellement deux

---

(1) Voir Boutmy, *Etudes de droit constitutionnel*, p. 41.
(2) Le clergé s'était entièrement séparé. Il votait ses impôts dans des assemblées spéciales qui jusqu'au XVIIe siècle, se tinrent, sous le nom de *convocations*.

Chambres, l'une la *Chambre* basse ou *des communes*, composée des députés des comtés, villes et bourgs, l'autre la Chambre haute, l'ancien *Magnum concilium* qui devint la *Chambre des lords*.

La coexistence des deux Chambres est un fait accompli au milieu du XIV® siècle. Par l'introduction du principe de l'hérédité, la Chambre haute perdit son caractère féodal et devint une *assemblée aristocratique*, caractère qu'elle possède encore aujourd'hui, tandis, au contraire, que par l'extension de droit de suffrage, la Chambre des communes est devenue de plus en plus une assemblée populaire.

De nos jours, dans presque tous les pays, le pouvoir législatif est divisé en deux Chambres. En Europe, on ne trouve que la *Grèce*, le Grand-Duché de *Luxembourg* et la *Serbie*, où il n'existe qu'une Chambre unique.

SECTION II. — Utilité des deux Chambres dans les divers Etats.

Les deux Chambres répondent, d'après les pays, à des besoins différents. Chez les peuples qui ont une *aristocratie d'origine féodale*, la Chambre Haute assure la représentation de cette aristocratie. Il en est ainsi en Angleterre, comme nous venons de le voir, en *Hongrie* pour la Chambre des Magyars. Il en était ainsi pour la Chambre des Pairs, en France, sous la Restauration et sous le règne de Louis-Philippe.

Dans les *Etats fédéraux*, l'une des assemblées représente la population de tout le pays pris dans son ensemble. Telle est aux *Etats-Unis* de l'Amérique du Nord la *Chambre des représentants* ; tel est en Suisse le *Conseil national* ; l'autre Chambre représente chacun des Etats envisagés séparément. Les Etats ont tous, dans cette seconde assemblée, qui est la Chambre Haute, le même nombre de députés, quelles que soient leur population et leur superficie. C'est ainsi qu'aux *Etats-Unis*, le *Sénat* comprend deux sénateurs par Etat, qu'en *Suisse*, le *Conseil des Etats* comprend deux représentants par canton.

Quelle est l'utilité des deux Chambres dans un *pays unitaire* comme la France ? La dualité des Chambres législatives a, dans ce pays, une triple raison d'exister.

1° *Une seule Chambre devient* bientôt *omnipotente*, usurpe tous les pouvoirs. Elle n'a pas de frein, pas de contrôle ; c'est le despotisme d'une assemblée, non moins dangereux, non moins nuisible que la tyrannie d'un monarque absolu. La *Terreur* a été organisée par une seule assemblée, la Convention. C'est une seule Chambre qui a amené l'anarchie tumultueuse de 1848. Aujourd'hui encore, ce sont les plus violents qui demandent la suppression du Sénat.

2° La deuxième Chambre *permet de donner plus de réflexion à la préparation des lois*. Les réformes sont étudiées et discutées des deux côtés ; elles sont plus mûries. Les bonnes lois ne sont pas abrogées à la légère. Composée, comme notre Sénat actuel, d'hommes plus âgés (40 ans au moins) la deuxième assemblée représente l'esprit de pondération et de conservation opposé à l'esprit de hardiesse et de nouveauté de l'autre Chambre. Elle maintient ainsi une sorte d'équilibre et empêche, dans le domaine législatif, les réactions brusques et les grands bouleversements.

3° La deuxième Chambre *prévient ou fait cesser les conflits entre le pouvoir législatif et le chef du pouvoir exécutif* ; entre les deux, elle joue le rôle d'*arbitre*. Elle peut aussi, en s'unissant à l'autre assemblée en lutte avec le chef de l'Etat, forcer ce dernier à capituler.

Ces avantages sont incontestables. Mais, la division du pouvoir législatif en deux Chambres présente l'inconvénient de rendre la confection des lois très lente, par suite de la nécessité d'un accord complet des deux assemblées sur tous les articles des projets ou des propositions. Souvent même, l'accord ne pouvant s'établir, le travail législatif n'aboutit pas.

CHAPITRE IV

IRRESPONSABILITÉ DU CHEF DE L'ÉTAT ET RESPONSABILITÉ MINISTÉRIELLE

Dans une monarchie, rendre le chef de l'Etat responsable des actes qu'il accomplit illégalement, l'accuser, le juger, c'est faire une véritable révolution. Dans une république, le danger est moindre, mais la mise en accusation du président produit une crise grave et trouble profondément le pays.

Doit-on, pour éviter ces dangers, décider qu'aucune responsabilité ne pourra atteindre le chef du pouvoir exécutif ? Cette conclusion aurait les conséquences les plus fâcheuses pour les libertés publiques : l'irresponsabilité conduirait au césarisme ou à l'insurrection.

Les Anglais ont tranché la difficulté en reportant la *responsabilité* sur les agents immédiats du chef de l'Etat, *sur les ministres*, au moyen d'une procédure particulière appelée *impeachment* (1).

L'*impeachment* consiste en une accusation intentée contre un ministre, par la Chambre des Communes, devant la Chambre des Lords constituée en tribunal (2). Nous avons

(1) L'irresponsabilité du souverain est absolue en Angleterre : « le roi ou la reine ne saurait mal faire ». Si le souverain commettait un crime de droit commun, il ne se trouverait aucun tribunal pour le juger.

(2) Depuis la fin du siècle dernier, il n'y a eu en Angleterre que deux *impeachments*, l'un en 1788 contre Warren Hastings, l'autre en 1805, contre lord Melville.

expliqué plus haut la compétence de la Chambre des Lords ; nous avons vu que dès l'origine, à l'époque où elle était le *Magnum concilium*, elle possédait des attributions judiciaires.

Mais, comment justifier le *droit d'accusation conféré à la Chambre des Communes* ? Par cette idée, qu'en Angleterre, toute poursuite criminelle devait être précédée d'une accusation par un grand jury ou *jury d'accusation*, qui siégeait périodiquement dans chaque comté du royaume. La Chambre des Communes représentant les comtés pouvait être considérée comme le grand jury de toute l'Angleterre (1).

« Partout, dit M. Esmein (2), le système anglais a été fidèlement reproduit. Aux *États-Unis,* il a gardé son nom et sa forme : c'est l'*impeachment* intenté par la Chambre des Représentants devant le Sénat. D'ailleurs, il ne vise pas spécialement les ministres, mais à la fois le Président, le Vice-président et tous les fonctionnaires civils des Etats-Unis » (3).

En France, la Constitution de 1791 déclarait expressément que la personne du roi serait inviolable et sacrée. Le même principe d'irresponsabilité était formulé dans la Constitution de l'an VIII, à l'égard des Consuls. Nous le retrouvons dans la Charte de 1814 et de 1830. Au contraire, la Constitution de 1848 et celle du 14 janvier 1852 établissaient la responsabilité du Président de la République. En 1871, Thiers chef du pouvoir exécutif était responsable devant l'Assemblée (4).

(1) Esmein, *loco, cit.*, p. 85.
(2) *Loco cit.*, p. 87.
(3) Aux *États-Unis,* le Président et le Vice-président sont responsables en cas de *trahison* et de *corruption*. « La trahison envers les États-Unis, consiste à susciter une guerre contre eux, à se joindre à leurs ennemis et à donner à ces derniers aide et soutien. »
(4) Dans toutes les monarchies d'Europe, la personne du roi est inviolable et sacrée, sans restriction.

D'après l'article 6 de la loi constitutionnelle du 25 février 1875, le Président de la République n'encourt aucune responsabilité politique ou administrative (1). Il n'est responsable que dans le cas de *haute trahison*. C'est alors, aux termes de l'article 12 de la loi constitutionnelle du 16 juillet 1875, *la Chambre des députés* qui seule peut le *mettre en accusation* ; c'est *le Sénat* constitué en *Cour de justice* qui le *juge*. Nous trouvons ici l'application très nette de *l'impeachment*. Cette matière sera développée plus loin (2).

Comme en Angleterre, la responsabilité des actes du Gouvernement, pèse en France sur les *ministres*. Ceux-ci sont responsables de tous les actes d'administration qu'ils accomplissent, soit de leur propre initiative, soit sur l'ordre du chef de l'Etat. Mais, comme nous l'avons vu plus haut (page 117), cette responsabilité est, dans certains cas, purement théorique. En outre, la Chambre des députés *peut* les *mettre en accusation* et les renvoyer pour être *jugés* devant le *Sénat* constitué en *Cour de justice*, conformément à la règle anglaise de *l'impeachment* (3).

La responsabilité personnelle des ministres ne peut être engagée que s'ils participent *obligatoirement* aux actes émanés du chef de l'Etat. Telle est la raison pour laquelle l'article 3 de la loi constitutionnelle du 25 février 1875, porte que chacun des actes du Président de la République doit être *contresigné* par un ministre.

---

(1) Nous développerons cette matière, dans notre deuxième partie. La responsabilité du chef de l'Etat suppose qu'il prend une part effective au gouvernement, qu'il peut imposer sa volonté à ses ministres, ce qui paraît en contradiction avec le *régime parlementaire* que nous étudions plus loin.

(2) Voir la deuxième partie.

(3) Loi constit. du 16 juillet 1875, art. 12, deuxième alinéa. Voir plus loin, la responsabilité ministérielle, 2ᵉ partie.

CHAPITRE V

LE GOUVERNEMENT PARLEMENTAIRE

Le gouvernement parlementaire est une conséquence du principe de la souveraineté nationale. Dans ce régime, les *ministres*, auxiliaires du chef de l'Etat, *doivent être choisis dans le parti à qui le pays a donné une majorité* et, *autant que possible, dans le Parlement lui-même*, parce que ce parti représente la *volonté de la majorité des électeurs*. Il y a ainsi accord parfait entre la nation et le pouvoir exécutif, par l'intermédiaire des Chambres. De cette manière, les affaires intérieures et extérieures ne sont jamais dirigées contre les tendances générales de l'opinion publique, car *le ministère*, et c'est là un second trait caractéristique du gouvernement parlementaire, ne doit pas se maintenir au pouvoir *lorsqu'il n'administre pas conformément aux vues de la majorité*, il *doit donner sa démission*.

Lors de la formation d'un ministère, le chef de l'Etat est obligé d'appeler les *chefs de la majorité*. Le ministère constitué par lui ne serait pas viable, s'il n'avait pas à sa tête ceux à qui le parti vainqueur a donné sa confiance et dont il accepte l'autorité.

Le chef de l'Etat ne désigne pas lui-même directement tous les ministres, il laisse ce soin à l'homme en vue qui a accepté la mission de former le ministère et qui sera le chef du cabinet, le *président du conseil des ministres*. C'est lui qui choisit ses collaborateurs ; il les prend naturellement dans son parti, car le cabinet doit être *homogène*.

Il peut cependant prendre *quelques* ministres en dehors du Parlement, à cause de la spécialité des attributions qu'ils auront à remplir : affaires étrangères, guerre et marine, notamment (1).

Le gouvernement parlementaire ou *de cabinet* se forma graduellement en *Angleterre*, après la Révolution de 1688. « La victoire du Parlement avait été si complète, son contrôle sur la prérogative royale était devenu si puissant, grâce au vote annuel de l'armée et de l'impôt, qu'il devenait impossible ou du moins très difficile à la couronne de gouverner, si elle n'était pas en parfait accord avec la majorité du Parlement. Or, le moyen le plus simple et le plus sûr d'établir cette union, était de prendre les membres du cabinet entier dans le parti qui possédait la majorité au Parlement, ou tout au moins d'y faire entrer les hommes qui pouvaient sûrement agir sur cette majorité et en disposer. Mais pendant bien longtemps et jusqu'à la fin XVIII° siècle, ce ne fut là qu'un expédient politique dont la couronne était forcée de se servir, non une règle qu'elle se crût en droit tenue de respecter » (2).

La *responsabilité solidaire* des ministres devant le Parlement s'*introduisit* lentement. Elle ne se dégagea en Angleterre que peu à peu, dans le courant du XVIII° siècle ; ce n'est guère qu'à partir de 1830 que ce principe a acquis sa plénitude.

Le gouvernement parlementaire ne s'établit en *France* qu'avec la Charte de 1814. Nos premières Constitutions admettaient un régime tout à fait opposé, ayant pour fondement la séparation absolue du pouvoir législatif et du pouvoir exécutif (3). C'est également le régime qu'avaient adopté les *États-Unis* et qu'ils ont conservé depuis.

(1) Le régime parlementaire n'est pas toujours pratiqué aussi strictement en France.
(2) Esmein, *loco cit.*, p. 102.
(3) Si le régime parlementaire pénétra si tardivement chez nous,

Introduit par Louis XVIII qui l'avait vu fonctionner en Angleterre, le gouvernement de cabinet ne se développa complètement chez nous que sous Louis-Philippe.

La Révolution de 1848 ne renferme pas de règles bien nettes sur le gouvernement parlementaire. Ce régime disparut dans la Constitution de 1852 pour renaître dans celle de 1870, quand l'Empire, à la veille de sa chute, se transforma en une véritable monarchie constitutionnelle. Nous en étudierons le fonctionnement dans notre organisation politique actuelle, lorsque nous nous occuperons de la responsabilité des ministres.

Que faut-il penser du gouvernement parlementaire ? Il peut donner de bons résultats dans les pays où il n'existe guère que deux grands courants politiques, comme en Angleterre où les whigs et les tories, en Belgique où les libéraux et les catholiques, occupent le pouvoir tour à tour. Le ministère est formé par les chefs des partis vainqueurs, il est assuré d'une majorité stable. Au moins pendant la durée d'une législature entière, il peut étudier les réformes, les faire voter, acquérir l'expérience que donne la longue pratique des affaires publiques, et rendre ainsi de grands services au pays.

Au contraire, dans une nation comme la France, où les partis sont nombreux, le régime parlementaire présente de grands inconvénients. Le ministère ne peut jamais compter sur une majorité certaine ; il ne se maintient souvent, et pour un temps généralement court, que par des coalitions composées d'éléments disparates. Toujours obligé de se défendre contre les attaques d'adversaires moins désireux d'agir dans l'intérêt du bien public qu'avides de s'emparer du pouvoir qu'ils convoitent, son initiative est paralysée par la crainte toujours présente de son renversement. Les

c'est qu'il n'avait pas été signalé par les écrivains qui avaient étudié l'organisation politique anglaise : Montesquieu, Blakstone et le génevois de Lolme.

quelques réformes qu'il essaie d'introduire sont préparées hâtivement, discutées avec âpreté ; parfois elles entraînent sa chute ; et d'autres ministères viennent après lui qui prennent le contre-pied de ses projets. Et l'on ne parvient ainsi à réaliser que très péniblement de légères améliorations dans les lois, de faibles progrès dans l'organisation sociale.

Faibles inconvénients, d'ailleurs, comparés aux grands dangers que le défaut d'esprit de suite dans notre diplomatie et dans notre organisation militaire fait courir à la patrie.

CHAPITRE VI

THÉORIE DES DROITS INDIVIDUELS OU DU CITOYEN

SECTION Ire. — Historique et théorie générale.

Dans l'*antiquité*, les citoyens jouissaient largement des droits politiques. Réunis en assemblées, ils discutaient et votaient les lois. Mais, au-dessus d'eux, l'Etat avait un pouvoir absolu ; il disposait des biens, de la liberté, de la vie même des membres de la nation (1).

Au *moyen âge*, la notion de l'Etat s'efface avec l'avènement de la féodalité. Pendant cette période, les droits individuels sont affirmés énergiquement par les seigneurs qui n'étaient unis envers leurs suzerains que par un lien contractuel et n'avaient à leur égard que les obligations auxquelles ils avaient plus ou moins librement souscrit.

Puis, arrive la *Monarchie absolue*, et la notion des droits individuels subit une nouvelle éclipse.

Aux XVIIe et XVIIIe siècles, les droits des citoyens se dégagent dans les écrits qui admettent l'hypothèse du *contrat social*. Les hommes vivant à l'état de nature n'avaient abdiqué au profit de la communauté que la somme des libertés nécessaires au bien commun ; ils avaient conservé les autres, et l'Etat était obligé de les respecter, puisqu'ils étaient antérieurs et supérieurs à lui. Cette théorie se trouve dans Locke, Wolff, Blakstone et même dans Rousseau, bien que cet auteur supprime en fait à

---

(1) L'individu n'avait jamais un droit propre qu'il pût opposer à l'Etat. — Esmein, *loco cit.*, p. 344.

peu près le principe, puisqu'il laisse au souverain le soin de fixer les droits que se sont réservés les individus.

Nous avons rejeté l'hypothèse du *contrat social* ; nous devons par conséquent chercher une autre base à la reconnaissance des droits individuels.

Le véritable fondement des droits du citoyen se trouve dans ce fait que l'individu est un être réel, ayant un libre arbitre et responsable de ses actes. L'Etat n'est qu'une abstraction organisée dans l'intérêt des citoyens pour faciliter le développement de leurs facultés, assurer le respect de leurs libertés respectives, leur procurer le bonheur relatif auquel ils peuvent prétendre sur terre.

C'est à peu près le raisonnement de M. Chénon à son cours et de M. Esmein dans son savant ouvrage (1).

L'Etat existe dans l'intérêt des citoyens, et non les citoyens dans l'intérêt de l'Etat.

D'où, comme le dit très bien M. Beudant (2), « l'Etat ne « peut user de la puissance législative et s'interposer que « pour garantir le droit de chacun ; au delà commence « pour tous le domaine de la liberté nécessaire. »

Et ailleurs (3) : « Il n'y a de loi juste que celle qui est « conforme à la nature humaine et respecte ses légitimes « prérogatives. »

Plus loin encore (4) : « Pour que la majorité puisse « s'imposer il faut deux conditions ; il faut d'abord qu'il « s'agisse de problèmes où il est indispensable à l'ordre « social que l'unité règne ; il faut en outre, que la règle « adoptée ne porte pas atteinte au droit individuel au-« delà de ce que nécessite le respect du droit d'autrui. »

Impossible de mieux dire.

Les principaux représentants de l'école utilitaire, de

---

(1) *Loco cit.*, p. 348.
(2) *Le droit individuel et l'Etat*, p. 99.
(3) *Loco cit.*, p. 66.
(4) *Loco cit.*, p. 166.

l'école historique et de l'école évolutionniste ont nié les droits individuels.

Pour eux, nous l'avons déjà vu, l'homme n'a pas de droit (1).

« Ce que l'homme cherche dans la société civile, dit « Hobbes, c'est son intérêt : la mesure des droits de cha- « cun est donc dans l'utilité générale. »

D'après Bentham, pas de droits, pas d'obligations, pas de propriété en dehors de la loi ; l'innocence elle-même n'existe que parce que la loi le veut bien et ne la frappe pas.

« La notion du droit, dit Auguste Comte, doit dispa- « raître du domaine philosophique. »

N'est-on pas allé jusqu'à prétendre que la société peut sacrifier ses membres à son utilité, que la force c'est le droit lui-même.

On croit rêver en lisant de telles affirmations. Si elles ont laissé des traces encore visibles dans certains esprits, elles ont, on est heureux de le constater, perdu beaucoup de leur autorité doctrinale.

La théorie des droits individuels étant admise, *examinons si ces droits ne sont pas limités.*

La *première limite* résulte de ce fait que *l'exercice de mon droit ne doit pas nuire au droit d'autrui*. Cette restriction se trouve dans l'article 4 de la Déclaration des droits de l'homme.

La *seconde* est dictée par cette considération que dans certains cas *l'intérêt général doit passer avant l'intérêt particulier*. Ainsi, le service militaire est une atteinte à la liberté individuelle, mais motivée par la nécessité d'assurer la défense du pays.

Comment sont garantis les droits individuels ? car ils

(1) Voir sur cette question les développements de M. Beudant, *loco cit.*, p. 176 et suiv.

ont besoin d'être garantis et contre les individus et contre l'Etat.

Contre les individus, les dispositions des lois civiles, administratives et pénales sont pleinement suffisantes.

Contre les entreprises de l'Etat et de ceux qui le représentent nous avons vu précédemment que les droits individuels ne jouissaient que d'une protection très relative.

La question n'a pas laissé indifférent le législateur lui-même.

Souvent les droits individuels sont affirmés sous forme de *déclarations* ou *proclamations de principes* placées en tête des Constitutions. Ils n'ont alors qu'une protection platonique. Parfois on les protège par des *articles incorporés dans la Constitution* elle-même.

L'avantage que présentent les *articles incorporés à la Constitution* sur les déclarations des droits est qu'ils ont la force obligatoire de la Constitution. Les droits individuels sont ainsi garantis même contre le législateur, puisque les lois ordinaires ne peuvent pas porter atteinte aux lois constitutionnelles.

En France, on trouve dans les quatre Constitutions à la tête desquelles figurent des déclarations de droits, un certain nombre d'articles incorporés à la Constitution et garantissant ces droits, ce qui prouve que les auteurs des Constitutions dont il s'agit ne jugeaient pas les déclarations suffisantes.

La première de nos Constitutions, celle de 1791, débute par la fameuse *Déclaration des droits de l'homme et du citoyen* du 27 août 1789. Son titre premier est ainsi conçu: Dispositions fondamentales générales *garanties* par la Constitution.

La *Convention* trouvant trop modérantiste la déclaration de 1789 la remplaça par une nouvelle déclaration en 35 articles et la mit en tête de la Constitution de 1793.

Le titre XXIV et dernier de cette Constitution a pour objet la *garantie des droits.*

La *Constitution de l'an III* renferme une déclaration des droits en 22 articles, et des garanties positives incorporées dans le titre XIV et dernier, relatif aux dispositions générales.

La *Constitution du 22 frimaire an VIII*, la *Charte de 1814*, l'*Acte additionnel* aux Constitutions de l'Empire d'avril 1815, la *Charte de 1830*, ne sont pas précédés de déclarations, mais contiennent des articles formels, incorporés dans le texte, consacrés à la garantie des droits (1).

La *Constitution du 4 novembre 1848* indique dans un préambule rédigé en un style solennel, non seulement les droits, mais aussi les devoirs des citoyens de la République. La garantie des droits est l'objet du chapitre 11.

Les *Constitutions impériales* du 14 janvier 1852 et du 21 mai 1870 confirment et garantissent en termes généraux, dans leur article 1er, *les grands principes proclamés en 1789 et qui forment la base du droit public* des Français.

Les *lois constitutionnelles de 1875* ne renferment ni déclarations, ni articles particuliers consacrés à la garantie des droits de l'individu.

Faut-il en conclure que les droits individuels qui ne sont pas garantis par des dispositions formelles de nos lois ordinaires ne jouissent plus maintenant en France d'aucune protection ? Evidemment non. Les constituants de 1875 ont considéré que les droits individuels affirmés pendant la Révolution, au sortir d'une longue période historique où ces droits avaient été complètement sacrifiés à l'omnipotence de l'Etat, affirmés de nouveau dans les constitutions qui se sont succédé au cours de ce siècle,

---

(1) Constitution de l'an VIII, titre VII, intitulé : Dispositions générales. — Charte de 1814, les premiers articles ayant pour objet les *Droits publics des Français.*

étaient maintenant reconnus et incontestés à tel point que l'on devait les regarder comme des droits en quelque sorte primordiaux et intangibles placés au-dessus, non seulement des lois ordinaires, mais même des constitutions.

Cela n'empêche, sans doute, pas le Gouvernement de réglementer par des lois spéciales, dans l'intérêt de l'Etat, les droits individuels, notamment dans certaines matières où la liberté illimitée pourrait présenter un sérieux danger, comme en matière d'*association* ou de *réunion*.

En l'absence de dispositions constitutionnelles garantissant les droits des citoyens, devons-nous dire que le législateur peut y porter atteinte par une *loi ordinaire* ? Sans doute, en violant le principe du respect des droits individuels par des lois ordinaires, les Chambres n'accompliront pas des actes à proprement parler *inconstitutionnels*. Mais, une pareille violation des droits supérieurs à la Constitution elle-même justifiera, de la manière la moins contestable, la résistance des citoyens sous l'une quelconque des trois formes que nous avons indiquées plus haut (1).

Aux *Etats-Unis* de l'Amérique du Nord, dix amendements à la Constitution furent votés et acceptés par les Etats en 1789. Ils ont pour objet, la plupart, de garantir les droits des citoyens. Presque toutes les constitutions européennes garantissent également les droits individuels par des dispositions spéciales.

« *Les hommes naissent et demeurent libres et égaux en droit*, dit l'article 1ᵉʳ de la Déclaration des droits de l'homme et du citoyen de 1789. *Les distinctions sociales ne peuvent être fondées que sur l'utilité commune.* C'est à ces deux principes : LIBERTÉ et ÉGALITÉ que se rattachent tous les droits individuels.

(1) Voir page 44.

SECTION II. — Droits individuels se rattachant à l'idée de liberté.

On les a divisés de plusieurs façons : d'après M. Esmein, les uns ont rapport aux intérêts matériels de l'individu, les autres aux intérêts moraux.

M. Chénon distingue : 1° les droits de l'individu considéré en lui-même (1), 2° les droits de l'individu dans ses rapports avec les choses (2), 3° les droits de l'individu avec ses semblables (3).

Ces divisions sont arbitraires et ne présentent que peu d'intérêt. Voyons donc, sans nous attacher à ces divisions, l'énumération des droits individuels.

§ 1. — Liberté de conscience.

M. Chénon la définit : le droit de suivre et de pratiquer, sans être inquiété ni directement ni indirectement, la religion que l'on croit vraie ; ajoutons : ou de n'en pratiquer aucune.

§ 2. — Liberté des cultes.

Elle est un corollaire de la liberté de conscience. Elle se manifeste par l'accomplissement extérieur et public des pratiques de la foi religieuse.

La liberté des cultes, comme toutes les autres, a une limite : elle ne peut s'exercer à l'encontre de l'ordre public. C'est ce qu'avaient compris les auteurs de la Déclaration des droits de l'homme en 1789 : « Nul ne doit être

---

(1) Liberté de conscience, liberté du culte, liberté du travail.
(2) Inviolabilité du domicile, inviolabilité de la propriété.
(3) Liberté d'association, de réunion, liberté de l'enseignement liberté de la presse.

« inquiété (art. 10) pour ses opinions même religieuses,
« pourvu que leur manifestation ne trouble pas l'ordre
« public établi par la loi. »

Après la révocation de l'Edit de Nantes, la religion catholique était religion d'État, c'est-à-dire que seule elle jouissait de l'exercice du culte public.

Depuis le Concordat de 1801 et les articles organiques de 1802, il faut distinguer chez nous les *cultes reconnus* et les *cultes non reconnus*.

Trois cultes sont reconnus par la loi du 18 germinal an X ratifiant le Concordat : le culte catholique, le culte luthérien ou de la confession d'Augsbourg et le culte calviniste ou réformé.

Postérieurement, a été également reconnu le culte israélite en 1808 (ses ministres d'ailleurs n'ont été rétribués que depuis 1831).

Les textes actuellement en vigueur pour les cultes non catholiques sont l'ordonnance du 25 mai 1844 pour le culte israélite, le décret-loi du 26 mars 1852 pour le culte réformé et la loi du 1er août 1879 pour le culte luthérien.

Il importe de distinguer les cultes reconnus des cultes non reconnus :

Les cultes reconnus peuvent s'exercer publiquement et librement dans les édifices qui leur sont affectés.

Les cultes non reconnus (grec, orthodoxe, anglican) ont besoin pour s'exercer d'une autorisation toujours révocable.

Faute de quoi ils tombent sous le coup des lois régissant les réunions publiques, les associations.

Les cultes reconnus ont bien d'autres prérogatives (traitement des ministres, faveurs au point de vue de la loi militaire, etc.), dans le détail desquelles nous ne pouvons entrer ici.

§ 3. — Liberté de la presse.

La liberté de la presse répond au besoin que l'homme éprouve de communiquer sa pensée aux autres hommes.

Découverte au XVe siècle, l'imprimerie prit bientôt un développement considérable, qui se traduisit par la diffusion des livres, puis par l'apparition des journaux périodiques.

Assez rapidement la presse devint une véritable puissance. Le pouvoir royal s'en effraya et la réglementa d'une façon rigoureuse. Un privilège fut nécessaire pour exercer la profession d'imprimeur ; aucun livre ne put paraître sans être revêtu d'une approbation préalable émanant, soit de l'Université entière, soit de la faculté de théologie, soit de censeurs spéciaux nommés par le roi. Ce système n'empêcha pas un certain nombre de publications dangereuses de circuler ; elles pénétrèrent clandestinement partout, avec l'attrait des choses défendues (1).

La Déclaration des droits de l'homme posa le principe suivant, dans son article 11 : « La libre communication des pensées et des opinions est un des droits les plus précieux de l'homme ; tout citoyen peut donc parler, écrire, imprimer librement, sauf à répondre de l'abus de cette liberté dans les cas déterminés par la loi. »

Actuellement et depuis la chute du premier Empire, aucun *livre* n'est plus soumis à une censure avant sa publication.

L'imprimerie et la librairie sont libres, avec cette réserve établie dans un intérêt de police générale, que les imprimés rendus publics doivent porter l'indication du nom et du domicile de l'imprimeur.

---

(1) Voir Glasson, *loco cit.*, p. 340.

Quant à la *presse périodique*, elle a été soumise depuis 1789 à des régimes variés. Les moyens de réglementation employés avant 1881 ont consisté : 1° dans une *autorisation préalable* nécessaire pour créer et publier un journal : ce moyen fut en vigueur sous le premier et sous le second Empire ; on le supprima par une loi du 11 mai 1860 ; 2° dans la *censure* ou interdiction, après examen, de tout ou partie d'un écrit destiné à la publicité ; 3° dans le *cautionnement* en espèces ou en valeurs, remis à l'Administration. Etabli en 1819, le cautionnement a été aboli par l'article 5 de la loi du 29 juillet 1881.

Les moyens dont il s'agit avaient un caractère *préventif*. Les moyens *répressifs* sont préférables. Ils n'apportent aucun obstacle à la publication des écrits, mais lorsque ceux-ci sont publiés, ils peuvent être poursuivis et punis s'ils constituent une infraction à la loi.

La loi actuelle du 29 juillet 1881 veut que tout journal ou écrit périodique ait un *gérant* responsable, qu'*avant la publication*, il soit fait au *parquet* une *déclaration* contenant le titre du journal ou de l'écrit périodique, son mode de publication, le nom et la demeure du gérant, l'indication de l'imprimerie où il doit être imprimé. Au moment de la publication de chaque feuille ou livraison, on doit en déposer quelques exemplaires entre les mains des fonctionnaires chargés de surveiller l'exécution des lois. Les personnes nommées ou désignées dans le journal ont un droit de réponse à la même place et en mêmes caractères que l'article auquel il est répondu.

La juridiction compétente, en matière de délits de presse est la *Cour d'assises*, du moins quand il ne s'agit pas de diffamations ou d'injures pour *faits de la vie privée* en dehors de toute fonction publique. On a considéré que les délits de presse étaient des infractions qui devaient être soumises au jugement de l'opinion publique représentée par le *jury*.

Sous prétexte de liberté de la presse, il ne fallait pas accorder une véritable faveur aux *écrits* et *gravures obscènes*. La loi du 2 août 1882 a puni d'emprisonnement et d'amende (1) le délit d'outrage aux bonnes mœurs, par la vente, l'offre, l'exposition, l'affichage ou la distribution gratuite sur la voie publique ou dans les lieux publics, d'écrits et images obscènes. La poursuite a lieu exclusivement devant le *tribunal de police correctionnelle*. Cette loi a été complétée par une autre des 16-18 mars 1898 (2) qui punit d'emprisonnement et d'amende (3), la vente ou l'offre, même non publique d'écrits, images ou objets obscènes à un mineur, leur distribution à domicile, les chants contraires aux mœurs proférés publiquement, ainsi que les annonces ou correspondances publiques immorales.

Laissant de côté les discussions théoriques auxquelles peut donner lieu la liberté de la presse, nous constatons que cette liberté est à peu près la seule que le gouvernement nous ait donnée complètement. Aussi devons-nous la garder précieusement. Autant les attaques contre la morale et contre les particuliers doivent être sévèrement réprimées, autant doit être grande la liberté d'apprécier les actes des hommes politiques, les actes de ceux qui exercent une fonction publique.

Gardons-nous de faire le jeu de ceux qui actuellement arrivés au pouvoir lancent déjà des ballons d'essai dans l'opinion, avec la pensée de l'amener à accepter des restrictions à la liberté de la presse.

Ils se plaignent qu'avec la législation actuelle, ils sont impuissants à protéger la morale, l'armée et toutes les

---

(1) Emprisonnement d'un mois à deux ans et amende de 16 à 3000 francs.

(2) Intitulée : *Loi sur la répression des outrages aux bonnes mœurs.*

(3) Emprisonnement d'un mois à deux ans et amende de 100 à 5000 francs.

grandes institutions nécessaires à un pays. Au fond, ce qu'ils veulent, c'est se protéger eux-mêmes contre les attaques dont est l'objet leur politique anti-nationale.

Ils cachent leur projet sous des dehors trompeurs ; « Maintenons la liberté de la presse, mais introduisons « la responsabilité, dit M. Jonnart dans une lettre à M. Marcel Fournier ».

Il n'est pas permis de se moquer à ce point du lecteur ; la plaisanterie dépasse les limites reçues.

Quoi ! j'aurai le droit d'écrire tout ce qu'il me plaira, mais je serai responsable.

Et vous appelez cela la liberté ! Mais à ce taux, il n'y a pas une seule loi anti-libérale.

Notre législation actuelle sur les associations est foncièrement antilibérale. Eh bien ! en raisonnant comme M. Jonnart j'arriverai à établir qu'elle est libérale ; vous avez le droit de vous associer, dirais-je à mes concitoyens, mais si vous vous associez vous serez responsables, et la responsabilité se traduira sous la forme d'une amende ou de la prison.

Avec la théorie de la responsabilité sanctionnant une loi dite libérale on croit pouvoir tout se permettre. On s'imagine qu'on fera toujours marcher le peuple et qu'il se passera de la liberté pourvu qu'il en entende le nom. C'est trop souvent vrai, mais il faut que cela cesse, il faut que les masques tombent : n'appelez pas libérale une loi qui ne l'est pas, et si vous voulez faire œuvre de réaction, ayez le courage de le dire, ayez le courage de renier toutes les traditions républicaines, ces traditions qui ont fait votre fortune et que vous trouveriez commode de déposer au seuil de vos palais ministériels le jour où elles vous gênent.

§ 4. — Liberté de l'enseignement.

Cette liberté a été longtemps et est encore contestée.

Certains théoriciens prétendent, en effet, que l'enseignement doit être monopolisé par l'Etat, à qui appartiendra uniquement le droit de désigner les maîtres et de choisir les doctrines à enseigner.

C'est pour ce motif que la Déclaration des droits de l'homme et la constitution de 1791 et de 1793 sont restées muettes sur ce point.

Cette fausse conception du droit d'enseigner fut réalisée par le décret impérial du 17 mars 1808 qui accordait un monopole exclusif à l'Université.

La liberté de l'enseignement avait été pourtant affirmée pour la première fois par la Constitution de l'an III (art. 300). Elle fut promise par la Charte de 1830 (art. 69) et par la Constitution de 1848 (art. 9).

Elle devint une réalité pour l'enseignement primaire en 1833 (loi du 28 juin), pour l'enseignement secondaire en 1850 (loi Falloux du 15 mars), pour l'enseignement supérieur en 1875 (loi du 21 juillet).

Ces lois ont été depuis modifiées par les lois du 16 juillet 1881 et du 30 octobre 1886 ainsi que par la loi du 18 mars 1881.

La liberté de l'enseignement est une de ces libertés nécessaires conformes au droit naturel.

Le droit d'enseigner est un droit aussi sacré que le droit de penser.

D'autre part, sans enseignement libre, plus de progrès, plus d'émulation, mais la routine, les jeunes générations toutes coulées dans le même moule, élevées dans le culte des mêmes idées, vraies ou fausses, sans contrôle, sans horizon, sans échappées vers l'avenir, l'uniformité partout, comme dans la caserne, comme dans la société rêvée par les socialistes.

La suppression de la liberté de l'enseignement serait la confiscation au profit de l'Etat du principal attribut de la puissance paternelle, du droit de diriger l'éducation intellectuelle, morale et religieuse de l'enfant. Qu'on ne vienne pas me dire que ce droit est respecté avec le monopole universitaire, puisqu'on laisse au père toute liberté pour élever chez lui son enfant. Oui, il est respecté en la personne des millionnaires qui peuvent se payer le luxe des précepteurs. Mais chez le petit bourgeois, chez l'homme du peuple, le droit de diriger l'éducation de leurs enfants se confond avec le droit de choisir les éducateurs à qui ils seront confiés. Ces éducateurs sont des mandataires chargés de suppléer le père incompétent ou empêché. La liberté de l'enseignement n'exclut pas d'ailleurs le contrôle de l'Etat au point de vue de la compétence des maîtres, de la moralité de l'enseignement et de l'hygiène publique.

Nous ne pouvons résister au plaisir de citer ici quelques lignes d'un remarquable article de M. Jules Lemaitre (*Echo de Paris*, 16 décembre 1899) : « Le méprisable vœu Pochon-Cocula, éclos dans le secret des loges vient d'être transformé en projet de loi.

« Il s'agit d'exclure des fonctions publiques tous ceux qui n'auront pas passé au moins trois ans dans un lycée.

« Je laisse les objections d'ordre pratique. Un père qui met son fils dans un collège libre peut en avoir des raisons qui ne soient point confessionnelles : raisons de familles, raisons de commodité ou d'économie, même raisons géographiques. Ce qu'il faut dire c'est qu'une telle loi serait la proscription à l'intérieur ; c'est qu'elle créerait en France une classe énorme de parias ; c'est qu'elle rétablirait on ne sait quel *billet de confession* à rebours.

« Le père de famille a le devoir et par conséquent le droit de faire élever ses enfants selon ce qu'il croit être la vérité, d'en faire d'honnêtes gens de la façon qu'il juge la meilleure. On nous oppose cette prétentieuse niaiserie, le respect de la liberté de l'enfant. Mais nous voudrions savoir d'abord, si cette liberté doit primer celle des parents ; puis, à quel âge l'enfant est un être libre, c'est-à-dire capable d'un choix conscient et réfléchi entre les diverses théories ou croyances conductrices de la vie. A ce compte, d'ailleurs, l'État éducateur ne violerait-il pas lui aussi, la liberté de l'enfant ?

« En réalité, le seul moyen de *respecter la liberté de l'enfant* serait de ne lui donner aucune espèce d'éducation jusqu'à 16 ou 18 ans (ce qui n'est pas très facile) et de le maintenir aussi reclus et isolé du monde que le jouvenceau des *Oies du Frère Philippe*. A 18 ans il choisirait sa religion, sa philosophie, sa morale. A moins que le petit malheureux ne trouvât plus commode de ne pas choisir du tout.

« Au reste nous voyons que, en fait, l'éducation donnée à l'enfant soit dans les écoles libres, soit dans celles de l'État, n'empêche pas toujours l'adulte de faire un choix. D'ardents catholiques sont sortis des lycées. Et, d'autre part, sans remonter jusqu'à Voltaire, élève des jésuites, on constate qu'un très grand nombre de franc-maçons sinistres et de farouches anticléricaux ont été élevés par des prêtres. Le chef de l'État lui-même, pour ne citer que lui, a fait ses études dans un collège ecclésiastique. Cela ne l'empêche pas d'être…. ce qu'il est, d'avoir le rôle et les alliés qu'il a. Alors ?….

« Nous respectons le privilège de cette vieille Université dont nous connaissons la science et les vertus : mais nous demandons le maintien de la liberté d'enseignement, qui est un des corollaires de la liberté de conscience.

« Qui attente à la conscience d'autrui offense et menace la nôtre. Cette loi qu'on propose serait une abominable tyrannie et, ce qui est une aggravation, serait une tyrannie sournoise. Nous la repoussons de toute notre énergie. Nous ne voulons pas qu'on nous fasse retourner à plus de 40 ans en arrière » (1).

(1) La réforme de l'enseignement secondaire est à l'ordre du jour. De toutes les réformes, la plus simple, la plus radicale et, à notre sens, la meilleure, consisterait dans la suppression des petits col-

§ 5. — Liberté de réunion.

La liberté de réunion et la liberté d'association sont des droits tout à fait distincts. Le *droit de réunion* est le droit pour plusieurs personnes de se trouver momentanément dans un même lieu, sans qu'il y ait d'ailleurs entre elles d'autre lien que ce fait passager.

Le *droit d'association* suppose plusieurs personnes se réunissant habituellement en vue d'un but commun.

La loi du 13 novembre 1790 permet aux citoyens de « *s'assembler* paisiblement et *de s'associer* librement, à la « charge d'observer les lois ».

A cette époque les clubs firent parler d'eux, c'est pourquoi la Constitution de 1791 ne parle plus que de la liberté de s'assembler paisiblement et sans armes en satisfaisant aux lois de police. Le droit de s'associer est passé sous silence.

Le second Empire, par le décret organique du 25 mars

---

lèges, des petits lycées, de ceux qui ont un nombre restreint d'élèves.

Cette suppression serait compensée par la création, dans tous les centres importants où le besoin s'en ferait sentir, d'un groupe scolaire, représenté par quelques professeurs nommés et rétribués par l'Etat, et qui recevraient un supplément de traitement des familles qui leur confieraient leurs enfants.

Voilà par exemple un bourg où la population est de quatre ou cinq mille habitants, et qui compte de 5 à 10 enfants faisant des études secondaires.

Pourquoi n'enverrait-on pas dans ce centre un ou deux professeurs, qui se chargeraient des enfants jusqu'à la classe de troisième ou de seconde ?

Une telle innovation rendrait service aux parents en diminuant les frais d'éducation, et en leur permettant de garder plus longtemps leurs enfants auprès d'eux, aux enfants en leur épargnant les dangers et les ennuis de l'internat, à l'Etat et aux communes en supprimant les charges qu'entraînent ces établissements à clientèle restreinte, clientèle qui d'ailleurs aurait pleine satisfaction grâce à la création des groupes scolaires dont nous parlons.

1852, supprime le droit de réunion en appliquant aux réunions publiques l'article 291 du Code pénal, c'est-à-dire le même système qu'aux associations.

La loi du 6 juin 1868 distingue les *réunions religieuses et politiques* qui restent soumises à l'article 291 du Code pénal, c'est-à-dire au régime des associations, et les *autres réunions* qui n'ont plus besoin d'autorisation, mais qui peuvent être interdites par le préfet. Depuis la loi du 30 juin 1881, la liberté de réunion est complète.

Les *réunions publiques*, mais seulement celles en dehors de la voie publique, sont absolument libres : aucune autorisation préalable de l'Administration n'est requise ; on exige seulement pour prévenir les abus, une déclaration indiquant l'objet, le lieu, le jour et l'heure de la réunion.

La déclaration est signée par deux personnes au moins, dont l'une domiciliée dans la commune où la réunion doit avoir lieu.

Les déclarants doivent jouir de leurs droits civils et politiques : à Paris la déclaration est faite au préfet de police, dans les chefs-lieux de départements au préfet, dans les chefs-lieux d'arrondissement au sous-préfet, dans les autres communes au maire. Un délai de 24 heures doit s'écouler entre le reçu de la déclaration et la réunion. Le bureau chargé du maintien de l'ordre comprend trois personnes au moins, désignées par les déclarants ou élues par l'assemblée. Sauf exception, les réunions publiques ne peuvent se prolonger au delà de onze heures du soir. L'autorité à laquelle la déclaration a été faite a la faculté de déléguer un fonctionnaire de l'ordre administratif ou judiciaire, avec le droit de dissoudre la réunion s'il en est requis par le bureau, ou s'il se produit des collisions ou voies de fait.

Les *réunions électorales* forment une catégorie à part.

Ne peuvent y prendre part que les électeurs de la circonscription, les candidats, les membres des deux Chambres et les mandataires des candidats.

Il suffit d'un délai de 2 heures entre le reçu de la déclaration et la réunion. S'il s'agit d'élections comportant plusieurs tours de scrutin dans la même journée, la réunion peut suivre immédiatement la déclaration.

Remarquons que les réunions publiques *périodiques* organisées par des associations sont encore aujourd'hui interdites ; elles tombent toujours sous le coup des articles 291-294 du Code pénal et de la loi du 10 avril 1834.

Les réunions sur la voie publique sont interdites.
Tout attroupement non armé de nature à troubler la tranquillité publique (loi du 7 juin 1848) peut être dissous sur l'ordre du maire, du commissaire de police ou de tout autre dépositaire de la force publique. Des exhortations sont faites aux citoyens de se disperser. Si elles ne produisent pas d'effet, trois roulements de tambour et trois sommations suivent, après quoi on a recours à la force. Si l'attroupement est armé, il n'y a plus d'exhortation et au bout de deux sommations la force armée agit.

§ 6. — **Liberté d'association.**

Comme nous l'avons dit précédemment, il y a association et non plus réunion, quand des citoyens s'assemblent en donnant à leurs réunions un caractère de permanence.

Comme nous l'avons vu également, si la loi de 1790 permet les associations aussi bien que les réunions, la Constitution de 1791 ne parle plus que de la liberté de réunion. Ce qui n'empêcha pas les clubs de dominer la Convention. Celle-ci après les avoir favorisés se sentit débordée, mais c'est en vain qu'elle voulut réagir.

La Constitution de l'an III respecta le droit de réunion, mais se montra sévère à l'égard des associations. Une loi de fructidor an III prononça la clôture et la dissolution de tous les clubs.

La loi fondamentale en matière d'association est l'article 291 du Code pénal en 1810 : « Nulle association de « plus de vingt personnes, dit ce texte, dont le but sera « de se réunir tous les jours ou à certains jours marqués « pour des objets religieux, politiques, ou autres, ne « pourra se former qu'avec l'agrément du gouvernement. « *Ne sont pas comprises, les personnes domiciliées dans* « *la maison où l'association se réunit.* »
Sanction : l'association est dissoute et ses chefs sont punis d'une amende de 16 à 200 francs.

Ce texte, malgré sa sévérité, pouvait être éludé. Les associations se fractionnaient en *sections de vingt personnes au plus*, et l'on se réunissait à des jours irréguliers, non fixés d'avance.

La loi du 10 avril 1834 a aggravé les rigueurs du Code pénal à un double point de vue : 1° elle étend les dispositions de l'article 291 du Code pénal aux associations partagées en *sections de moins de vingt personnes*; 2° *elle frappe* non seulement les chefs, mais encore *tous les membres* des associations non autorisées, et la peine est de 2 mois à 1 an de prison et de 50 francs à 1000 francs d'amende.

Ce sont encore ces textes qui régissent les associations, et il faut bien reconnaître que si nous avons conquis le droit de réunion, nous sommes bien en retard pour le droit d'association.

Remarquons toutefois que certaines associations n'ont jamais été soumises au Code pénal, ce sont les *sociétés civiles ou commerciales constituées en vue de bénéfices à réaliser.*

9.

N'y sont plus soumises les sociétés de secours mutuels (loi du 15 juillet 1850 et décret du 26 mars 1852), les associations syndicales entre propriétaires en vue de certains travaux (loi du 21 juillet 1865 et loi du 22 décembre 1888), les syndicats professionnels, soit entre patrons soit entre ouvriers, ayant pour but la défense des intérêts industriels ou agricoles.

En dehors de ces exceptions, les associations restent soumises à toutes les rigueurs de la loi, et en fait, cette loi est appliquée ou non au gré du gouvernement, et quand il plaît au gouvernement (1).

La Franc-Maçonnerie, paraît-il, est au-dessus des lois. Nous n'y verrions pour notre part aucun inconvénient, si les autres associations jouissaient de la même faveur.

Les associations de plus de vingt personnes peuvent être autorisées par décret, mais cette autorisation est toujours révocable. Remarquons aussi que cette autorisation ne suffit pas à leur conférer la personnalité civile. Celle-ci ne leur est acquise que par un décret en Conseil d'Etat les déclarant d'utilité publique.

Notre législation sur les associations mérite toutes les critiques ; elle est indigne d'un peuple civilisé.

A qui la faute? Selon moi, au droit romain et aux juristes. Anciennement les associations étaient dangereuses, elles étaient prohibées, donc aujourd'hui elles sont encore dangereuses, donc elles doivent encore être prohibées.

C'est à l'aide de raisonnements de ce genre que se perpétuent les abus, que les préjugés, les idées fausses

---

(1) Ajoutons : et de la manière qu'il plaît au Gouvernement. Ne vient-on pas de condamner les Assomptionnistes, sous prétexte qu'ils sont plus de 20 ? N'est-ce pas une violation formelle de la loi qui ne fait pas entrer en ligne de compte les personnes domiciliées dans la la maison où l'association se réunit ?

se transmettent pieusement d'une génération à l'autre.

Et ces idées sont d'autant plus dangereuses qu'on ne les discute plus, qu'elles font partie du dogme reçu.

Personne ne demande le droit d'association pour ceux qui poursuivent un but immoral ou illicite, personne ne demande que l'Etat se dessaisisse de tout droit de contrôle sur les citoyens associés, même dans un but licite et moral.

Mais n'est-il pas monstrueux que des sociétés constituées pour réaliser des bénéfices, souvent pour exploiter le public, puissent naître et se développer indéfiniment sans avoir à rendre compte à personne de leurs actes, et que des citoyens qui se groupent, qui se réunissent dans un but littéraire, philosophique, philanthropique, charitable ou religieux soient exposés à toutes les rigueurs du Code pénal.

Le droit romain, les juristes ne sont pas les seuls coupables.

Les plus coupables sont les politiciens à l'esprit étroit, à l'âme égoïste.

Ils redoutent la liberté d'association pour deux raisons surtout :

Ils craignent que cette liberté ne favorise les congrégations religieuses.

Il disent qu'avec la liberté elles deviendront envahissantes, qu'elles feront tache d'huile. Mais ils oublient que nous ne sommes plus au moyen âge et que d'ailleurs le droit d'association n'implique pas forcément le droit de posséder d'une façon illimitée.

On voudrait faire croire aussi que les congrégations dès à présent ont des fortunes énormes, ce qui est complètement faux.

En répartissant entre tous leurs membres ce qu'elles possèdent, chacun d'eux aurait à peine deux ou trois mille francs (1).

(1) Or, on sait que si la fortune totale de la France était partagée entre tous ses habitants, chacun de nous aurait environ 6.000 fr.

Et on oublie de dire que ces prétendues fortunes sont surtout employées à soulager les malheureux, à élever les enfants pauvres ou orphelins.

Je sais bien que les religieux ont un peu la maladie de la pierre, mais en dehors des sommes qui passent en constructions, le reste est forcément employé en œuvres de bienfaisance, car, s'il y a un couvent où l'on fasse bombance, je demande à le connaître.

Victor Hugo met dans la bouche d'une pauvre enfant recueillie dans un couvent cette réponse aux camarades qui l'interrogeaient sur sa famille : *Moi, quand je suis née, maman n'était pas là*.

Trouve-t-on qu'elles sont trop nombreuses les maisons destinées à recueillir ces enfants pour qui *maman n'était pas là*.

Et qui sait si parmi les crocheteurs il n'est jamais arrivé que *papa fût là*.

Les politiciens redoutent aussi la liberté d'association à raison de la concurrence qui serait faite à la franc-maçonnerie, cette vaste usine où s'élaborent tous les projets anti-libéraux et anti-nationaux. Ils ont peur pour elle, et malheur au peuple gouverné par un pouvoir qui se trouve obligé de veiller à sa propre conservation.

Ce sont bien ces mobiles qui ont inspiré à M. Waldeck-Rousseau l'idée de soumettre au Parlement une loi absolument contraire à la liberté d'association.

Mais Monsieur le Premier est de l'école de M. Jonnart, il connaît la puissance des mots. Ne nous étonnons donc pas si son projet de loi a pour titre *de la liberté d'association*.

Soyez certains d'ailleurs que, pour défendre un tel projet, les périodes ronflantes ne manqueront pas plus que la note émue.

M. Alphonse Humbert les connaît bien tous ces avocats dreyfusards : — Il y a, dit-il (*Eclair* du 2 mars 1899), dans notre Parlement toute une école d'hommes politiques qui joue avec un art suprême, pour le triomphe de ses petits intérêts particuliers, de la Vertu, du Droit éternel, des imprescriptibles lois de la conscience humaine et de tout ce qui peut se mettre en belles phrases sonores... Ces Messieurs mettent des principes partout où il leur est utile d'en trouver. Quand ils n'en ont pas de tout faits sous la main, ils en fabriquent de tout neufs pour les besoins du moment. Chaque fois qu'ils ont à défendre une mauvaise cause, ils commencent par déclarer que c'est celle de la justice avec un grand J. »

Ecoutez maintenant sur la liberté d'association les grandes voix de Lemaître et de Saint-Auban :

« Nous réclamons la liberté d'association, dit M. Lemaître (*Echo de Paris* du 16 décembre 1899). C'est un droit naturel, aussi naturel que le droit de penser, le droit de parler, le droit d'écrire, et qui, comme ceux-ci devrait s'exercer librement sous le régime du *droit commun*.

« Ce droit naturel de s'associer pour toute action qui n'est pas immorale ou séditieuse, les sujets de toutes les monarchies européennes le possèdent légalement ; mais les citoyens de la République française en sont frustrés !

« Voilà ce qu'on voit chez nous : en droit, toute association de plus de vingt personnes interdite ; en fait, les associations interdites ou tolérées selon le bon plaisir du gouvernement, et, seule bravant en même temps l'arbitraire et la loi, une société *secrète*, protégée par le gouvernement, et qui le protège ou plutôt l'asservit à son tour ! J'ose dire qu'on n'a rien vu d'aussi scandaleux, d'aussi paradoxal, d'aussi fou sous aucune monarchie ni sous les régimes les plus odieusement despotiques. Cela est particulièrement intolérable quand on songe à quel point le libre exercice de ce droit naturel pourrait être bienfaisant. « Les associations, dit un allemand, sont l'un des pouvoirs de la nation. Ces groupements multiples enrichissent la vie sociale ; ils ont une vie sociale ; ils ont une influence directe sur l'Etat dont ils préparent ou préviennent l'action. » La pratique de l'association nous permettrait de résoudre peu à peu la plupart des questions économiques. C'est dans les associations que se feraient le plus aisément la rencontre et le rapprochement amical des classes. Ce sont les associations qui en organisant, en disciplinant le suffrage universel, pourraient en corriger l'inévitable et funeste duperie. Et c'est enfin par les associations libres que nous pourrions lutter le plus efficacement, en faisant mieux que lui sa propre besogne, contre le socialisme, qui est l'association forcée.

« Nous demanderons donc cette loi sur les associations qu'on nous promet depuis bientôt trente ans. Mais nous voulons une loi sincère et exempte de traquenards ; une loi confiante qui, par exemple, reconnaisse aux syndicats ouvriers le droit de posséder ; une loi juste qui fasse rentrer dans le droit commun et dépouille de son monstrueux privilège la société secrète dite Franc-Maçonnerie.»

Précédemment M. Jules Lemaître (*Echo de Paris* du 9 juin 1899) avait jeté un coup d'œil sur l'étranger : — En Belgique, dit-il, le droit de s'associer existe ; ce droit ne peut être soumis à aucune mesure préventive.

La Constitution néerlandaise de 1848 dit : « les habi-
« tants ont le droit de s'associer et de s'assembler. »

La Constitution suisse : « Les citoyens ont le droit de
« former des associations, pourvu qu'il n'y ait dans l'ob-
« jet de ces associations ou dans les moyens qu'elles
« emploient rien d'illicite ou de dangereux pour l'Etat. »

La Constitution allemande de 1849 : « Les allemands
« ont le droit de s'associer. Ce droit ne peut être restreint
« par aucune mesure préventive. »

La Constitution prussienne de 1850 : « Tous les prus-
« siens ont le droit de former des associations dont le but
« n'est pas contraire aux lois pénales. »

Même système en Autriche et en Espagne, sans parler

de l'Angleterre et des États-Unis où la liberté des associations politiques est considérée comme une chose allant de soi. Chez nous, écrit de Saint-Auban (*Echo de Paris* du 2 janvier 1900), lorsque des penseurs, des travailleurs ou des rêveurs se rapprochent les uns des autres, on les prie de *circuler*...

Tout serait à citer, mais nous ne pouvons que faire quelques maigres coupures. Le droit d'association, c'est le droit naturel qui appartient aux enfants d'un pays de s'unir à leur guise pour soulever le rocher de la vie.... La libre association est le ressort, le stimulant des fortes croissances ; en dehors d'elle, il n'est que stérilité.

Mais la libre association a des ennemis fanatiques, ou des ennemis sournois, plus dangereux encore. Elle trouble le scandaleux monopole des Basiles qui montent la garde autour de l'article 291 ou ne le sacrifient qu'avec l'idée secrète de le fortifier ; une liberté octroyée par ces bas despotes sera bien suspecte. Elle dérange aussi l'entêtement doctrinal des apôtres roublards et des naïfs disciples qui rêvent d'étouffer la conscience humaine sous le poids formidable des légales tyrannies.

§ 7. — Droit de pétition.

Le droit de pétition présente une double utilité. Il permet de faire connaître les abus de pouvoir ou les dénis de justice dont les particuliers peuvent être victimes ; il met en second lieu, les citoyens à même d'exercer une sorte d'initiative en matière de législation, en signalant des lacunes ou des vices dans les lois, ainsi que les réformes susceptibles d'être réalisées.

Ce droit remonte très loin dans l'histoire ; il était pratiqué dans l'Empire romain ; on le retrouve au moyen âge, sous forme de *suppliques* ou *d'humbles requêtes* adressées au souverain.

La Constitution de 1791 garantit aux citoyens le droit d'adresser aux autorités constituées des pétitions signées individuellement. Mais, l'exercice de cette liberté donna lieu à de graves excès : sous prétexte d'apporter des pétitions aux assemblées législatives, des foules tumultueuses envahirent les Chambres et imposèrent leurs volontés aux représentants effrayés. On réglementa alors strictement le droit de pétition. La Constitution de l'an III prohiba les pétitions collectives. La Charte de 1814 permit les pétitions présentées par écrit, mais interdit de les apporter en personne à la barre. En 1852, la Constitution autorisa l'exercice du droit de pétition auprès du Sénat, mais défendit toute pétition adressée au Corps législatif.

La Constitution de 1875 est muette sur ce droit. Les pétitions peuvent être adressées au pouvoir législatif, ou aux autorités qui forment le pouvoir exécutif. Lorsqu'elles sont adressées aux Chambres, la loi organique du 22 juillet 1879 qui a transféré le siège du pouvoir exécutif et des Chambres à Paris, les réglemente pour empêcher les abus de l'époque révolutionnaire. Toute pétition à l'une ou à l'autre des Chambres ne peut être faite et présentée que par écrit. Il est interdit de l'apporter en personne ou à la barre (art. 6). Toute infraction à cette disposition, toute *provocation* à un rassemblement sur la voie publique ayant pour objet la discussion, la rédaction ou l'apport aux Chambres, de pétitions, déclarations ou adresses, est punie d'un emprisonnement de 15 jours à 6 mois (art. 7).

Il est défendu aux fonctionnaires de tout ordre de s'associer aux pétitions politiques dirigées contre les actes du gouvernement et des Chambres (1). Il n'est pas

---

(1) Ordre du jour voté dans la séance de la Chambre des députés du 7 juin 1879.

nécessaire d'avoir la jouissance des droits civils pour pouvoir s'adresser par voie de pétition aux représentants du pays. Des femmes, des mineurs, des étrangers, peuvent signer des pétitions aux Chambres, dans un intérêt privé ou même dans un intérêt public (1).

Dans chaque Chambre fonctionne une commission des pétitions nommée chaque mois dans les bureaux. Après examen, la commission les classe ainsi : 1° celles qu'elle juge utile de renvoyer à un ministre ; 2° celles qu'elle juge devoir être soumises à l'examen de la Chambre ; 3° celles qu'elle écarte.

Les pétitions aux Chambres sont exemptes du droit de timbre ; elles doivent être signées, avec l'adresse des pétitionnaires ou de l'un d'eux, et légalisées.

§ 8. — Liberté individuelle.

La liberté individuelle est le droit d'aller et venir librement, de rester sur le territoire national, ou d'en sortir ; c'est aussi, suivant l'expression de Montesquieu, la *sûreté*, c'est-à-dire la garantie contre les arrestations, emprisonnements et pénalités arbitraires (2).

Dans l'antiquité, la liberté individuelle n'était pas assurée. La pratique de *l'esclavage* portait à cette liberté l'atteinte la plus grave. Au moyen âge, ce fut le *servage* qui s'éteignit graduellement et qui avait à peu près disparu à la Révolution. L'esclavage continuait à être pratiqué dans les colonies. Il a été supprimé définitivement dans les colonies françaises, en 1848.

A l'époque de la monarchie absolue, les *lettres de cachet* jetaient arbitrairement en prison des malheureux qui restaient détenus sans jugement, parfois jusqu'à leur mort. La *sûreté* de la personne n'existait donc pas alors.

---

(1) Voir Pierre, *loco cit.*, p. 581.
(2) Esmein, *loco cit.*, p. 351.

L'exclusion des arrestations et détentions arbitraires a été proclamée par l'article 7 de la Déclaration des droits de l'homme, de 1789. « Nul homme ne peut être accusé, arrêté ni détenu que dans les cas déterminés par la loi et selon les formes qu'elle a prescrites. » Depuis la Révolution, cette liberté a été reconnue comme une des bases de notre droit public, ce qui n'a pas empêché les gouvernements qui se sont succédé en France, dans le cours de ce siècle, à l'exception toutefois de la monarchie de Juillet 1830, d'y porter de fréquentes atteintes, pour des motifs politiques.

En Angleterre, les garanties contre les arrestations arbitraires, conquises par la *Grande Charte* de 1215, et développées depuis, par la jurisprudence, ont été consacrées définitivement le 24 mai 1674 par l'acte d'*habeas corpus* qui permet à tout citoyen anglais victime d'une arrestation qu'il croit arbitraire, d'adresser ou de faire adresser par ses proches une requête à la Cour suprême. La Cour ordonne aussitôt sa comparution, examine les motifs de son arrestation, la confirme par un arrêt motivé, si elle la trouve légitime, ou l'annule, si elle la reconnaît injuste.

En dehors des arrestations et détentions arbitraires, le respect de la liberté individuelle entraîne l'exclusion des peines arbitraires. Dans notre ancien droit, le juge n'était pas lié par le texte de la loi ; il pouvait prononcer des peines plus fortes ou moins élevées ; il avait même le droit d'en prononcer, là où il n'existait aucune disposition pénale.

Dans son article 8, la Déclaration des droits de l'homme et du citoyen porte que « La loi ne doit établir que des peines strictement et évidemment nécessaires et nul ne peut être puni qu'en vertu d'une loi établie et promulguée antérieurement au délit et légalement appliquée. »

Dans notre législation actuelle, les attentats à la liberté individuelle sont sévèrement réprimés par le Code pénal (art. 114 et suivants). Il existe, cependant des restrictions à cette liberté, justifiées par des considérations essentielles d'intérêt social. Ainsi, la *détention préventive*, à titre de mesure de précaution est souvent nécessaire, à l'égard des individus contre lesquels s'élèvent de sérieuses présomptions de culpabilité. Ainsi encore, la *contrainte par corps*, supprimée par la loi du 22 juillet 1867 en matière commerciale, civile et contre les étrangers, a été maintenue en matière criminelle, correctionnelle et de simple police, pour le recouvrement des amendes, restitutions, et des dommages et intérêts. Enfin, une dernière restriction au principe de la liberté individuelle figure dans la loi du 15 juillet 1889, sur le *recrutement de l'armée*, qui impose le service militaire à tout Français.

§ 9. — Liberté du travail, du commerce et de l'industrie.

Dans l'ancien droit, la liberté du travail n'existait pas. Les métiers étaient organisés en corporations ou communautés (1) dont chacune était limitée dans son mode de fabrication, ce qui donnait lieu à des procès continuels entre professions présentant une *certaine* analogie. Sauf dans *quelques* villes ou faubourgs où les métiers étaient libres, aucun ouvrier ne pouvait travailler isolément, il devait appartenir à une corporation comme compagnon, en attendant qu'il devînt maître, ce qui n'était pas toujours facile.

En 1776, Turgot essaya inutilement d'établir la liberté du commerce et de l'industrie. Les *jurandes, maîtrises, corporations* et toutes les autres entraves gênant la libre expansion du commerce et de l'industrie furent abolies par un décret de mars 1791 que vint confirmer la Constitution de la même année.

(1) Voir nos *Eléments d'histoire du droit français*, p. 294.

La Déclaration des droits mise en tête de la Constitution de 1793 inscrivit cette liberté dans son article 17. « Nul genre de travail, de culture, de commerce, ne peut être interdit à l'industrie des citoyens. » De son côté, la Constitution de 1848, article 7, garantit aux citoyens la liberté du travail et de l'industrie.

Le principe de la liberté du travail n'est plus maintenant discuté. Il comporte, cependant quelques restrictions faciles à justifier. Pour l'exercice de la profession de *médecin*, *officier de santé*, *pharmacien*, *herboriste*, *sage-femme*, *avocat*, la loi exige certaines conditions de capacité. Dans l'intérêt de la bonne administration de la justice, les *avoués* ont un véritable monopole. Citons encore parmi les autres monopoles, celui des *agents de change*, des *commissaires-priseurs*, etc.

D'un autre côté, dans un intérêt fiscal, l'Etat s'est réservé quelques industries : la fabrication et la vente du *tabac* et des *allumettes*, le transport des *lettres* et des *dépêches*, etc.

§ 10. — Inviolabilité du domicile.

L'inviolabilité du domicile est une conséquence, une suite du principe de la liberté individuelle.

« La maison de toute personne habitant le territoire français, dit l'article 76 de la Constitution de l'an VIII, est un asile inviolable. Pendant la *nuit*, nul n'a le droit d'y entrer, si ce n'est dans le cas d'*incendie*, d'*inondation* ou de *réclamation faite dans l'intérieur de la maison*. Pendant le *jour*, on peut y entrer pour un objet spécial, déterminé ou par la loi ou par un ordre émané d'une autorité publique. »

Pour que l'inviolabilité du domicile n'assure pas la protection des coupables, les agents de l'autorité ont le droit de forcer le domicile dans des cas assez nombreux, mais *pendant le jour seulement* (1). Ce sont : les *juges d'ins-*

(1) *Pendant la nuit*, les agents ne peuvent que cerner la maison

truction, dans les cas ordinaires, ou leurs délégués, les *procureurs de la République* en cas de flagrant délit, les *gardes champêtres* ou *forestiers* pour les délits spéciaux qu'ils ont à constater, mais ces gardes ne peuvent agir qu'avec l'assistance du juge de paix ou de son suppléant, du maire ou du commissaire de police ; enfin les *gendarmes* porteurs de mandats de justice. Le domicile peut être forcé aussi pour l'exécution des jugements ; les agents des contributions indirectes peuvent pénétrer dans le domicile des personnes soumises à l'exercice (etc.).

§ 11. — Inviolabilité de la propriété.

La propriété est un droit inviolable et sacré : nul ne peut en être privé, si ce n'est lorsque la nécessité publique légalement constatée l'exige évidemment, et sous la condition d'une juste et préalable indemnité. » C'est ainsi que s'exprime l'article 17 de la Déclaration des droits de l'homme de 1789. Cette disposition n'était pas absolue, car jusqu'à la Charte de 1814 qui l'a abolie complètement, la *confiscation générale* était possible dans certains cas.

Aujourd'hui, en dehors des servitudes légales d'utilité publique (alignements, occupations temporaires, etc.), de la réglementation des établissements dangereux, incommodes ou insalubres, et des impôts, *l'expropriation pour cause d'utilité publique* constitue la principale et la plus grave dérogation au principe de l'inviolabilité de la propriété.

Dans son article 545, le Code civil a consacré la règle formulée dans l'article 17 de la Déclaration de 1789, avec un changement important. L'expropriation n'était possi-

---

pour procéder à l'arrestation le jour venu. — Exception est faite pour deux catégories d'établissements : 1° pour les maisons ouvertes au public ; on peut y pénétrer jusqu'à leur fermeture de fait ; 2° pour les maisons telles que les tripots, dans lesquelles on donne à jouer pendant la nuit. Les agents de la force publique peuvent y pénétrer en tout temps.

ble qu'en cas d'entreprise essentielle, nécessaire à la chose publique. Le Code civil et les lois qui ont suivi se sont contentés d'exiger *l'utilité* publique. L'*indemnité* doit être *juste*, c'est-à-dire égale au préjudice éprouvé, et *préalable*, sauf dans certains cas exceptionnels et urgents.

SECTION III. — Droits individuels se rattachant à l'idée d'égalité.

§ 1er. — Égalité devant les Tribunaux.

La justice doit être rendue d'une façon égale pour tous ; les juridictions et les règles de procédure ne doivent pas varier d'après la condition sociale des personnes.

Il existait autrefois des juridictions spéciales devant lesquelles les privilégiés, demandeurs ou défendeurs, pouvaient attirer leurs adversaires. Ainsi, les nobles jouissaient du privilège *d'évocation*. Les affaires qui les concernaient étaient portées à l'origine devant le *Conseil du roi* et plus tard devant le *Grand Conseil*. Un certain nombre de personnes obtenaient la faveur du *committimus* qui attribuait compétence en premier ressort, pour leurs affaires, à la *Chambre des requêtes* du Parlement, tandis que le tribunal de droit commun était celui du prévôt, ou du bailli, ou encore, à partir du XVIe siècle, le présidial. En outre, la justice était coûteuse, il fallait payer des épices aux juges. Le pauvre n'avait donc guère le moyen de revendiquer ses droits.

La Révolution abolit toutes les juridictions spéciales. Elle posa ce principe qui fut consacré par la Charte de 1814 que *nul ne peut être distrait de ses juges naturels*. La justice fut déclarée gratuite, en ce sens seulement qu'il fut défendu aux juges de recevoir de l'argent ou des cadeaux des parties. Mais les frais de justice restèrent cependant encore bien élevés. L'œuvre de la Révolution a été complétée par la loi du 22 janvier 1851 sur l'Assistance judiciaire qui permet à tous les citoyens pauvres d'ester en justice, en les dispensant des frais de procédure.

§ 2. — Égalité devant la loi pénale.

Le principe de l'égalité devant la loi pénale proclamé par l'Assemblée constituante le 22 janvier 1790 a été consacré par nos Codes. On peut cependant considérer comme une dérogation à ce principe la disposition aux termes de laquelle les juges de paix et leurs suppléants, les membres des tribunaux de première instance, les officiers du ministère public, les grands-officiers de la Légion d'honneur, les généraux commandant une division ou un département, les archevêques, évêques, présidents de consistoire, les membres de la Cour de cassation de la Cour des comptes et des Cours d'appel, sont justiciables, en premier ressort, à raison des délits qu'ils ont commis, non du tribunal de police correctionnelle, mais de la Cour d'appel (1).

§ 3. — Égalité devant l'impôt.

Chacun, sans exception, doit supporter les charges publiques suivant ses facultés, ce qui n'est pas toujours vrai dans la pratique. En dehors des inégalités de fait que le législateur est peut-être impuissant à corriger complètement, il y en a d'autres qui ont été voulues. Je fais allusion aux lois fiscales contre les congrégations religieuses.

Pour faire accepter ces lois, comme toujours, on s'est abrité derrière un grand principe : ce principe a été ici le

---

(1) Code d'Inst. crim., art. 479, et loi du 20 avril 1810, art. 10.

principe égalitaire on ; a invoqué le droit commun, mais on a oublié de dire que ce droit commun était appliqué à des situations qui n'ont rien de commun, et qu'en fait ce droit commun ressemblait à un complot où il n'y a qu'un conspirateur.

§ 4. — Égalité quant à l'accès aux fonctions publiques.

L'accès aux fonctions publiques est ouvert à tout citoyen qui remplit les conditions de capacité et de moralité indispensable.

Si Dieu prête vie à M. Waldeck Rousseau, bientôt c'en sera fait de cette égalité : tous ceux qui n'auront pas été élevés dans les collèges universitaires appartiendront à la classe des parias.

DEUXIÈME PARTIE

ORGANISATION DES POUVOIRS PUBLICS DANS LES PRINCIPAUX PAYS ET SPÉCIALEMENT EN FRANCE.

CHAPITRE PREMIER

APERÇU GÉNÉRAL DES CONSTITUTIONS ÉTRANGÈRES

Nous donnerons dans ce chapitre quelques *notions d'ensemble* sur l'organisation constitutionnelle des peuples dont la civilisation se rapproche le plus de la nôtre, en insistant particulièrement sur celles qu'il nous est le plus utile de connaître. *Les détails* des principales constitutions étrangères, et notamment des constitutions de l'Angleterre et des Etats-Unis de l'Amérique du Nord se trouvent dans les différents chapitres de cet ouvrage.

1° *Angleterre*.

En Angleterre le droit constitutionnel est presque exclusivement coutumier (1). Il y a, dans ce pays, quatre

(1) Les seules dispositions constitutionnelles écrites sont: la

organes principaux de gouvernement : le *Souverain*, le *Cabinet*, la *Chambre des Lords* et la *Chambre des Communes*. Les deux Chambres forment le *Parlement*.

La *royauté* se transmet dans ce pays par ordre des primogéniture. Les femmes n'en sont pas exclues ; mais elles ne sont couronnées qu'à défaut d'enfant mâle. Le souverain doit prêter serment de faire respecter les lois, et de soutenir la religion protestante contre le papisme. Dans l'exercice de ses fonctions, il est impeccable, infaillible et sacré « Le roi ne peut mal faire ».

Le souverain a le droit de *veto*, mais seulement en théorie, car il n'existe pas un seul exemple d'exercice de ce droit depuis l'année 1707.

La royauté est, en somme, exercée par les conseillers de la couronne. L'intervention de cette dernière ne se produit guère qu'au moment de la constitution du ministère.

A côté de la royauté, nous trouvons un pouvoir très important : le *Cabinet*. Le cabinet est homogène. L'acte de tout ministre retombe sur les autres. A raison de l'appui qui lui donne la majorité du Parlement, la situation du cabinet est prépondérante vis-à-vis de la royauté. Le roi n'a pas accès au cabinet qui délibère secrètement.

En droit strict, c'est le gouvernement qui nomme les membres de Cabinet ; mais en fait l'homme politique chargé par le roi de constituer un cabinet choisit lui-même, sous l'influence du groupe parlementaire dont il fait partie, ses collaborateurs et les impose au souverain qui les accepte sans observation.

Le ministère est responsable politiquement devant les

Magna Charta libertatum de 1215, la *pétition des droits* de 1627, le *bill des droits* de 1681, imposé à Guillaume d'Orange en 1688, *l'acte d'établissement* de 1701, le *traité d'union avec l'Ecosse* de 1706, *l'acte d'annexion de l'Irlande* en 1800.

Chambres ; il se retire quand il n'a plus leur confiance ; mais, les Anglais n'ont pas poussé aussi loin qu'en France ce principe de responsabilité. Le ministère ne tombe que dans le cas où le Parlement lui refuse les crédits absolument indispensables au fonctionnement de ses services. Pitt subit 14 votes de défiance en trois mois et demeura quand même au pouvoir, car il avait conscience d'avoir l'opinion publique avec lui.

Au point de vue *pénal*, le ministère est mis en accusation par la Chambre des communes et jugé par la Chambre des Lords.

Nous avons étudié plus haut la formation historique des deux Chambres en Angleterre (1).

La Chambre Haute ou *Chambre des Lords* comprend deux catégories de membres, les *lords spirituels* et les *lords temporels*. Il s'est produit en Angleterre un phénomène de laïcisation politique. A l'origine, les prélats dominaient dans le *Magnum Concilium*. Après la scission des Chambres, le clergé avait encore la majorité dans la Chambre des Lords. Actuellement, 26 sièges seulement sont accordés à des ecclésiastiques, dont 5 pour les archevêques et 21 pour les plus anciens évêques.

Les lords temporels comprennent les *lords légistes,* les *lords représentants* et les *lords héréditaires.* Les premiers siègent en vertu de leurs fonctions ; ce sont les quatre grands juges. Les lords représentants sont élus par les lords d'Ecosse et les lords d'Irlande ; car le droit de siéger au Parlement britannique n'a pas été accordé à tous les lords de ces deux pays. Les lords représentant l'Ecosse sont au nombre de 16 nommés pour la durée du Parlement, les lords représentant l'Irlande sont au nombre de 28, nommés à vie.

La grande masse des lords est formée par les lords hé-

---

(1) V. page 124.

réditaires. Peu nombreux au début, ils comptent aujourd'hui 474 membres.

La *Chambre des Lords* est présidée par le *Lord Haut Chancelier*.

En droit strict, cette Chambre a les mêmes pouvoirs politiques que la *Chambre des Communes*; en réalité, elle joue un rôle assez effacé. Elle a, comme le gouvernement et comme la Chambre des Communes, l'initiative des lois ; mais les impôts doivent être d'abord votés par l'autre Chambre. La Chambre des Lords n'a pas non plus l'initiative en matière budgétaire ; elle ne peut pas introduire d'amendements dans le budget voté par la Chambre des Communes ; elle n'a que le droit de le rejeter en bloc.

La *Chambre des Communes* (1) est la Chambre des *communautés*, c'est-à-dire de trois êtres collectifs qui sont les *comtés*, les *bourgs* et les *universités*.

Il y a 117 *comtés* ; ce nombre n'a pas varié. La population est prise comme base de la représentation des comtés. Le nombre des députés de cette catégorie après avoir été de 180 s'est élevé, depuis 1885 à 377.

Le nombre des députés des bourgs a diminué très sensiblement depuis 1832. Pendant les deux derniers siècles, on n'avait pas créé de bourgs ; mais, dans cet intervalle, un certain nombre des bourgs primitifs avaient disparu ou étaient réduits à quelques chaumières. Ils avaient droit cependant à un député (2) ; tandis que des villes importantes, comme Birmingham et Manchester, non classées

---

(1) La Chambre des Communes est une vaste pièce rectangulaire. Au milieu se tient le Speaker vêtu d'une robe et coiffé d'une perruque. Les députés sont assis sur des gradins, sans avoir, comme chez nous, des pupitres et tout ce qu'il faut pour écrire.

(2) Un ancien bourg devenu un simple monticule nommait un député. Un autre bourg avait disparu sous l'eau ; le propriétaire de l'emplacement prenait une barque, se rendait sur les lieux et se désignait lui-même.

parmi les bourgs, n'avaient pas de représentants et étaient fondues dans les comtés environnants.

La réforme de 1832 fit disparaître les bourgs déchus appelés *bourgs pourris* et donna une représentation à d'autres bourgs. En 1867 et en 1883, on acheva la réforme de 1832. Aujourd'hui le nombre des bourgs est réduit à 160 élisant 284 députés.

Il existe neuf députés d'*universités* : 1 pour Cambridge, 2 pour Oxford, 2 pour Dublin, 2 pour l'Ecosse et 2 pour Londres.

Le *Speaker*, ou président de la Chambre des Communes, a une situation beaucoup plus considérable que celle des présidents de nos Chambres françaises (1).

La Chambre des Communes a l'initiative des lois concurremment avec le Gouvernement et la Chambre des Lords ; elle a la prépondérance en matière budgétaire et d'impôts.

Les membres du *Parlement*, c'est-à-dire des deux Chambres, ne reçoivent aucune indemnité, bien que le principe de cette indemnité soit inscrit dans les lois anglaises.

La durée des législatures est de 7 ans, en droit ; mais jamais le Parlement n'est arrivé à l'expiration de ce délai ; il est dissous dans la sixième année.

Régulièrement il y a une session annuelle ; elle va de février au mois d'août.

Les projets de lois ou *bills* sont le plus souvent proposés par le Gouvernement. Cinq jours par semaine sont consacrés à la discussion des projets gouvernementaux. Un seul jour est consacré à la discussion des projets d'initiative parlementaire.

---

(1) Sa charge n'est pas une sinécure, car on a vu des séances durer 41 heures consécutives. Quand le Speaker se retire, il obtient une compensation : titre de comte, nomination à la Chambre des Lords ou rente annuelle de 100.000 francs.

Les *statuts* comprennent l'ensemble des lois votées par les deux Chambres dans une session. Chaque loi s'appelle *act* et est désignée par le numéro de la session et du chapitre du statut.

2° *Etats-Unis de l'Amérique du Nord.*

Les Etats-Unis de l'Amérique du Nord forment, comme nous l'avons vu plus haut, un Etat fédéral (1). Chacun des Etats jouit d'une souveraineté distincte ; mais au-dessus d'eux tous, il existe un pouvoir central qui n'est souverain que sur un certain nombre de points rigoureusement déterminés.

En 1775, *la Confédération* des *Etats-Unis* fut fondée par le Congrès des 13 colonies anglaises insurgées contre la métropole. L'année suivante, le 4 juillet 1776, le Congrès vota la première Constitution. Cette Constitution présentait le vice de ne donner au pouvoir central que des pouvoirs extrêmement restreints vis-à-vis des Etats, dont l'indépendance était restée à peu près entière.

En 1786, sur l'initiative du parlement de Virginie, quatre Etats ébauchèrent une *nouvelle Constitution* qui fut adoptée par tous les Etats en 1787-1788. Elle fut mise en vigueur le 17 mars 1789. Son but a été de substituer un *Etat fédéral* à une simple *Confédération d'Etats* (2).

La Constitution de 1787 est précédée d'une *déclaration de l'indépendance* inspirée par la déclaration anglaise de 1688 (3). Plusieurs amendements ont modifié, depuis, cette Constitution qui est restée en vigueur dans toutes ses parties essentielles, et qui, en dehors de son carac-

---

(1) Page 15.
(2) Voir la différence entre ces deux formes d'Etats, p. 14 et 15.
(3) Elle n'a à aucun degré, les allures philosophiques de notre *Déclaration des droits de l'homme.*

tère écrit constitue un véritable traité entre des Etats souverains.

La Constitution de 1787 organise, conformément à la théorie de Montesquieu, trois pouvoirs : le pouvoir *exécutif*, le pouvoir *législatif* et le pouvoir *judiciaire*.

Le pouvoir exécutif appartient au *président* assisté d'un *vice-président*, élus l'un et l'autre pour quatre ans. Par application du principe de la séparation des pouvoirs, les députés et les sénateurs ne peuvent pas être électeurs présidentiels (1).

Dans chaque Etat, le suffrage universel désigne des délégués dont le nombre est égal à celui des sénateurs et des représentants envoyés par l'Etat au *Congrès* (2) ; ce sont les délégués qui nomment le président et le vice-président. L'élection se fait donc à deux degrés ; mais, en fait elle n'est qu'à un seul degré, car les délégués reçoivent un *mandat impératif*. Contrairement au désir des auteurs de la Constitution, c'est un homme de parti qui, le plus souvent est porté au pouvoir par la masse des électeurs primaires.

Si le président décède, il est remplacé par le vice-président qui achève la durée de quatre ans assignée à l'exercice des fonctions présidentielles.

Aux États-Unis on applique la séparation absolue des pouvoirs. Aussi, le Président n'a-t-il *aucune initiative parlementaire*. Il a simplement le droit d'appeler, par un message, l'attention des Chambres sur un objet déterminé. Par contre, comme il peut craindre les funestes effets pratiques d'une loi votée par les Chambres et qu'il est appelé à exécuter, il a un *veto suspensif* dans les huit jours qui suivent la réception de la loi. Il faut alors

(1) Il serait à souhaiter que cette disposition fût en vigueur en France.
(2) Le *Congrès* est le pouvoir législatif formé par les deux Chambres.

un nouveau vote, dans chaque Chambre, à la majorité des deux tiers. Les Présidents ont usé souvent et utilement de cette prérogative.

Le Président de la République des États-Unis est commandant en chef des armées de terre et de mer, il est investi du droit de grâce. Il nomme tous les fonctionnaires fédéraux, notamment les ministres et les agents diplomatiques ; mais ces fonctionnaires doivent tous être agréés par le Sénat.

Les *ministres* sont au nombre de *sept*; ils *n'ont pas l'accès des Chambres*.

Le *Sénat* comprend deux sénateurs par État. Les sénateurs sont donc au nombre de 84. Ils sont élus pour une durée de 6 ans par les *législatures locales* (1), et sont renouvelables par tiers tous les deux ans. *Le Sénat représente les États*, tandis que la Chambre représente la population de l'Union, comme nous l'avons vu plus haut (page 125).

Il faut avoir 30 ans, pour être sénateur et habiter depuis 9 ans l'État dans lequel on se présente.

Au point de vue du *pouvoir législatif*, le Sénat et la Chambre des représentants ont une *égalité de droits*, sauf en matière financière où la priorité appartient à la Chambre.

Le Sénat a des attributions propres. *Il juge les accusations portées contre les agents fédéraux* en y comprenant même le Président et le vice-président.

A raison de sa qualité de représentant des États, le Sénat a seul qualité pour *ratifier les traités*, quelle qu'en soit la nature ; la majorité requise est des deux tiers des membres de l'Assemblée. Nous avons vu plus haut que le choix des fonctionnaires fédéraux fait par le Président doit être ratifié par le Sénat. Il en résulte que le Sénat

---

(1) C'est-à-dire, par les pouvoirs qui, dans chaque État, concourent à la confection des lois.

tient, dans l'esprit public, une place plus importante que la Chambre.

La *Chambre des représentants* est nommée pour deux ans. Ses membres sont au nombre de 325 ; il y a environ un député par 152.000 habitants ; les nègres comme les blancs entrent aujourd'hui en compte dans le calcul de la population (1).

La Chambre partage l'initiative des lois avec le Sénat ; elle a, comme nous l'avons dit, la priorité des votes financiers, elle a le droit de *mise en accusation* des fonctionnaires fédéraux qui sont jugés ensuite par le Sénat.

Une loi votée par une assemblée passe à l'autre ; s'il y a dissentiment entre les deux Chambres, on nomme des *comités de compétence* pris parmi les membres des deux assemblées, pour trouver un terrain d'entente. La loi votée est transmise au Président pour qu'il la promulgue, s'il ne croit pas devoir user de son droit de *veto*.

Il existe aux Etats-Unis *deux grands partis* : les *républicains* et les *démocrates*, qui occupent alternativement le pouvoir. Les premiers sont plutôt protectionnistes et partisans de l'extension des pouvoirs fédéraux. En dehors de ces deux partis pour ainsi dire nationaux, on trouve aux Etats-Unis une foule de clans sans grande importance. Citons : le parti des billets de banque, partisan de la circulation fiduciaire, le parti du travail ou socialiste, le parti prohibitionniste qui fait la guerre aux liqueurs fortes, le parti du droit des femmes (etc.).

(1) Les élections présentent très peu de moralité et éloignent nombre d'honnêtes gens des affaires. Le niveau du personnel parlementaire va, comme en France, toujours en s'abaissant, sauf peut-être au Sénat où le mandat est plus long. Les partis ont de telles ramifications qu'il faut forcément s'embrigader dans l'un ou dans l'autre.

Le pouvoir judiciaire fédéral est représenté par une *Cour suprême*.

3° *Allemagne.*

Avant la Révolution française, et depuis le règne d'Othon le Grand (962-973), l'Allemagne portait le titre de *Saint-Empire romain* de la nation allemande, comprenant 320 Etats réunis en *confédération* sous l'hégémonie de l'Empereur d'Autriche. L'organe de cette confédération était la *Diète impériale* formée par 3 collèges : 1° celui des *électeurs* ; c'étaient les plus gros souverains de l'Allemagne, au nombre de neuf : ils monopolisaient l'*élection de l'Empereur* ; 2° celui des *princes* ; 3° celui des *villes libres*.

Il n'y avait, alors, aucune représentation du peuple allemand.

En 1806, le Saint-Empire romain prit fin par l'abdication de l'Empereur François II qui ne conserva que ses Etats héréditaires et prit le nom d'Empereur d'Autriche. La plus grande partie des petits États composant jusqu'à ce moment l'Empire se réunirent avec le titre de *Confédération du Rhin* sous le protectorat de l'Empereur Napoléon Ier.

Au Congrès de Vienne, en 1815, une nouvelle Confédération fut créée. Il n'y eut plus alors que 38 Etats, au lieu de 320. Le protectorat de cette *Confédération*, modelée sur la première, fut rendu à l'Empereur d'Autriche, mais sans que celui-ci eût le titre d'Empereur d'Allemagne. L'organe de la Confédération était, comme par le passé, la *Diète*. Les délégués à la Diète avaient le caractère d'*agents diplomatiques* et non de représentants, ce qui nécessitait l'unanimité des voix pour tous les changements à apporter à la Constitution. Le plus petit Etat pouvait donc opposer son *veto* à toute proposition. C'était une organisation d'impuissance et d'immobilité.

La révolution française de 1848 produisit un grand

effet en Allemagne. On voulut établir des réformes dans un sens démocratique. Une assemblée nationale fut convoquée à Erfurt pour remplacer l'ancienne Diète. Cette assemblée créa une nouvelle Diète qui devait être composée d'une *Chambre populaire* élue au suffrage universel direct et d'une *Chambre des Etats* dont la moitié des sièges auraient été réservée aux souverains, et l'autre moitié aurait été élue par les parlements locaux. La Diète devait avoir une compétence militaire et douanière. On offrit la couronne impériale au roi de Prusse qui refusa, trouvant la Constitution trop libérale, et aussi par crainte de l'Autriche.

Cette tentative de réforme aboutit à un échec complet.

Après la bataille de Sadowa, l'Autriche fut exclue de la Confédération qui devint la *Confédération de l'Allemagne du Nord* sous la suprématie du royaume de Prusse. Cette confération était unie aux Etats de l'Allemagne du Sud (Bavière, Bade et Wurtemberg) par des traités d'alliance offensive et défensive.

Après la guerre de 1870, l'Empire allemand fut établi par la Constitution du 16 avril 1871, aujourd'hui en vigueur.

L'*Empereur allemand* est toujours le roi de Prusse. Il représente l'Allemagne, promulgue les lois et en assure l'exécution, commande les forces militaires, nomme les fonctionnaires supérieurs, proclame l'état de siège. Il convoque, ouvre et ajourne le Conseil fédéral (*Bundesrath*). Il ne peut convoquer et dissoudre le *Reichstag* (Chambre des députés) que d'accord avec le *Bundesrath*. Il n'a pas comme empereur, le droit d'initiative devant les deux Conseils. Il n'exerce le droit de grâce que comme roi de Prusse, sur le territoire prussien (1). Ses pouvoirs

(1) On lui reconnaît cependant ce droit comme empereur dans cer-

ne sont pas très étendus ; il n'est en réalité que le délégué des Etats confédérés et n'a de droits qu'à ce titre.

Au point de vue extérieur, l'Empereur a la direction des affaires étrangères. Il peut faire des traités, sous réserve de ratification, par le *Bundesrath*. L'approbation de ce conseil fédéral lui est nécessaire pour déclarer la guerre.

L'Empereur n'a pas de responsabilité. C'est le *Chancelier* qui est responsable, car il contresigne les actes du souverain (1).

Le Chancelier est nommé et révoqué par l'Empereur ; Il préside le *Bundesrath* et le Conseil des ministres de Prusse. Tous les services de la Chancellerie sont placés sous son autorité. Il est le seul ministre de l'Empire.

Le pouvoir législatif appartient au *Bundesrath* et au *Reichstag*. Les *lois* ne sont *définitives qu'après avoir été votées par ces deux assemblées*. Mais le *Bundesrath* a, en outre, des attributions qui lui sont particulières.

Le *Bundesrath* ou *Conseil fédéral* est composé de représentants diplomatiques nommés par les Etats, conformément à la Constitution propre à chacun d'eux. On a tenu un certain compte pour le nombre des représentants, de l'importance des Etats de la Confédération. Chaque Etat dispose d'une voix au moins et de quatre voix au plus. La Bavière a deux voix complémentaires. La Prusse a 17 voix. En réalité, d'après le chiffre de sa population, la Prusse pourrait réclamer un plus grand nombre de voix sur les 57 qui forment le total du *Bundesrath*.

---

tains cas, la *haute trahison*, par exemple. Ainsi, M. Degouy que la *haute Cour* de Leipsick avait condamné à deux ans de forteresse, fut gracié en 1895 par l'Empereur.

(1) En réalité la responsabilité politique du Chancelier n'existe ni envers le *Reischtag*, ni envers le *Bundesrath*. Elle n'existe qu'à l'égard de l'Empereur.

Le *Bundesrath* a une compétence à la fois législative, exécutive et judiciaire. Il a l'initiative des lois qu'il prépare, comme le fait chez nous le Conseil des ministres, pour les projets émanés du Gouvernement. Mais, le *Reichstag* a également l'initiative des lois. Quand il l'exerce, le projet voté par lui passe au *Bundesrath* qui doit le voter à son tour, puisque la loi n'est parfaite qu'après avoir été votée par les deux assemblées. Au point de vue *exécutif*, le *Bundesrath* a qualité pour faire les *règlements d'administration publique*. Il peut dissoudre le *Reichstag*, de concert avec l'Empereur. Aucune *guerre offensive* ne peut avoir lieu sans son adhésion ; il faut aussi son assentiment pour les *traités* et la nomination des consuls. Au point de vue judiciaire, il statue, après épuisement de tous les moyens de droit, en cas de déni de justice ; il connaît des *conflits entre les Etats* (par exemple dans le cas de délimitation de frontières) etc.

Le *Reichstag*, ou chambre des députés, est élu au suffrage universel direct et secret à raison d'un député par 100.000 habitants, avec un député supplémentaire pour une fraction supérieure à 50.000 habitants. Chaque Etat doit avoir au moins un député.

Les membres du Reichstag n'ont droit à aucune indemnité parlementaire (1).

Les pouvoirs du *Reichstag* durent 5 ans. Cette assemblée a l'initiative des *lois* concurremment avec le *Bundesrath*, elle autorise les *impôts* et les *emprunts*, vote le *budget*. Les *interpellations* présentent au *Reichstag* un caractère particulier, elles doivent être revêtues de 30 si-

---

(1) M. de Bismark, a déclaré, à ce sujet, non sans quelque fondement, que la gratuité était un correctif apporté au suffrage universel en supprimant le parlementarisme professionnel. Les membres du Reichstag avaient autrefois le droit de voyager gratuitement sur les lignes de chemin de fer ; mais, à la suite d'abus, on limita cette concession. Les députés n'ont plus que le parcours gratuit de leur circonscription à la capitale et seulement pendant les sessions.

gnatures. Le chancelier indique s'il lui convient de discuter l'interpellation et fixe l'époque où la discussion aura lieu. La sanction consiste dans le dépôt d'une motion faite par l'interpellateur mécontent ; cette motion n'est discutée que plus tard. On ne vote pas d'ordre du jour. Il y a une analogie entre l'interpellation telle que nous venons de l'indiquer et la *question* devant le Parlement français.

A côté de la Constitution fédérale, chaque Etat a sa constitution propre. En PRUSSE, le *pouvoir exécutif* est donné au roi qui a les attributions de la puissance souveraine, sous la réserve d'obtenir, dans certains cas, l'assentiment des Chambres ou le contre-seing des ministres.

Le pouvoir législatif appartient à une *Diète, Landstag*, qui comprend une *Chambre des Seigneurs* nommée par le roi (1) et une *Chambre des députés*, élue par le peuple. Le pouvoir judiciaire appartient à des tribunaux indépendants.

Nous laisserons de côté, à cause de leur importance moindre, les autres Etats de l'Empire allemand.

4° *Autriche-Hongrie.*

L'Autriche-Hongrie représente une macédoine à la fois ethnographique et constitutionnelle. C'est en 1526 que la Hongrie échut, avec la Bohême, aux archiducs d'Autriche et leur apporta le titre royal. L'indivisibilité des deux couronnes fut sanctionnée en 1713 par la Pragmatique sanction, promulguée en 1724.

L'Empire d'Autriche fut créé en 1840. Le Habsbourg régnant abandonna le titre d'Empereur d'Allemagne pour celui d'*Empereur d'Autriche*, auquel il ajouta celui de *Roi de Hongrie*.

La Révolution française de 1848 produisit son contre-

---

(1) La Chambre des Seigneurs représente la noblesse, la propriété foncière et certaines industries agricoles qui y sont rattachées.

coup dans les deux pays ; la Hongrie se souleva en 1849 et ne put être réduite qu'avec l'aide de la Russie.

Après la bataille de Sadowa et le traité de Prague, fut rédigé en février 1867 le *Compromis (Ausgleich)* qui existe encore.

D'après cet acte, il y a un *Empire* d'Autriche et un *Royaume* de Hongrie : les deux pays sont placés sur un même pied d'égalité. L'Empire d'Autriche est plutôt appelé *Cisleithanie*, le royaume de Hongrie *Transleithanie* (1).

Le Compromis comprend deux séries de documents constitutionnels, les uns autrichiens les autres hongrois.

L'*union réelle* des deux pays se manifeste au point de vue *extérieur*. Pour la guerre, les finances et les affaires étrangères, il existe des ministres communs. Ils sont *contrôlés* par deux *Délégations*, l'une autrichienne, l'autre hongroise.

Les délégués sont nommés pour un an et rééligibles, ils n'ont pas de mandat impératif et votent librement. Les délégations se réunissent alternativement chaque année à Vienne et à Buda-Pesth, elles siègent séparément ; leur droit d'initiative est égal. Elles peuvent se réunir en *séances plénières*. Les *Délégations* ayant pour but de soustraire les affaires communes aux parlements nationaux n'ont pas de pouvoir propre, en dehors de cette attribution. En vertu de leur droit de contrôle sur les ministres communs, elles peuvent décréter ces derniers d'accusation.

La diplomatie est commune, les ambassadeurs sont, par suite, également communs ; ils n'ont leur entrée que dans les *Délégations*.

Au point de vue *intérieur*, l'empereur-roi a des droits qui continuent à être réglés par la Pragmatique-sanc-

---

(1) On n'emploie pas la dénomination d'Autriche, même dans le pays. A aucun prix les Tchèques n'en veulent entendre parler.

tion (1). Il reçoit une liste civile des deux pays. Il participe au pouvoir législatif par le droit d'initiative et le droit de sanction dans les deux pays.

En *Autriche*, il existe deux Chambres ; la *Chambre des Seigneurs* et la *Chambre des députés*, ou *Reischrath*. Les membres du Reischrath, au nombre de 353, sont élus partie par les grands propriétaires, partie par les Chambres de commerce et par les villes et bourgs, partie enfin par les communes rurales (2).

Chacune des deux Chambres a l'initiative des lois avec le Gouvernement dont les membres peuvent assister aux délibérations. Le ministère peut être renversé par un ordre du jour des Chambres. Les lois de finances doivent être présentées d'abord à la Chambre des députés.

En *Hongrie*, il existe également deux Chambres qui forment la *Diète* : la *Chambre des députés* élue au suffrage censitaire et la *Chambre des Magnats*. Elles ont l'une et l'autre l'initiative des lois (3). Le roi exerce son pouvoir par un ministère responsable composé de Hongrois ;

---

(1) Les femmes ne sont pas exclues de la couronne, exemple, Marie Thérèse.

(2) Aux points de vue ethnographique et politique, le Reischrath comprend des nationalistes allemands, des antisémites, des vieux Tchèques, des jeunes Tchèques, de grands propriétaires conservateurs et féodaux de la Bohême, des libéraux et conservateurs italiens, des Polonais, des Slovènes, des Croates, des Roumains et des Ruthènes. En Autriche, la politique est un véritable exercice d'acrobatie. Il faut être extrêmement habile pour former des majorités.

(3) La Constitution de la Hongrie remonte à une époque très lointaine. Ce pays s'en est toujours référé à la *Bulle d'Or* de 1222 postérieure de 7 ans à la *Grande Charte* anglaise et qui organisait une représentation au profit des *Magnats*. En 1848, les lois 3 et 4, établirent une *responsabilité ministérielle* vis-à-vis de la Diète et donnèrent à la Constitution un caractère démocratique. La Chambre basse ne fut plus l'organe de la noblesse, mais celui du peuple hongrois qui obtint un droit de suffrage assez étendu.

les *ministres* ont l'accès des Chambres. Leur responsabilité est *politique* et *pénale*, ils peuvent être mis en accusation par la Chambre des députés ; ils sont jugés par une délégation de la Chambre des Magnats formant jury.

5° *Italie*.

Il y a eu depuis la Révolution française 23 Constitutions dans les différents Etats italiens. Celle du 4 mars 1848 qui a été octroyée, non sans hésitation, par Charles-Albert à la Sardaigne a été étendue à la péninsule entière, lors de la formation de l'unité italienne, en 1859. A cette Constitution, Victor-Emmanuel a adjoint plusieurs lois organiques, notamment celle du 13 mars 1871 appelée *loi des garanties* qui règle les rapports de l'État et du Vatican. C'est un acte unilatéral, car le Pape a toujours refusé d'y adhérer.

La Constitution est monarchique et représentative. A côté du roi se trouvent : un *Sénat* nommé par le pouvoir royal et une *Chambre des députés* nommée au suffrage censitaire, très étendu par les lois du 22 janvier et 7 mai 1882, avec adjonction des capacités (1). Les *ministres* sont *responsables*.

En Italie, le trône est héréditaire dans la maison de Savoie, la loi salique est en vigueur.

Le roi prête serment à la Constitution ; il a une liste civile qui est actuellement de 14 millions (2).

Le roi a le droit d'initiative des lois, concurremment avec les membres des deux assemblées. Il a le droit de sanction. En théorie, ce droit est un *veto* absolu ; en fait,

---

(1) Voir les détails, p. 77.
(2) Jusqu'en 1861, Victor-Emmanuel s'appelait : Roi de Sardaigne, Chypre et Jérusalem. Après la formation de l'unité il s'appela : Roi d'Italie, par la grâce de Dieu et la volonté nationale. On crut devoir plus tard épurer cette formule en supprimant l'idée divine.

il est seulement suspensif. Le roi peut déclarer la guerre sans approbation des Chambres, mais ce droit est paralysé par la nécessité d'obtenir les crédits nécessaires.

Les ministres, au nombre de douze, sont tous assistés de secrétaires d'État, excellent moyen pour former les jeunes. Les décisions royales doivent être contresignées par les ministres. Ceux-ci ont l'accès des Chambres, mais ne peuvent voter que dans celle dont ils font partie. Ils peuvent être mis en accusation par la Chambre, ils sont jugés par le Sénat. Au point de vue de la responsabilité politique, ils sont, comme en France, collectivement et individuellement responsables. Le ministère se retire devant un ordre du jour de blâme. C'est l'application des principes du régime parlementaire.

Le Sénat est composé de membres répartis en huit groupes ; ils sont nommés par le roi qui peut leur conférer leurs fonctions à vie ; ils ne reçoivent pas de traitement.

Le Sénat a les mêmes pouvoirs que la Chambre des députés. Toutefois, la Chambre a la priorité en matière de finances.

Le Sénat, peut, en outre, être constitué en Haute Cour de justice pour juger les ministres et ses propres membres.

La Chambre des députés est élue pour 5 ans et renouvelée intégralement (1). Elle a l'initiative des lois avec le Roi et le Sénat ; elle a le droit de mettre les ministres en accusation. Pas plus que les sénateurs, les députés ne touchent d'appointements (2).

---

(1) Il y a à la Chambre des députés italienne quatre fois plus d'avocats que dans la Chambre française. Aussi, le règlement stipule-t-il que chaque fois qu'un député prononce un discours, il ne peut parler plus d'un quart d'heure. Malgré cela, les débats sont toujours très longs, à cause de la faconde italienne.

(2) On a cherché à atténuer ce régime en leur donnant la gratuité

Les Chambres ont le droit de pétition. On leur reconnaît aussi le droit d'enquête et d'interpellation, bien que la Constitution soit muette sur ces deux points.

6° *Belgique.*

La Constitution belge est du 7 février 1831. Elle n'a jamais été révisée. Elle est monarchique et parlementaire.

Le pouvoir exécutif est exercé par le roi, le pouvoir législatif par le roi et les deux Chambres, le pouvoir judiciaire par des magistrats inamovibles.

La couronne est héréditaire en ligne directe et masculine. Le roi prête serment à la Constitution ; il est irresponsable. Il a le droit d'initiative et de sanction législatives ; il nomme les fonctionnaires et commande les armées de terre et de mer.

Les ministres nommés et révoqués par le roi sont responsables judiciairement et politiquement. Ils peuvent être mis en accusation par la Chambre pour crimes et délits commis, non seulement dans l'exercice, mais encore pendant la durée de leurs fonctions. Ils sont jugés par la Cour de cassation.

Le pouvoir législatif est exercé par deux Chambres, la *Chambre des députés* élue au suffrage plural pour quatre ans et le *Sénat*. Le nombre des membres du Sénat est égal à celui de la moitié des députés ; ils sont élus par le même corps électoral qui nomme les députés, mais pour une durée de huit ans, au lieu de quatre ; ils ne reçoivent pas de traitement.

Les lois de finances doivent être, en premier lieu, votées par la Chambre des députés.

---

des parcours en chemin de fer. On cite des députés qui n'ayant pas de ressources suffisantes, couchent dans les wagons de chemin de fer et se nourrissent à la buvette de la Chambre.

Les deux Chambres tiennent des séances publiques ; elles ont le droit d'interpellation et celui d'ordonner des enquêtes. La Belgique est le seul pays où existe une loi spéciale sur les enquêtes parlementaires. Cette loi reconnaît aux commissaires enquêteurs les mêmes pouvoirs qu'au juge d'instruction.

7° *Suisse*.

Au point de vue de la variété des races, la Suisse présente une certaine analogie avec l'Autriche-Hongrie (1).

Avant la Révolution française il y avait treize cantons indépendants qui n'avaient établi entre eux qu'un lien fédératif assez faible, plus onze cantons alliés ; mais il existait de graves divergences soit dans l'organisation intérieure de ces cantons, soit dans leurs rapports respectifs. Ceux-ci avaient une organisation *démocratique*, ceux-là une organisation *aristocratique*, d'autres une organisation *oligarchique*. Enfin, certains cantons, alliés avec d'autres, leur étaient en réalité assujettis.

En 1798, la France proclama la République helvétique une et indivisible ; ce fut la cause d'une véritable guerre civile. La paix fut rétablie en 1803 par *l'acte de médiation*, dû à Napoléon 1er, qui est un monument de sagesse. La Constitution unitaire disparut et fut remplacée par une nouvelle union fédérative, mais sans inégalités. En 1815, les grandes puissances proclamèrent la neutralité de la Suisse et donnèrent à ce pays une nouvelle Constitution qui, sous le nom de *pacte fédéral*, resserrait le lien fédératif. A ce moment, le nombre des cantons fut porté à vingt-deux dont plusieurs eurent et ont encore des subdivisions.

En 1846 et 1847, une guerre religieuse éclata en Suisse

(1) Le nom primitif de la Suisse est *Helvétie*. Le nom de Suisse vient du canton de *Schwitz* qui, au XIVe siècle se mit à la tête du mouvement insurrectionnel contre la maison de Habsbourg.

entre les cantons catholiques et les cantons protestants. Les premiers voulaient le maintien de la Confédération, les autres le renforcement du lien. Les protestants l'ayant emporté, on rédigea la Constitution du 12 septembre 1848 qui créa un *État fédéral* ; cette Constitution fut révisée le 29 mai 1874.

D'après la Constitution de 1874, chaque canton au point de vue intérieur, jouit d'un gouvernement et de lois propres ; il est souverain dans la limite où cette souveraineté n'est pas réduite par le pacte fédéral.

Au point de vue extérieur, les cantons ne forment qu'un seul État comprenant trois organes : 1° l'*Assemblée fédérale* composée de deux Conseils : *le Conseil des États et le Conseil national* ; 2° le *Conseil fédéral*, émanation de l'Assemblée fédérale à qui est dévolu le pouvoir exécutif ; 3° le *Tribunal fédéral* émanant aussi de l'Assemblée fédérale ; il statue sur les différends entre les cantons, entre la Confédération et les cantons, sur l'extradition et sur les conflits entre les particuliers ; c'est une Cour suprême.

Le *Conseil national* représente la population, à raison d'un député par 20.000 habitants. Le *Conseil des États* représente les cantons. Chaque canton a deux délégués. — L'électorat, pour les deux Conseils, appartient aux citoyens âgés de 20 ans, qui n'ont pas perdu leurs droits politiques, d'après la législation en vigueur dans chaque canton.

En principe, l'*Assemblée fédérale* délibère en deux assemblées séparées. Elle se réunit parfois en une seule, par exemple quand il s'agit d'élire les membres du Conseil fédéral, du *Tribunal fédéral*, le général en chef, ou quand il y a à statuer sur un conflit entre le *Tribunal fédéral* et *le Conseil fédéral*. Dans les autres cas, les deux Conseils siègent séparément et ont un égal droit de contrôle sur le pouvoir exécutif.

En matière législative, les deux Conseils ont des droits égaux, mais restreints par le *referendum facultatif* dont nous avons parlé précédemment (1). La loi doit toujours être votée par les deux Conseils.

Le pouvoir exécutif, avons-nous dit, appartient au *Conseil fédéral*. Il se compose de sept membres élus pour trois ans par l'Assemblée fédérale. Le Conseil fédéral choisit dans son sein son président et son vice-président. Le président est nommé pour un an et non rééligible l'année suivante. Chaque membre du conseil est placé à la tête d'un ministère.

Le Conseil fédéral n'a, en réalité qu'une situation un peu inférieure. Il est toujours permis d'appeler de ces décisions devant l'Assemblée fédérale ; son pouvoir le plus important consiste dans un droit de contrôle sur les cantons.

Le *Tribunal fédéral*, a été créé en 1848, comme organe permanent. Il est composé de neuf membres titulaires et de neuf membres élus par l'Assemblée fédérale pour une durée de six ans (2). Les délibérations sont publiques ; un traitement payé par la caisse fédérale est alloué à ses membres.

Nous n'examinerons pas les constitutions cantonales. Disons seulement que ces constitutions sont obligatoirement républicaines ; elles peuvent être *représentatives* ou *démocratiques*. Partout le peuple est souverain. Dans les cantons démocratiques, le peuple est appelé à voter directement les lois (3).

(1) Voir page 59. Le referendum s'est montré en Suisse très conservateur ; il a été, en général, hostile à presque toutes les réformes ; il a presque constamment fait triompher le *statu quo*.

(2) L'Assemblée fédérale doit nommer des représentants de toutes les langues. Il y a deux greffiers, l'un de langue allemande, l'autre de langue française ; l'un d'eux doit connaître l'italien.

(3) Voir page 58.

APERÇU GÉNÉRAL DES CONSTITUTIONS ÉTRANGÈRES

Nota. — *Nous n'entrerons pas, en ce qui concerne les autres États, dans l'examen de leurs Constitutions. Contentons-nous d'un aperçu, pour quelques-uns d'entre eux.*

Aux *Pays-Bas*, la Constitution en vigueur est du 30 novembre 1887. Le pouvoir exécutif a, dans ce pays, la forme monarchique. Il existe deux Chambres qui portent le nom d'*États Généraux*. Les juges sont inamovibles ; une Cour souveraine est placée au sommet de l'échelle judiciaire.

En *Espagne*, la Constitution est du 30 juin 1876. Le roi a le pouvoir exécutif ; ses ministres sont responsables. Le pouvoir législatif appartient aux *Cortès* concurremment avec le roi. Les Cortès forment deux assemblées : le *Sénat* et le *Congrès*. La justice est rendue au nom du roi ; le pouvoir judiciaire est indépendant, les juges sont inamovibles.

Au *Portugal*, la Constitution est une charte octroyée par don Pedro le 29 avril 1826, supprimée et rétablie deux fois, puis modifiée en 1878 et 1883. On distingue, dans ce pays quatre pouvoirs : les pouvoirs *législatif, exécutif, modérateur et judiciaire*. Il y a deux Chambres. Le pouvoir exécutif appartient au roi par l'intermédiaire des ministres : le roi a également le pouvoir modérateur par l'exercice du droit de sanction. Le pouvoir judiciaire est indépendant. Il existe des jurés *élus*, des juges inamovibles, une Cour suprême.

Au *Danemark*, le gouvernement est une monarchie héréditaire. Le pouvoir législatif est partagé entre le roi et les deux Chambres. Le pouvoir exécutif appartient au roi qui a des ministres responsables, passibles de poursuites devant une Haute-Cour de justice.

La *Suède* est régie par une Constitution de 1809 plusieurs

fois modifiée et complétée. La royauté est héréditaire, ses attributions sont limitées. Le Parlement est divisé en deux Chambres ayant les mêmes droits et la même compétence. Il y a une Haute-Cour pour juger les ministres et les conseillers.

En *Norwège*, la Constitution est du 4 novembre 1814 ; ella a été modifiée 19 fois. Ce pays est uni à la Suède par une union réelle. Le monarque est commun aux deux Etats ; c'est toujours le roi de Suède. Le Parlement forme une seule Chambre, le *Storthing*.

CHAPITRE II

LES CONSTITUTIONS FRANÇAISES DEPUIS 1815

Nous avons examiné dans nos *Eléments d'histoire du droit* les Constitutions de la Révolution et de l'Empire (1). Nous allons exposer maintenant, dans leurs traits généraux, les Constitutions qui se sont succédé en France depuis 1815 jusqu'à la chute du second Empire. Nous ferons connaître ensuite les événements accomplis depuis cette époque jusqu'à la rédaction de nos trois lois constitutionnelles de 1875, avec la genèse de ces trois lois.

1° *Charte constitutionnelle de 1814.*

Aussitôt après l'entrée des troupes alliées dans Paris, le 31 mars 1814, le Sénat, sur la convocation de Talleyrand, nomma un *gouvernement provisoire de cinq membres* chargé de rédiger une constitution (1er avril 1814), puis, le 3 avril, vota la déchéance de Napoléon et de sa dynastie, sous prétexte de violations nombreuses de la Constitution (2). Le Corps législatif ratifia ce vote le même

---

(1) Pages 305 et suivantes.
(2) Le Sénat était cependant composé d'hommes dont l'Empereur avait fait la fortune et qui n'avaient pas eu assez de bassesses envers lui. C'est ainsi que les sénateurs avaient approuvé ou toléré toutes les violations de la Constitution dont ils lui firent un grief à l'heure de sa chute. C'est l'éternelle histoire de la lâcheté humaine. Sous le second Empire ceux qui criaient le plus fort : Vive l'Empereur ! ont été les premiers à crier à pleins poumons : Vive la République ! Et si demain la roue tournait, soyez sûr que nous verrions

jour et l'Empereur abdiqua le lendemain, d'abord sous conditions, puis, le 11 avril, purement et simplement. Un traité lui assurait une liste civile et la souveraineté dérisoire de l'île d'Elbe.

Le gouvernement provisoire avait préparé avec le concours du Sénat un projet de Constitution dans lequel les sénateurs, malgré leur discrédit, s'étaient attribué la part du lion. Le Corps législatif y avait ensuite adhéré. Mais Louis XVIII que le Sénat venait d'appeler au trône repoussa cette œuvre égoïste (1), par la déclaration de St-Ouen et, sous l'influence d'Alexandre Ier, Empereur de Russie, le plus généreux de nos ennemis, *octroya* à la France, dans la séance d'ouverture du Corps législatif, la Charte constitutionnelle du 14 juin 1814, datée de la *19e année de son règne*.

La Charte fut précédée d'un *préambule* fameux dans lequel le roi proclamait, avec des atténuations de fait, la théorie du droit divin.

Voici les principales dispositions de la Charte de 1814 : Le roi est inviolable et sacré. Il a le pouvoir exécutif, commande les armées, déclare la guerre, fait les traités, nomme à tous les emplois ; il *propose les lois* ; *il a seul l'initiative* sur ce point (2). Il sanctionne les lois et les promulgue. L'article 14 décide qu'il pourra rendre les ordonnances nécessaires pour l'exécution des lois *et la*

---

les plus farouches républicains s'atteler les premiers au char de César. A notre connaissance certains ont déjà fait des offres de service.

(1) Les sénateurs devaient être nommés par le roi, mais leur charge était héréditaire, les sénateurs en fonctions faisaient de plein droit partie du Sénat nouveau, ils conservaient leur dotation de 100.000 francs. Si l'un des postes devenait vacant, les autres sénateurs se partageaient l'émolument du défunt. On railla cette constitution qu'on appela plaisamment une *constitution de rentes*.

(2) Les Chambres ont seulement le droit de demander, par une adresse, que telle ou telle loi soit proposée.

sûreté de l'Etat. L'application abusive de cet article fut la cause de la Révolution de 1830.

Les ministres peuvent appartenir à l'une ou à l'autre Chambre, *ils ont l'accès des Chambres* et ont le droit d'y prendre la parole. Ils sont *responsables.* En cas de trahison ou de concussion, ils sont mis en accusation par la Chambre des députés et jugés par la Chambre des pairs. Nous trouvons, dans ces dispositions relatives aux ministres, les *premières applications en France du régime parlementaire.*

Il existe deux Assemblées : *la Chambre des pairs* et *la Chambre des députés. La Chambre des pairs* participe à la discussion et au vote des lois avec l'autre Chambre. Mais, elle a, en outre, des attributions spéciales ; ainsi, elle juge les crimes de haute trahison et les attentats à la sûreté de l'Etat. Ses délibérations sont toujours secrètes. Les pairs sont nommés par le roi à titre viager ou héréditaire ; leur nombre n'est pas limité.

La Chambre des députés siège publiquement. Elle discute les projets de loi qui lui sont soumis par le roi ; mais elle ne peut les amender que dans le cas où l'amendement a été préalablement adopté par le gouvernement. Elle reçoit la première les *lois d'impôts.*

Les députés sont nommés pour cinq ans et renouvelés annuellement par cinquième. Le suffrage est restreint, comme nous l'avons vu plus haut (1).

Le roi nomme et institue les *juges* ; ceux-ci sont *inamovibles*, à l'exception des juges de paix.

La Charte renfermait un certain nombre de dispositions libérales : Elle proclame la liberté des cultes, en ajoutant, il est vrai que la religion catholique est la religion d'Etat. Elle proclame aussi la liberté de la presse, à la condition de se conformer aux lois qui en répriment les abus. Elle garantit les acheteurs des biens nationaux contre toute revendication.

(1) Page 74.

La Charte fut bien accueillie. Mais, les difficultés surgirent bientôt, la royauté commit des fautes graves ; le mécontentement devint général et facilita le retour de Napoléon Ier.

Le 20 mars 1815 au soir, l'Empereur rentra à Paris et s'installa aux Tuileries que Louis XVIII venait de quitter hâtivement pour se rendre dans le Nord, et de là à Gand. Comprenant les fautes commises par le roi, Napoléon fit appeler Benjamin Constant, lui exposa ses idées et lui demanda de lui préparer une Constitution aussi libérale que possible.

2° *Acte additionnel aux Constitutions de l'Empire.*

La Constitution préparée par Benjamin Constant fut appelée par Napoléon « Acte additionnel aux Constitutions de l'Empire ». L'Empereur commettait ainsi la même erreur qu'avait commise Louis XVIII en datant sa Charte de la 19e année de son règne. C'était le moyen de s'aliéner le parti libéral. En réalité, cet acte additionnel n'était autre chose que la Charte très heureusement modifiée.

L'Empereur exerce le pouvoir législatif avec deux Chambres, *la Chambre des pairs* dont les membres en nombre illimité sont héréditaires, et *la Chambre des représentants* comprenant 629 membres élus par le peuple, avec renouvellement intégral tous les cinq ans.

Les *ministres* sont pris parmi les membres des deux Chambres ; ils ont l'accès des deux assemblées. Ils doivent contresigner tous les actes du gouvernement.

Les Chambres siègent simultanément : leurs séances sont publiques. L'Empereur propose les lois ; les amendements doivent être soumis au préalable à son approbation. Par un commun accord, les Chambres peuvent solliciter une loi sur un objet déterminé et en indiquer le contenu désirable.

La Chambre des représentants reçoit la première les projets de lois relatifs aux finances.

Les juges sont inamovibles, sauf les juges de paix et les juges de commerce. Le droit de faire grâce et d'accorder les amnisties appartient à l'Empereur.

L'Acte additionnel supprima la clause relative à la *religion d'État* et promit de modifier l'article 75 de la Constitution de l'an VIII qui protégeait les fonctionnaires contre les poursuites des particuliers.

Un plébiscite du 1ᵉʳ juillet 1815 ratifia l'Acte additionnel.

L'âge d'éligibilité des députés avait été abaissé de 40 ans à 25 ans. Aussi, la Chambre qui fut élue, comprit-elle des hommes nouveaux imbus d'idées libérales.

Pendant les quelques jours où elle siégea, elle n'eût d'autres préoccupations que de procéder à la révision de l'*Acte additionnel*.

Après Waterloo, Napoléon abdiqua pour la seconde fois le 22 juin 1815. Louis XVIII remonta sur le trône, malgré l'opposition de la Chambre qui, par crainte des Bourbons, avait proclamé Empereur Napoléon II. La Chambre fut dissoute et de nouvelles élections eurent lieu.

Louis XVIII s'efforça alors, sans désavouer la Charte, de l'appliquer dans un esprit libéral.

Nous laisserons de côté les événements politiques accomplis de 1815 à 1830.

3° *Charte constitutionnelle du 14 août* 1830.

Charles X n'avait pas la souplesse et la modération de son frère. En 1824, il irrita l'opinion publique par le choix de M. de Polignac comme ministre. La Chambre des députés lui envoya, le 16 mars 1830, une adresse rappelant énergiquement les principes du régime représentatif et parlementaire. Elle fut dissoute le 16 mai et réélue. Charles X prit alors une mesure extrême. S'appuyant sur l'article 14 de la Charte, il signa, en conseil des ministres, *quatre ordonnances* qui allaient amener une nouvelle révolution.

La première suspendait la liberté de la *presse* ; la seconde déclarait la nouvelle *Chambre dissoute* ; la troisième changeait le *système électoral*, elle le restreignait en excluant les patentés, c'est-à-dire les commerçants et portait atteinte à la liberté des votes ; la quatrième convoquait les *collèges électoraux* pour le 13 septembre, et la nouvelle Chambre pour le 28 du même mois.

Après les trois journés révolutionnaires des 27, 28 et 29 juillet 1830, Charles X abdiqua et s'embarqua à Cherbourg pour un nouvel et dernier exil. La Chambre des députés, refusant d'accepter l'abdication du roi en faveur de son petit-fils le duc de Bordeaux, déclara la couronne vacante en fait et en droit, et appela au trône Louis-Philippe duc d'Orléans, avec le titre de *roi des Français*, et sous l'obligation de prêter serment à la Charte révisée.

La Charte constitutionnelle du 14 août 1830 est un remaniement de celle de 1814. Le préambule disparaît. L'idée nouvelle de la Charte en effet, est la substitution du principe de la *souveraineté nationale* au principe du droit divin. L'*initiative* des lois est désormais *partagée* entre le roi et les deux Chambres. L'article 14 est modifié : le roi conserve le pouvoir réglementaire, mais ne peut plus suspendre les lois, ni dispenser de leur exécution. La Chambre des députés se renouvelle intégralement tous les cinq ans, les *séances de la Chambre des pairs deviennent publiques* ; les cas de responsabilité criminelle des ministres ne sont plus limités.

Les conditions de l'électorat et de l'éligibilité à la Chambre des députés étaient renvoyées à une loi spéciale ; ce fût celle du 14 avril 1831 dont nous avons parlé précédemment et qui abaissait le cens ainsi que l'âge de la majorité politique

La campagne menée en faveur de l'augmentation du nombre des électeurs par un nouvel abaissement du cens et l'adjonction des capacités, le refus obstiné de Louis-Philippe de donner sur ce point satisfaction à l'opinion publique, d'autres causes encore, amenèrent la Révolution de février 1848 (1).

4° *Constitution républicaine du 4 novembre* 1848.

Dans la journée du 24 février 1848, Lamartine demanda la création d'un gouvernement provisoire malgré l'abdication faite par Louis-Philippe en faveur de son petit-fils, le comte de Paris. La Chambre des députés envahie par l'émeute nomma le *gouvernement provisoire* avec mandat de consulter la nation. Aussitôt créé, ce gouvernement prononça la dissolution des Chambres et proclama la République, sous la réserve de la ratification du peuple.

Le 5 mars une *Assemblée constituante* fut convoquée ; elle se réunit le 4 mai et, à son tour, proclama la République. La *Constitution* qu'elle élabora fut *votée le 4 novembre*. Ses dispositions essentielles sont les suivantes :

La souveraineté inaliénable et imprescriptible réside dans l'universalité des citoyens.

Le *pouvoir exécutif* est confié à un président élu pour quatre ans au suffrage universel direct. Le président n'est rééligible qu'après un intervalle de quatre années. Il a l'*initiative des lois*, il les *promulgue* ; il ne peut ni faire la *guerre*, ni signer un *traité* sans l'assentiment

---

(1) La Révolution de 1848 fut, avant tout, une révolution sociale. Pendant la monarchie de Juillet, sous l'influence du développement économique et de l'instruction, une nouvelle couche d'hommes s'était formée. Les grèves étaient alors trop sévèrement réprimées et la législation ouvrière était en retard. L'extension réclamée du droit de suffrage tendait vers l'admission du suffrage universel.

préalable de l'Assemblée. Il ne peut faire *grâce* qu'après un avis du Conseil d'Etat ; une loi est nécessaire pour l'*amnistie*. Il nomme et révoque les *ministres*. Ces derniers ont entrée à l'Assemblée et peuvent y prendre la parole (1).

Il y a un vice-président nommé par l'Assemblée entre 3 candidats proposés par le président ; il remplace ce dernier en cas d'empêchement.

Le pouvoir législatif appartient à une *assemblée unique* de 750 membres, nommée pour trois ans et renouvelable intégralement, l'Assemblée tient des séances publiques, mais peut se former en comité secret. Le Président de la République ne peut pas la dissoudre. Chaque député a l'initiative des lois.

L'Assemblée nationale nomme les membres d'un *Conseil d'Etat* qui doit être consulté sur certains projets de lois du Gouvernement et sur les propositions d'initiative parlementaire que lui renvoie l'Assemblée. La présidence du Conseil d'Etat appartient au vice-président de la République.

Le Président de la République nomme les juges. Ils sont inamovibles, à l'exception des juges de paix.

Les délits commis par le Président de la République et par les ministres, les attentats contre la sûreté de l'État, sont déférés par l'Assemblée à une *Haute Cour de justice* comprenant : 1° cinq juges élus annuellement par la Cour de cassation dans son sein et deux suppléants ; 2° trente-six jurés et quatre suppléants tirés au sort sur une liste formée de conseillers généraux non députés, tirés eux-mêmes au sort, à raison d'un conseiller général par département. La révision de la Constitution ne peut avoir lieu qu'à la suite d'un vœu émis trois fois à un mois d'intervalle, à la majorité des *trois quarts* des voix

---

(1) La responsabilité politique des ministres n'est l'objet d'aucune disposition dans la Constitution ; aussi peut-on dire que celle-ci n'a pas nettement établi le *régime parlementaire*.

au moins, sur un minimum de 500 votants, pendant la dernière année d'une législature (1).

Cette Constitution aboutit à un résultat inattendu, l'élection, à la date du 10 décembre 1848, de Louis-Napoléon Bonaparte, à la présidence de la République, contre Lamartine et Cavaignac. La masse de la nation était très pénétrée des souvenirs de l'Empire ; en outre, le parti libéral avait fait cause commune avec le parti bonapartiste ; enfin, beaucoup de monarchistes, en haine de la République, acceptaient Napoléon, à titre de transaction.

Nous avons vu que la Constitution de 1848 n'admettait la réélection du Président qu'après un intervalle de quatre ans. Pour assurer le maintien de Louis-Napoléon à la présidence, Léon Faucher, ministre de l'intérieur, encouragea les nombreuses pétitions qui eurent lieu en faveur de la révision (2). L'Assemblée se prononça, le 19 juillet 1851, pour la révision par 466 voix contre 278. Ce n'était pas assez, puisqu'il fallait une majorité des trois quarts.

L'élection de 1852 approchait. Pour augmenter sa popularité, Louis Napoléon demanda à l'Assemblée l'abrogation de la loi du 30 mai 1850 qui avait très sensiblement restreint le droit de suffrage (3). L'Assemblée repoussa cette proposition.

(1) On sait que le Gouvernement provisoire animé d'intentions excellentes, mais chimériques, avait admis le *droit au travail*, et pour fournir du travail aux ouvriers on avait dû organiser des *ateliers nationaux*. Ils furent supprimées bientôt brusquement par l'Assemblée constituante. Il en résulta l'insurrection socialiste de juin 1848. L'Assemblée décréta alors le *droit à l'assistance* (Art. 13 de la Constitution).
(2) On redoutait alors les progrès du socialisme et on comptait pour l'enrayer sur Louis-Napoléon.
(3) Le nombre des électeurs avait été réduit de trois millions. Cette loi avait exigé, pour l'électorat, que l'on eût trois ans de domicile et que l'on fût inscrit sur le rôle des contributions directes ;

Le 2 décembre 1851 au matin, les Parisiens virent, affichés sur les murs une proclamation ainsi conçue : « *La loi du 31 mai 1850 est abrogée, l'Assemblée est dissoute, le peuple est consulté.* »

Le 10 décembre un plébiscite donnait à Napoléon, par 7 millions de voix, pleins pouvoirs pour faire une nouvelle Constitution.

5° *Constitution du 14 janvier 1852.*

Rédigée en une nuit, la Constitution fut promulguée le 4 janvier 1852.

Louis-Napoléon Bonaparte est nommé Président pour dix ans. Il est *responsable devant le peuple* auquel il peut toujours faire appel. Il *commande l'armée*, déclare la *guerre*, signe les *traités*, nomme aux emplois, *a seul l'initiative des lois*. Il a le droit de *grâce*. Les *ministres* ne dépendent que de lui. Ils sont responsables devant lui seul de leurs actes individuels, sans solidarité entre eux. Le Sénat seul peut les mettre en accusation. Ils ne peuvent être membres du Corps législatif.

Il existe deux Chambres : le *Sénat* et le *Corps législatif*. Le Sénat comprend les cardinaux, les maréchaux, les amiraux et les sénateurs nommés par le Président. Ses séances ne sont pas publiques. Gardien du pacte fondamental et des libertés publiques, il a le droit de s'opposer à la promulgation des lois contraires à la Constitution, à la religion, à la liberté individuelle, etc. Les fonctions de sénateurs sont viagères et gratuites (1).

Le *Corps législatif* est formé à raison d'un député par 35.000 électeurs. Ses membres sont élus pour 6 ans au suffrage universel, sans scrutin de liste ; ils ne reçoivent

ce n'était plus le suffrage universel, mais un suffrage censitaire très étendu.

(1) Le chef de l'Etat peut cependant accorder à chaque sénateur une dotation de 30.000 francs au plus.

pas d'indemnité. Les séances du Corps législatif sont publiques. Cette Assemblée discute et vote les projets de loi et l'impôt. Elle ne peut discuter les amendements qu'après leur admission par le Conseil d'Etat.

Le *Conseil d'Etat* rédige les projets de lois et les règlements d'administration publique ; il résout les difficultés administratives.

La *Haute Cour de justice* juge, sur l'accusation du Président de la République, les attentats contre la sûreté de l'Etat et la personne même du Président.

Cette Haute Cour fut organisée par un sénatus-consulte du 10 juillet 1852. Elle se composa : 1° d'une *chambre d'accusation* et d'une *chambre de jugement*, formées chacune de cinq conseillers à la Cour de cassation nommés par le chef de l'Etat ; 2° d'un *haut jury* de 36 membres et de 4 suppléants tirés au sort sur une liste de conseillers généraux tirés eux-mêmes au sort, à raison d'un conseiller général par département.

Le 7 novembre 1852, à la suite de voyages effectués par le Président à travers la France, et de nombreuses pétitions, un sénatus-consulte rétablit la dignité impériale. Il fut approuvé par un plébiscite.

Très peu de temps après, un autre sénatus-consulte donna à l'Empereur le droit de grâce et d'amnistie, le droit de présider le Sénat, de faire seul des traités de commerce etc. (25 décembre 1852). L'omnipotence impépériale devenait complète.

Après la guerre d'Italie, un mouvement de réaction s'étant produit, sous l'impulsion de l'opinion publique, l'Empire entra dans la voie du *libéralisme*.

Un sénatus-consulte du 24 novembre 1860 donna aux deux Chambres le droit de discuter et de voter une adresse annuelle, créa des ministres sans portefeuille, véritables avocats du Gouvernement devant le Parlement (1), et autorisa dans une mesure restreinte la publicité des débats.

Un sénatus-consulte du 18 juillet 1866 accorda aux Chambres le *droit d'amendement, sans l'assentiment* préalable *du Conseil d'État*.

Après la défaite de l'Autriche à Sadowa (2), l'Empereur substitua au droit de discuter l'adresse, le *droit d'interpellation* dans l'une et l'autre Chambre. L'interpellation devait se terminer par l'ordre du jour pur et simple ou le renvoi au Gouvernement. Comme conséquence, les ministres eurent l'accès des Chambres (décret du 14 janvier 1867).

Les élections de 1869 envoyèrent à la Chambre 24 membres de l'opposition de gauche ; plus de la moitié des autres membres étaient des libéraux partisans du régime parlementaire. L'Empereur fut obligé d'en tenir compte. Par un sénatus-consulte du 8 septembre 1869, le Corps législatif obtint le *droit d'initiative des lois*, concurremment avec l'Empereur. Les deux Chambres purent, à la suite d'une interpellation, voter des *ordres du jour motivés*, etc.

Le 21 mars 1870, l'Empereur pria M. Emile Ollivier, qu'il avait appelé à la Présidence du Conseil des ministres, de lui présenter un sénatus-consulte qui, prenant pour base la Constitution de 1852, la compléterait par les modifications introduites depuis. Ce fut le sénatus-consulte du 28 avril 1870. Après avoir été adopté par

---

(1) Ils furent supprimés en 1863.
(2) Cette défaite obligeait l'Empereur à demander de gros sacrifices à la nation ; il était forcé de lui accorder des compensations en échange.

le Sénat, il fut soumis à la ratification populaire (1). La majorité fut de 7 millions de *oui* contre un million cinq cent soixante mille *non*.

La *nouvelle Constitution* fut *proclamée le 20 mai* 1870. Elle renfermait une sorte de contradiction : le rétablissement du régime parlementaire et la responsabilité de l'Empereur devant le peuple. Les ministres purent être membres des deux Chambres. Délibérant en Conseil sous la présidence de l'Empereur, ils devinrent responsables solidairement au point de vue politique. Les membres des deux Chambres eurent l'initiative des lois, concurremment avec l'Empereur. Le Sénat perdit ses attributions constituantes et devint une simple assemblée législative.

6° *Événements politiques depuis* 1870 *jusqu'en* 1875.

Avant d'aborder l'étude des lois constitutionnelles actuellement en vigueur, il convient de faire un historique sommaire des événements politiques accomplis de 1870 à 1875. Ces notions sont indispensables ; elles nous montrent la genèse assez laborieuse des 3 lois qui forment notre Constitution; elles nous en expliqueront l'esprit et le caractère.

Le 4 septembre 1870, deux jours après la bataille de Sedan, le Corps législatif fut envahi et contraint de se séparer Le soir même, les députés de la Seine proclamèrent la République à l'Hôtel-de-Ville et organisèrent un gouvernement provisoire. Huit jours après, une *délégation* fut créée pour organiser la résistance en province. Tant qu'ils restèrent en fonctions, le gouvernement et sa délégation exercèrent un véritable pouvoir dictatorial (2).

(1) Le texte soumis au peuple fut le suivant : « Le peuple approuve les réformes libérales apportées à la Constitution et ratifie le sénatus-consulte. »

(2) L'Assemblée nationale révisa les actes de ce gouvernemen

Le lendemain de l'armistice, le 29 janvier 1871, un décret convoqua les électeurs pour nommer une *Assemblée nationale*. Aux termes du décret, cette assemblée avait pour mission de décider sur la paix ou la continuation de la guerre.

L'Assemblée élue se réunit à Bordeaux le 13 février 1871. Quelles étaient ses attributions? *Avait-elle le pouvoir de faire une Constitution?* On a beaucoup discuté à cet égard. La fonction de l'Assemblée nationale n'était-elle pas limitée par le décret de convocation à la solution des difficultés soulevées par la guerre, et principalement à la conclusion de la paix? En fait, l'Assemblée se considéra comme dépositaire de l'autorité souveraine et le déclara expressément à plusieurs reprises (1). En droit, d'ailleurs, la chute de l'Empire ayant fait disparaître la Constitution; il n'existait aucune loi supérieure écrite qui limitât les pouvoirs de l'Assemblée. Cette Assemblée ne pouvait pas d'autre part, laisser la France dans le chaos (2).

Avant que l'on pût arriver à la rédaction définitive d'une Constitution, il y eut une situation provisoire qui passa par plusieurs phases successives.

La première séance de l'Assemblée nationale eut lieu le 12 février. Le 17, l'Assemblée nomma *chef du pouvoir exécutif de la République française* M. Thiers que sa résistance à la guerre avait rendu populaire et qui venait d'être élu par 27 départements. M. Thiers devait exercer ses fonctions *sous l'autorité de l'Assemblée nationale* (3).

provisoire ; elle en annula un certain nombre ; les autres acquirent force législative, définitivement.

(1) Par sa résolution du 17 février 1871, par la loi du 31 août suivant, par celle du 13 mars 1873.

(2) On a dit aussi pour justifier le rôle constituant que s'est attribué l'Assemblée nationale, qu'entre le pouvoir de faire une constitution et le pouvoir législatif ordinaire il n'y a pas de différence absolument fondamentale (Esmein, *loc. cit.*, p. 407 et Chénon à son cours).

(3) « M. Thiers est nommé chef du pouvoir exécutif de la Républi-

Il conservait, en même temps, sa fonction de membre de l'Assemblée, à raison de la précarité de son pouvoir.

La situation de M. Thiers n'avait rien de stable, il pouvait tomber à la suite d'un vote défavorable de l'Assemblée. On comprit la nécessité de créer une organisation moins incertaine. Le 12 août 1871, M. Rivet ami de M. Thiers, déposa à l'Assemblée une proposition ayant pour objet : 1° de confier au chef du pouvoir exécutif le titre plus précis de Président de la République ; 2° de proroger pour 3 ans les pouvoirs de M. Thiers; 3° d'établir le principe de la responsabilité ministérielle. M. Thiers devenait ainsi un président inamovible.

L'Assemblée nationale ne vota qu'une partie de la proposition Rivet. Par la *loi du 31 août* 1871, elle nomma M. Thiers *Président de la République française* ; mais, pensant qu'elle abdiquerait sa souveraineté en lui conférant l'inamovibilité pour 3 ans, elle rejeta cette partie de la proposition Rivet. L'article 3 déclara nettement la responsabilité du Président devant l'Assemblée. On admit pourtant aussi la responsabilité ministérielle. « Le conseil des ministres et les ministres, dit l'article 2, sont responsables devant l'Assemblée. Chacun des actes du Président de la République doit être contresigné par un ministre. » M. Thiers conservait son titre de membre de l'Assemblée. — C'est ce que l'on a appelé la *Constitution Rivet*.

L'état de choses antérieur, avec tous ses inconvénients, n'était guère modifié. En sa qualité de député, M. Thiers pouvait prendre part aux discussions souvent passionnées de l'Assemblée, ce qui était dangereux. Les ministres étaient sans doute responsables, mais le Président l'était également comme nous venons de le voir ; et,

que française ; il exercera ses fonctions sous l'autorité de l'Assemblée nationale, avec le concours des ministres qu'il aura choisis et qu'il présidera. »

cette responsabilité apparaissait naturellement en premier lieu, absorbant celle des ministres.

On ne tarda pas à se mettre de nouveau à l'œuvre, pour améliorer cet embryon informe de constitution.
Le mal avait deux causes, dit M. Esmein (1) : la responsabilité du Président de la République et son intervention personnelle dans les débats de l'Assemblée. Deux solutions se présentaient : supprimer la responsabilité du Président ou lui interdire de prendre la parole dans l'Assemblée. On ne s'arrêta pas à la première. Quant à la seconde, M. Thiers ne l'admettait pas, car il avait conscience de l'ascendant de sa parole sur la Chambre. L'Assemblée se contenta d'une disposition palliative.
La *loi du 13 mars* 1873 décida d'abord que le Président de la République communiquerait avec l'Assemblée par des messages qui seraient lus à la tribune par un ministre. Mais, le texte ajoutait : « *Il sera entendu* par l'Assemblée dans la discussion des lois *lorsqu'il le jugera nécessaire* et après l'avoir informée de son intention par un message. » En vue de prévenir tout conflit susceptible de surgir inopinément, la discussion devait être suspendue après la réception du message, et le Président ne devait être entendu que le lendemain. La *séance* devait être *levée après son discours* et la discussion n'était possible qu'à une séance ultérieure.
Le Président restait responsable, mais uniquement quand les questions soulevées se rattachaient à la politique générale du Gouvernement. Dans les autres cas, la responsabilité pesait sur les ministres. Ils pouvaient seuls être interpellés.
Pour compenser les restrictions apportées aux pouvoirs du Président, on lui donna un léger droit de *veto* en lui

---

(1) *Loco cit.*, p. 412.

permettant de demander, dans le délai de 3 jours, par un message motivé, une nouvelle délibération sur les lois votées par l'Assemblée.

M. Thiers avait le caractère un peu absolu ; il comptait beaucoup sur l'autorité dont il jouissait dans le pays et dans la Chambre. A plusieurs reprises, dans ses conflits avec l'Assemblée nationale, il l'avait menacée de donner sa démission. Le 24 *mai* 1873, à la suite d'une interpellation sur la politique générale du gouvernement, M. Thiers qui était intervenu en personne conformément à la nouvelle loi fut mis en minorité de 14 voix. Il donna aussitôt sa démission ; cette fois elle fut acceptée, et le jour même on le remplaça par *le maréchal de Mac-Mahon*.

A ce moment se produisit une *tentative de restauration de la monarchie*. L'union des deux branches s'était opérée lors de la visite faite au comte de Chambord le 5 août 1873, à Frohsdorf, par le comte de Paris. Mais le comte de Chambord, probablement peu soucieux d'accepter la couronne dans des circonstances aussi incertaines, voulut absolument conserver le *drapeau blanc*. La tentative de restauration n'eut pas de suite.

Le 5 novembre 1873, le général Changarnier saisit l'Assemblée d'une proposition ayant pour but de confier pour *dix ans* le pouvoir exécutif au maréchal de Mac-Mahon. En même temps, une *commission de trente membres* devait être *nommée pour l'examen des lois constitutionnelles*.

La commission à laquelle fut renvoyée cette proposition réduisit à *cinq ans* la durée des fonctions du maréchal. Les pouvoirs de ce dernier devaient s'exercer, dans les conditions existantes, jusqu'au vote des lois constitutionnelles. Le maréchal de Mac-Mahon trouva trop courte la durée de cinq ans ; il déclara, dans un message du 18 novembre, qu'après mûre réflexion, le délai de *sept ans* lui paraissait répondre suffisamment aux exigences de l'intérêt général, en même temps qu'il serait plus en rapport avec les forces qu'il pouvait consacrer à son pays.

Le 20 novembre 1873, l'Assemblée vota une loi confiant pour *sept ans* le pouvoir exécutif au maréchal de Mac-Mahon. Dans les trois jours de la promulgation de cette loi devait être nommée la *commission de trente membres* prévue par la proposition Changarnier.

La loi du 20 novembre 1873 créa donc le *septennat*. Elle avait un *véritable caractère constitutionnel* (1). Par conséquent, les lois constitutionnelles que l'Assemblée se proposait de voter ultérieurement ne pouvaient modifier cette disposition désormais acquise. Aussi, l'article 2 de la loi du 25 février 1875 l'a-t-il expressément confirmée (2).

La *commission des trente* fut *nommée à la fin de novembre et au commencement de décembre* 1873. Ses travaux durèrent quinze mois. On lui renvoya plusieurs projets : d'abord, un projet qui avait été déposé sous le gouvernement de M. Thiers, par M. Dufaure, le 19 mai 1873, puis, à la date du 19 juin 1874, une proposition de M. Casimir Périer *qui organisait* définitivement *la République*, enfin, d'autres propositions émanant de l'initiative parlementaire.

Le 29 juin 1875, l'Assemblée repoussa la proposition Casimir Périer, ainsi qu'un amendement de M. Laboulaye portant que le *gouvernement de la République* se composait de deux Chambres et d'un président.

Peu à peu, un courant se dessinait dans un sens répu-

---

(1) Cela résulte de la discussion. M. Waddington avait présenté un amendement ainsi conçu : « La disposition énoncée en l'article 1er (*le septennat*) prendra place dans les lois organiques et n'aura le caractère constitutionnel qu'après le vote de ces lois... Cet amendement fut repoussé.

(2) « *Le* président de la République est élu... Il est nommé pour sept ans. Il est rééligible. »

blicain, parmi les membres de l'Assemblée. Le 30 janvier 1875, M. Wallon présenta un amendement aux termes duquel *le Président de la République* serait nommé à la majorité absolue des suffrages par le Sénat et la Chambre des députés réunis en Assemblée nationale (1). C'était admettre définitivement la forme républicaine. L'amendement Wallon fut adopté par 353 voix contre 352.

L'Assemblée engagée dans cette voie alla jusqu'au bout. Le 25 *février* 1875, fut votée par 425 voix contre 254 la *loi relative à l'organisation des pouvoirs publics*. Le 28 février l'Assemblée vota une seconde loi, *relative à l'organisation du Sénat*.

Pour compléter ces deux lois qui présentaient de nombreuses lacunes, M. Dufaure présenta, au nom du gouvernement, le 18 mai 1875, un projet complémentaire. Il devint la *loi du 16 juillet 1875 sur les rapports des pouvoirs publics*.

Nos lois constitutionnelles ont été jusqu'à présent l'objet de *deux révisions*.

La première a été faite par la loi des 21-22 juin 1879. Cette *loi de révision constitutionnelle* a abrogé l'article 9 de la loi du 25 février 1875 qui fixait à *Versailles* le siège du pouvoir exécutif et des deux Chambres. La *loi ordinaire* des 22-23 juillet 1879 a décidé ensuite dans son article 1ᵉʳ que *le siège du pouvoir exécutif et des deux Chambres serait à Paris*.

La seconde révision a été effectuée par la loi du 14 août 1884. Cette loi modifie celle du 25 février 1875 sur plusieurs points : 1° Elle décide qu'en cas de *dissolution de la Chambre des députés* les collèges électoraux seront *réunis* pour de nouvelles élections dans le *délai de deux mois*, et la

---

(1) Cette disposition figure maintenant dans l'article 2 de la loi constitutionnelle du 25 février 1875.

Chambre dans les dix jours qui suivront la clôture des opérations électorales. L'ancien texte (le paragraphe 2 de l'art. 5 de la loi du 25 février 1875) employait une expression ambiguë : « les collèges électoraux seront *convoqués* », ce qui avait donné lieu en 1878, lors de la dissolution de la Chambre par le Maréchal de Mac-Mahon, à une discussion que nous retrouverons plus loin. En outre, le délai pour les nouvelles élections était auparavant de *trois mois* au lieu de *deux*. 2° *Elle enlève le caractère constitutionnel aux sept premiers articles de la loi du 24 février 1875 sur l'organisation du Sénat.* 3° *Elle supprime le paragraphe 3 de la loi du 16 juillet 1875 prescrivant des prières publiques* dans les églises et dans les temples lors de la rentrée des Chambres. 4° Elle déclare *inéligibles à la présidence de la République les membres des familles ayant régné sur la France.* 5° Elle proclame la perpétuité du Gouvernement républicain dans les termes suivants : « *La forme républicaine du Gouvernement ne peut faire l'objet d'une proposition de révision* (1). »

Réforme de notre Constitution. — Notre constitution, telle qu'elle résulte des lois que nous venons d'énumérer, est loin d'être parfaite. Les abus du régime actuel français ont donné lieu à un courant d'opinion en faveur d'une nouvelle révision.

Beaucoup de réformes ont été proposées : elles ne sont d'ailleurs pas toutes d'un ordre constitutionnel. Indiquons-les brièvement.

Le grand patriote, Paul Déroulède, ainsi que son vaillant ami, Marcel Habert et leurs nombreux partisans, moins nombreux toutefois que leurs admirateurs, demandent l'élection du Président de la République par le peuple.

---

(1) C'est une déclaration toute platonique. Le jour où il se rencontrera une majorité dans les deux Chambres pour changer la forme du Gouvernement, l'Assemblée nationale réunie commencera par abroger l'article dont il s'agit et le remplacera ensuite, très régulièrement, par la disposition que bon lui semblera.

C'est aussi le système de M. Georges Thiébaud : « Il faut, « dit-il dans l'*Eclair* du 21 février 1899, des amendements « sérieux à ce régime d'oppression, dans lequel quelques « douzaines d'affiliés à je ne sais quoi d'étranger et d'anti-« français s'arrogent le droit d'imposer à la nation un chef « qu'elle ne connaît même pas.

« Il faut revenir au *brenn*, au chef élu par la Gaule libre, « contre les hordes germaniques et les légions romaines. »

L'élection du Président par le peuple fortifierait évidemment l'autorité présidentielle. D'aucuns craignent toutefois qu'elle ne contienne en germe la dictature.

M. Charles Benoist demande l'élection du Président de la République par les conseils généraux.

Nous n'y voyons aucun inconvénient, mais nous nous demandons s'il y aurait sérieux avantage.

M. Benoist et M. de Marcère veulent aussi augmenter les pouvoirs du Président de la République. Rien de mieux, mais que les Présidents commencent par user des pouvoirs qu'ils tiennent de la Constitution actuelle. Qu'ils cessent de se considérer comme des machines à signer ou de simples personnages décoratifs.

Figurent également au programme de M. Benoist les articles suivants :

Le choix habituel des ministres hors des Chambres, en réservant à un seul d'entre eux, ministre d'Etat, *sans portefeuille*, le soin des relations avec les Chambres.

La participation plus grande du Conseil d'Etat dans la confection des lois.

La limitation stricte, mais non la destruction du parlementarisme.

L'institution d'une Cour suprême comme aux Etats-Unis, pour maintenir la séparation entre les pouvoirs et protéger les droits du citoyen contre la tyrannie de l'Etat.

M. Benoist ne s'en tient pas là ; il s'occupe de l'élection des sénateurs et des députés.

Dans un département où il y aurait trois sénateurs à élire, l'un serait nommé par et parmi les conseillers généraux, le second par et parmi les conseillers municipaux, le troisième par et parmi les unions sociales ou professionnelles : académies, universités, chambres de commerce, syndicats ouvriers, etc.

Pour la Chambre des députés, M. Benoist préconise les groupements professionnels qui seraient limités à 6 ou 7 avec la circonscription départementale pour base.

Chacun de ces groupes (agriculture, industrie, commerce, administration publique, professions libérales, propriétaires et rentiers) tirerait de lui-même son représentant : l'agriculture élisant un agriculteur, l'industrie un industriel, le commerce un commerçant, etc. (1)...

Toutes ces réformes paraissent excellentes, de nature à remédier dans une large mesure aux excès du parlementarisme dont nous mourons.

Ne pourrait on pas décider aussi que le principe de la solidarité ministérielle ne s'appliquera pas aux trois ministères de la guerre, de la marine et des affaires étrangères, qu'on nommera à ces trois postes les meilleurs et les plus compétents d'entre les Français, quelles que soient d'ailleurs leurs opinions, et qu'ils ne répondront devant les Chambres que des actes de leurs départements ?

Est-ce trop demander au patriotisme de nos représentants, que ceux qui ont la garde de nos frontières soient tenus en dehors des partis politiques qui se disputent le pouvoir ?

La question en vaut la peine, surtout en ce moment, car, comme le dit Drumont dans la *Libre Parole* du 7 février 1900 « l'axe de l'univers va changer. Des déplacements considé-

---

(1) L'avantage de cette organisation serait, d'après M. Benoist, d'assurer une représentation réelle du pays et d'établir une proportion plus exacte entre les divers éléments ou les diverses forces qui le composent et la représentation nationale, puisque les 5 millions d'électeurs qui vivent de *l'agriculture* auraient, avec ce système, 225 députés et non 38 seulement (comme en 1893) ; que les 4 millions d'électeurs vivant de *l'industrie* auraient 164 députés et non plus seulement 49 ; et que le million et demi d'électeurs vivant du *commerce* auraient 48 députés et non plus seulement une trentaine ; mais qu'en revanche, les 400.000 électeurs à peine, qui vivent de *professions* dites *libérales*, n'auraient plus ce chiffre abusif de 226 députés, avocats, médecins, professeurs, journalistes, etc..., lesquels, peu à peu, forment dans la nation une classe spéciale de politiciens.

« rables dans l'équilibre des forces de chaque nation se pré-
« parent... Vous allez assister à de nouveaux partages du
« monde... Tâchez de savoir avec qui vous êtes et ce que
« vous voulez. Ne vous endormez pas dans l'indifférence et
« l'inertie, car vous pourriez vous réveiller aux grondements
« de la foudre. »

A toutes ces réformes il faut en ajouter une, la plus difficile à réaliser : changer nos mœurs politiques. Obtenons
d'abord que tout le monde vote. Selon la remarque judicieuse
de M. J. Lemaitre, « ceux qui s'abstiennent le plus de voter,
ce sont, en général, des gens tranquilles, timides, honnêtes, de
braves gens. »

Leur intervention dans la mêlée des partis en modifierait
profondément le résultat.

Et pour faire sortir de leur abstention tous ces modérés,
tous ces timides, il faut créer des groupements, des associations autour desquelles la masse flottante viendra s'agglomé-
rer. Ce sont ces associations qui, le jour où elles auront conquis
le droit à l'existence, sauveront la France de la ruine à laquelle la conduisent les forces occultes de la franc-maçonnerie unie aux cosmopolites.

Et ne sont-ce pas ces forces occultes qui aujourd'hui imposent à notre gouvernement la politique des *bras croisés* alors
que craque de partout la puissance britannique ?

Est-il vrai à propos de la guerre sud-africaine que notre
ministre des affaires étrangères ait refusé de marcher de
concert avec la Russie et l'Allemagne ?

CHAPITRE III

ORGANISATION ACTUELLE DES POUVOIRS PUBLICS EN FRANCE

Nous étudierons successivement l'organisation en France des trois pouvoirs : le pouvoir *législatif*, le pouvoir *exécutif* et le pouvoir *judiciaire*.

SECTION I. — **Le pouvoir législatif.**

Nous avons vu qu'en France le pouvoir législatif s'exerce par deux assemblées : la Chambre des députés et le Sénat (1). Nous savons également que nos lois constitutionnelles ne peuvent être révisées que par les deux Chambres réunies en Assemblée nationale. — Dans l'examen des principes généraux, nous avons étudié l'électorat (2), l'éligibilité (3), les incompatibilités (4), les systèmes électoraux (5), le mode du scrutin (6), la question de la représentation des minorités (7).

Nous nous occuperons dans ce chapitre : 1° de la *composition* des deux Chambres ; 2° de leur *fonctionnement* ;

---

(1) Constitution. Loi du 25 février 1875, art. 1.
(2) Voir p. 64 et suivantes.
(3) Voir p. 78 et suivantes.
(4) Voir p. 83 et suivantes.
(5) Voir p. 86 et suivantes.
(6) Voir p. 88 et 89.
(7) Voir p. 89 et suivantes.

3° de leurs *attributions* ; 4° des *prérogatives de leurs membres* ; 5° de *l'Assemblée nationale*.

§ 1ᵉʳ. — Composition des deux Chambres.

1° *Composition de la Chambre des députés.*

Cette matière comprendra : 1° le *corps électoral*; 2° les *circonscriptions électorales* ; 3° la *procédure des élections* ; 4° la *durée du mandat des députés.*

Le corps électoral. — « La Chambre des députés est nommée par le suffrage universel, dans les conditions déterminées par la loi électorale. » C'est en ces termes que s'exprime l'article 1ᵉʳ, aliéna 2 de la loi constitutionnelle du 25 février 1875.

Les textes principaux qui déterminent les conditions requises pour être électeur sont le décret *organique* de 1852, le décret *réglementaire* de la même date, et la loi du 5 avril 1884 sur l'organisation municipale (1).

Il faut, pour être électeur, avoir la qualité de *Français*, *jouir des droits civils* et *politiques*, être âgé de *21 ans accomplis, ne pas être frappé d'une des causes d'incapacité* établies par la loi (2). Il faut, enfin, être inscrit sur la *liste électorale.*

Sont inscrits sur la liste électorale tous ceux qui remplissent les conditions générales que nous venons d'indiquer et qui, en outre, sont dans les *conditions spéciales* exigées *pour l'exercice des droits électoraux dans la commune.* Ces conditions sont les suivantes : Avoir un *domicile réel* dans la commune ou y *habiter depuis six mois*

---

(1) Il convient d'y ajouter la loi du 30 novembre 1875, article 22, celle du 29 juillet 1881, articles 28 et 63, du 27 juillet 1885, article 4, du 4 mars 1889 et du 15 juillet 1889, articles 69, 70, 71 et 73.

(2) C'est surtout le décret organique du 2 février 1875 qui énumère les cas d'incapacité. Voir aussi les textes cités dans la note précédente.

au moins, ou bien y *être inscrit*, soit *au rôle d'une des quatre contributions directes*, soit au rôle *des prestations en nature*; mais on doit, au cas de simple inscription au rôle des contributions ou des prestations, avoir déclaré son intention d'exercer ses droits électoraux dans la commune, lorsqu'on n'y a, ni domicile réel, ni résidence de 6 mois au moins.

Les personnes assujetties à une *résidence obligatoire*, c'est-à-dire les *fonctionnaires publics* et les *ministres des cultes reconnus*, sont inscrites sans qu'on exige d'elles une certaine durée d'habitation.

Les *militaires* et les *marins* absents de la commune pour l'accomplissement de leur service sont inscrits d'office. On inscrit aussi les *citoyens qui, ne remplissant pas les conditions d'âge ou de résidence lors de la formation des listes, les rempliront avant la clôture définitive.*

Quoique régulièrement inscrits, *les militaires et marins ne peuvent voter*, même s'ils se trouvent dans la commune le jour du vote, à moins qu'ils ne soient en congé régulier, en disponibilité, en non-activité, en résidence libre ou dans le cadre de réserve (Loi du 30 novembre 1875, art. 2).

Le droit de vote est suspendu pour les détenus, les accusés contumaces et les *aliénés internés*.

Les listes sont permanentes, mais elles sont l'objet d'une *révision* au commencement de chaque année. La révision a pour but d'inscrire les nouveaux électeurs et de rayer ceux qui ont perdu leur droit électoral ou ne peuvent plus l'exercer dans la commune.

Dans chaque commune, la liste annuelle est dressée par une *commission* comprenant : le *maire*, un *délégué du préfet*, un *délégué du conseil municipal* (1).

---

(1) A Paris, la liste doit être dressée dans chaque quartier par une commission composée du maire ou d'un adjoint, du conseiller mu-

Du 1er au 10 janvier, ont lieu les inscriptions d'office, par les soins de la commission.

Du 16 janvier au 4 février, les inscriptions ont lieu sur la demande de l'électeur, d'un tiers, du préfet ou du sous-préfet.

Les réclamations relatives à la radiation ou à l'inscription (1) sont jugées par la commission à laquelle s'adjoignent deux délégués du conseil municipal dans les départements ou deux électeurs de quartier à Paris.

Appel de la décision de la commission est ouvert devant le juge de paix. Le jugement de ce dernier est susceptible d'un recours en cassation.

C'est le *31 mars que la liste électorale* est close, sous la réserve : 1° des changements ordonnés ultérieurement par décision du juge de paix, 2° de radiations postérieures par suite de décès ou de condamnations entraînant privation des droits civils et politiques. *Les élections se font au moyen des listes arrêtées le 31 mars* (2).

La liste électorale est dressée par ordre alphabétique ; elle est déposée au secrétariat de la mairie où chacun peut en prendre communication et copie.

CIRCONSCRIPTIONS ÉLECTORALES. — L'article 14 de la loi organique du 30 novembre 1875 s'exprimait ainsi : « Les membres de la Chambre des députés sont élus au scrutin individuel. Chaque arrondissement administratif nommera un député... » Cet article consacrait donc le principe du scrutin uninominal. Il fut abrogé par la loi du 16 juillet 1885 qui rétablit le scrutin de liste. Mais, une nouvelle loi du 13 février 1889 remit en vigueur le scrutin uninominal.

nicipal élu dans le quartier et d'un électeur désigné par le préfet (loi du 7 juillet 1874, art. 1er).

(1) Tout citoyen a le droit de demander l'inscription ou la radiation d'un autre.

(2) Tous ces points sont réglés par le décret réglementaire du 2 février 1852.

Actuellement, chaque arrondissement administratif dans les départements, chaque arrondissement municipal à Paris et à Lyon forme une circonscription électorale et nomme un député (1).

Les arrondissements dont la population dépasse 100.000 habitants nomment un député de plus par 100.000 ou fraction de 100.000 habitants. Les arrondissements, dans ce cas, sont divisés en circonscriptions dont le tableau est établi par une loi et ne peut être modifié que par une loi (2). La loi qui a dressé le tableau servant aujourd'hui est celle du 13 février 1889.

L'arrondissement dont la population s'est, depuis le vote de la loi, suffisamment augmentée pour qu'il ait droit à deux représentants, ne peut réclamer deux députés et le partage en deux circonscriptions, que s'il a perdu dans le cours de la législature le député qui le représentait.

PROCÉDURE DES ÉLECTIONS. — Aux termes de l'article 1er, alinéa 2, de la loi constitutionnelle du 25 février 1875, la Chambre des députés est nommée par le *suffrage universel*, dans les conditions déterminées par la loi électorale.

Les collèges électoraux sont convoqués par un décret du chef de l'Etat (3). Il doit s'écouler un intervalle de vingt jours au moins entre la promulgation du décret et l'ouverture des collèges électoraux. La période électorale commence le jour même de la promulgation du décret.

Le vote a lieu au chef-lieu de la commune. Mais, les circonstances peuvent exiger la division de la commune en plusieurs sections. Ce sectionnement est fait par arrêté du préfet ; il a pour but de faciliter le vote. En dehors

---

(1) Loi de 1889, art. 2.
(2) Loi organique du 30 novembre 1875, art. 2 *in fine*.
(3) **Décret organ.** du 2 février 1852, art. 4.

du chiffre de la population, le préfet tient compte des raisons de distance et de température.

Dans chaque commune ou section, *un bureau doit être formé* pour assurer la régularité des votes. Le bureau doit être composé d'un président, de quatre assesseurs et d'un secrétaire. Ce sont les assesseurs qui choisissent ce dernier parmi les électeurs (1).

La *police* du collège ou de la section *appartient au président* seul. Les autorités civiles et militaires sont tenues de déférer à ses réquisitions (2).

Le collège électoral prononce provisoirement sur les difficultés concernant les opérations du collège ou de la section ; mais il ne peut se livrer à aucun débat politique (3). Ainsi, un de ses membres ne pourrait pas lire la proclamation de foi d'un candidat, une circulaire, une dépêche, etc. — C'est la *Chambre qui prononce définitivement* sur les difficultés électorales.

Chaque électeur doit voter en personne. Il établit son identité par la carte électorale que l'autorité municipale lui remet.

Le vote doit être secret (4). Chaque électeur prépare son

(1) Les *collèges électoraux et les sections* sont présidés par les maire, adjoints et conseillers municipaux de la commune ; à leur défaut, le maire désigne les présidents parmi les électeurs sachant lire et écrire. A Paris, les sections sont présidées dans chaque arrondissement par le maire, les adjoints ou les électeurs désignés par eux. Les assesseurs sont pris, suivant l'ordre du tableau, parmi les conseillers municipaux sachant lire et écrire ; à leur défaut, ce sont les deux plus âgés et les deux plus jeunes électeurs présents sachant lire et écrire. Il en est toujours ainsi, à Paris, dans chaque arrondissement (Décret réglem. du 2 février 1852, art. 12, 13 et 14). Trois membres du bureau au moins doivent être présents pendant tout le cours des opérations du collège (Décret du 2 février 1852, art. 15).

(2) Décret réglem. de 1852, art. 11.
(3) *Ibid.*, art. 10 et 16.
(4) Loi du 30 novembre 1875, art. 5, § 2.

bulletin *en dehors de la salle*. Le *papier* du bulletin doit être *blanc et sans signes extérieurs* (1) ; les bulletins ne doivent pas indiquer les *noms des votants* (2). Nous verrons (page 223) la sanction édictée en cas de violation de ces règles.

L'électeur remet son bulletin fermé au président du bureau. Celui-ci doit refuser tout bulletin non fermé.

Le secret du vote n'est qu'une conséquence de la *liberté du vote*. Cette liberté peut être atteinte par les agissements des candidats ou du gouvernement. La distribution d'argent par le candidat, des promesses de places ou de faveurs, des menaces de révocation concernant les fonctionnaires, sont des moyens qui vicient l'élection. En Angleterre, on prive de leurs droits électoraux les circonscriptions qui ont donné trop souvent prise à la *corruption électorale*.

L'élection serait également viciée par l'intervention du gouvernement sous forme de *candidature officielle*. Tous les agents, et ils sont nombreux, qui dépendent de l'Etat, sont, en cas de candidature officielle, obligés de faire de la propagande pour le candidat du ministère et de voter pour lui. Les autres électeurs subissent aussi plus ou moins l'influence gouvernementale, car la candidature officielle est ordinairement accompagnée de *pression administrative* (3).

---

(1) De nombreuses contestations surgissent au moment des élections sur ce point, car le papier n'a pas toujours une teinte parfaitement blanche. Pour empêcher qu'à la vue du bulletin on ne reconnaisse le nom du candidat pour lequel l'électeur se propose de voter, on a proposé plusieurs systèmes, notamment la fourniture d'un type déterminé remis par l'Etat (système usité en Belgique et dans plusieurs Etats américains), la fourniture d'une enveloppe fournie par l'Etat et qui recevrait le bulletin dans un abri où personne ne pourrait agir sur l'électeur. Ces propositions n'ont pas abouti.

(2) Décret réglem. de 1852, art. 30.

(3) Pour garantir la liberté de l'électeur contre les agissements

Le scrutin ne dure qu'un seul jour (1). Il reste ouvert depuis huit heures du matin jusqu'à six heures du soir. Mais, les opérations d'une commune ne doivent pas être annulées parce que le scrutin a été fermé avant l'heure légale, s'il est établi que les électeurs inscrits ont pu prendre part au vote (2).

De même, l'ouverture tardive du scrutin n'est pas une cause de nullité de l'élection, si le vote n'a pu commencer à l'heure légale, par suite du refus des électeurs de siéger comme assesseurs (3).

Si la majorité requise n'est obtenue au premier tour par aucun candidat, *les opérations sont continuées le deuxième dimanche suivant.* Comme le premier, le second tour de scrutin ne dure qu'un jour, il commence et finit à la même heure.

Après la clôture du scrutin, la boîte qui renferme les bulletins est ouverte et *le dépouillement a lieu publiquement.* Si le nombre des bulletins est plus grand que celui des votants constaté par les émargements, les commissions de recensement et à leur défaut la Chambre, retranchent *à chaque candidat* un nombre de suffrages égal au chiffre des voix excédantes.

Les bulletins *blancs, ceux qui ne contiennent pas une désignation suffisante* ou *dans lesquels les votants se font connaître* n'entrent pas en compte dans le résultat du scrutin (4).

Les bulletins portant des *signes extérieurs* ou écrits sur du *papier de couleur* entrent en compte pour la fixation

---

de l'administration, l'article 3 de la loi organique du 30 novembre 1875 interdit à tout agent de l'autorité publique ou municipale de distribuer des bulletins de vote, professions de foi ou circulaires des candidats.

(1) Loi organique du 30 novembre 1875, art. 4.
(2) E. Pierre, *loc. cit.*, p. 235.
(3) E. Pierre, *loc. cit.*, p. 235.
(4) Décret réglementaire du 2 février 1852, art. 30.

du chiffre des suffrages exprimés, mais ne profitent pas aux candidats dont ils portent le nom.

On annule les bulletins illisibles, mais *non* ceux qui portent le nom du candidat avec des *fautes d'impression ou d'orthographe*. On doit considérer comme *valables* les bulletins portant *plusieurs noms* (le premier seul compte), les bulletins *gommés*, c'est-à-dire sur lesquels le nom imprimé a été recouvert d'une bande collée portant un autre nom, les bulletins de vote imprimés au nom d'un candidat et modifiés par la *substitution à la main* du *nom d'un autre candidat*. C'est à ce dernier que le bulletin doit être attribué.

La loi du 17 juillet 1889 contre les CANDIDATURES MULTIPLES a créé un cas particulier de nullité, dont nous avons eu l'occasion de parler précédemment (page 82). Le paragraphe premier de l'article 5 de cette loi est ainsi conçu : « Les bulletins au nom d'un citoyen dont la candidature est posée en violation de la présente loi *n'entrent pas en compte dans le résultat du dépouillement.* » Cette disposition s'applique aux candidats qui n'ont pas fait la déclaration exigée par la loi, cinq jours au plus tard avant le jour du scrutin, et à ceux qui ont déjà fait une déclaration de candidature dans une autre circonscription. S'applique-t-elle également aux candidats inéligibles par suite d'une condamnation judiciaire? Cette thèse a été soutenue par le ministre de l'intérieur dans une circulaire aux préfets. Il en résulte que les bureaux électoraux et, après eux, les commissions de recensement peuvent proclamer élu un candidat éligible mais qui n'a réuni que la minorité des voix, la majorité étant donnée à un candidat inéligible.

Il est possible que cette façon de procéder soit conforme à l'intention des législateurs de 1889 ; mais, d'un côté elle méconnaît la volonté des électeurs dont la majorité a été hostile au candidat proclamé élu, d'un autre, elle est inconstitutionnelle, car elle viole l'article 10 de la loi constitutionnelle du 16 juillet 1875. Aux termes de cet article, chacune des Chambres est *juge* de l'éligibilité de ses membres. Comment la Chambre peut-elle décider sur l'éligibilité des candidats ayant obtenu le plus grand nombre de voix, si ces voix n'entrent pas en compte dans le résultat du scrutin, et si l'adversaire mis en minorité est proclamé élu? Régulièrement, le candidat ayant eu le plus de voix, que sa déclaration de candidature ait été faite ou non, qu'il soit ou non inéligible, doit être proclamé député par la commission de recensement, sauf à la Chambre à prononcer son invalidation par application de l'article 10 ci-dessus, s'il ne pouvait être élu. En ce cas, les électeurs sont convoqués pour procéder à une nouvelle élection.

Quelle est la majorité nécessaire pour être élu? Cette question est tranchée par l'article 5 de la loi du 16 juin 1885. Nul n'est élu au premier tour de scrutin s'il n'a réuni : 1° la *majorité absolue* des suffrages exprimés ; 2° un nombre de suffrages égal au *quart des électeurs inscrits*. La majorité absolue est la moitié plus un, s'il s'agit d'un nombre pair, et si le nombre est impair, on prend la moitié du chiffre qui précède immédiatement le total des suffrages exprimés, et on y ajoute une unité.

Si aucun candidat ne réunit les deux conditions requises, il y a lieu à un second tour de scrutin le deuxième dimanche suivant, comme nous l'avons vu (1). En ce cas, la majorité relative suffit, quel que soit le nombre des votants. Le candidat élu est celui qui a obtenu le chiffre

(1) C'est de cette façon qu'il a été procédé à l'égard du comte Dillon, condamné à la déportation en même temps que le général Boulanger, par le Sénat constitué en Haute Cour de justice.
Au contraire, dans le XVIIIe arrondissement de Paris les bulletins du général Boulanger ont été annulés par les bureaux électoraux et Joffrin qui n'avait qu'un nombre de voix assez restreint fut proclamé élu et fut validé par la Chambre.

de voix le plus élevé. Les électeurs peuvent, au second tour, porter valablement leur voix sur un citoyen qui n'était pas candidat au premier tour.

En cas d'égalité de suffrages le plus âgé est élu (1).

Le dépouillement des bulletins *est fait par le bureau* qui désigne, parmi les électeurs présents, un certain nombre de scrutateurs. Le bureau peut procéder lui-même, sans scrutateurs, dans les collèges ou sections où il s'est présenté moins de 300 votants.

Les bulletins blancs ou nuls, ceux des candidats qui ne se sont pas conformés aux prescriptions de la loi du 17 juillet 1889 sur les candidatures multiples, sont *annexés* au *procès-verbal* pour être soumis à la Chambre qui aura à se prononcer sur la validation ou l'invalidation de l'élu.

Après le dépouillement, *le résultat du scrutin est aussitôt rendu public.* Le président du bureau fait la proclamation, puis on brûle, en présence des électeurs, les bulletins autres que ceux qui doivent être annexés au procès-verbal.

Le procès-verbal des opérations électorales de chaque commune *est rédigé en deux exemplaires* par un secrétaire que le bureau désigne. L'un des exemplaires reste déposé au secrétariat de la mairie, l'autre est transmis au sous-préfet qui le fait parvenir au préfet du département. Ce second exemplaire est destiné au dossier de la Chambre des députés.

Les résultats de toutes les communes du département sont centralisés au chef-lieu de ce département où a lieu un *recensement général des votes* en séance publique. Il y est procédé, dans les départements par une *commission* composée de trois membres du conseil général, et à Paris, par

---

(1) Loi du 16 juin 1885, article 5, dernier alinéa.

une commission de cinq membres du conseil général. La commission vérifie les calculs des bureaux électoraux et en fait le total, elle examine les bulletins douteux annexés aux procès-verbaux et rectifie, s'il y a lieu, les décisions provisoires des bureaux. Le président proclame les résultats. La commission n'a pas à statuer sur l'éligibilité du candidat qui a obtenu la majorité. Ce droit n'appartient qu'à la Chambre seule. La commission doit proclamer élu, même un candidat frappé de condamnations emportant privation des droits civils et politiques (1).

Durée du mandat des députés. — *La durée des pouvoirs est fixée à quatre ans* par l'article 15 de la loi organique du 30 novembre 1875.

En général, les constitutions démocratiques donnent une courte durée aux pouvoirs de leurs représentants, par respect pour la volonté nationale (2). Au contraire, les constitutions monarchiques préfèrent une durée assez longue pour donner au travail législatif plus d'esprit de suite et aux députés plus d'expérience (3).

(1) Pierre, *loco cit.*, p. 256.
(2) La Législative fut nommée pour deux ans, la Constitution de 1793 fixait la durée de la législature à un an. La Constitution de l'an III décida que les deux conseils (le Conseil des Anciens et celui des Cinq-Cents) seraient l'un et l'autre élus pour trois ans. En Suisse, le Conseil national et le Conseil des Etats sont nommés pour 3 ans. Aux Etats-Unis, le mandat de la Chambre des représentants est de 2 ans.
(3) Sous l'empire de la Constitution de l'an VIII, sous les Chartes de 1814 et de 1830, la durée du mandat était de 5 ans. Le sénatus-consulte de l'an XII porta à 10 ans les pouvoirs des tribuns. D'après la Constitution du 14 janvier 1852, les membres du corps législatif étaient nommés pour 6 ans. En Angleterre, la durée est de 7 ans, pour la Chambre des Communes ; mais, en fait, cette durée ne s'accomplit jamais intégralement. La durée est également de 7 ans en Autriche. En Italie et en Espagne, 5 ans. Il en est de même maintenant en Allemagne, en Prusse et en Hongrie.

La durée de 4 ans semble tenir un juste milieu entre deux extrêmes.

La Chambre se renouvelle intégralement (1). En dehors du *renouvellement intégral*, il existe un autre système, celui du *renouvellement partiel*. Dans ce dernier cas, une portion seulement de l'Assemblée cesse ses fonctions ; les autres membres conservent leur siège jusqu'à une autre date, et ainsi de suite, à tour de rôle.

Les deux systèmes répondent chacun à une idée différente. Le renouvellement intégral semble mieux convenir à un Etat démocratique où l'Assemblée doit être toujours l'image de la nation. Il faut que l'orientation politique de la Chambre corresponde constamment à celle du pays pris dans son ensemble. Or, on ne peut atteindre ce but que par des élections *générales* suffisamment rapprochées.

Le renouvellement intégral a l'inconvénient de ne pas ménager les transitions ; il expose le pays à tous les inconvénients d'un revirement brusque dans la conception des devoirs du gouvernement et dans la direction des affaires publiques.

Le *renouvellement partiel* est fondé sur cette idée que l'Assemblée forme un être juridique perpétuel. Chaque renouvellement laisse subsister les pouvoirs d'une portion notable des membres de l'Assemblée. De cette manière, on assure plus de suite dans les travaux législatifs. Les anciens membres ont acquis, par la pratique, la capacité qui manque aux nouveaux ; ils modèrent l'ardeur inexpérimentée de ces derniers. Mais, par contre, les nouveaux viennent stimuler l'activité des anciens.

L'inconvénient de ce système est que les portions non soumises à la réélection peuvent être animées d'idées politiques en désaccord avec celles de la nation.

Dans un pays comme le nôtre qui possède deux Chambres, l'une représentant l'esprit d'initiative, l'autre l'esprit

---

(1) **Loi organique du 30 novembre 1875, art. 5, § 2.**

de conservation, le renouvellement intégral convient à la première, le renouvellement partiel à la seconde Nous verrons que notre Sénat se renouvelle partiellement. Notre Constitution a donc su appliquer judicieusement les deux systèmes (1).

Les fonctions législatives régulièrement conférées ne *peuvent se perdre que par l'option*, dans le cas d'incompatibilité, par *la démission* ou par *la déchéance légale*. La démission doit être signée du député. Le président ne devrait pas recevoir ni communiquer à la Chambre une démission conditionnelle. La démission signée en blanc et envoyée au président par un comité ne peut produire aucun effet. C'est une conséquence de la nullité du mandat impératif.

Lorsque, dans le cours de ses fonctions, *un député est frappé d'une condamnation qui entraîne la déchéance des droits politiques*, il ne perd pas ses pouvoirs de plein droit, la Chambre seule peut les lui enlever par un vote.

En cas de *décès, démission* ou autrement, l'élection doit être faite dans le délai de *trois mois* à partir du jour où la vacance s'est produite (2) ; mais il n'est pas pourvu aux vacances survenues dans les six mois qui précèdent le renouvellement intégral de la Chambre.

2° Composition du Sénat.

La composition du Sénat est réglée par la loi constitu-

---

(1) Le renouvellement intégral convient mieux, dit M. Chénon, à son Cours, au *pouvoir moteur* ; le renouvellement partiel au *pouvoir pondérateur*. Le renouvellement intégral est pratiqué pour la Chambre des députés en Angleterre, en Italie, en Suisse, dans l'Empire allemand, en Espagne, au Portugal, en Suède, en Norvège, au Danemarck. Le renouvellement partiel par moitié a lieu en Belgique, aux Pays-Bas, dans le royaume de Saxe et dans le grand-duché de Bade.

(2) Loi du 30 novembre 1875, art. 16.

tionnelle des 24-28 février 1875. Cette loi a été élaborée péniblement. Elle a été complétée par une loi organique du 2 août 1875 sur les élections des sénateurs. Les articles 1 à 7 de la loi constitutionnelle du 24 février 1875 ont été, depuis lors, déconstitutionnalisés par la loi de révision du 14 août 1884. La loi organique du 9 décembre 1884 les a remplacés.

Il convient de retracer brièvement l'historique de la loi constitutionnelle relative à l'organisation du Sénat.

Historique de l'organisation du Sénat. — Conformément à la loi du 13 mars 1873, qui décidait qu'une seconde Chambre serait créée, M. Dufaure présenta au nom de M. Thiers, le 19 mai 1873, un projet d'organisation du Sénat. Cette seconde assemblée devait être élue au suffrage universel direct; la durée des fonctions de ses membres était de dix ans. Les sénateurs ne devaient être pris que dans 15 catégories comprenant les personnes ayant exercé de hautes fonctions politiques, administratives, judiciaires, militaires ou ecclésiastiques. C'était, à peu près, le système adopté en 1830 pour la Chambre des pairs.

Après la chute de M. Thiers, le duc de Broglie déposa un autre projet le 15 mai 1874. Il différait sensiblement du premier. Le Sénat devait comprendre des membres de droit, des membres nommés par le chef de l'Etat dans huit catégories, des membres élus par des collèges électoraux particuliers composés de fonctionnaires et des plus imposés.

Ce projet fut adopté par la *commission des trente* dans ses grandes lignes. On fixa à 300 le nombre des sénateurs. A la discussion générale le projet fut repoussé, le projet Dufaure réapparut, et, le 11 février 1875, par surprise, on adopta le principe de l'élection. Le gouvernement déclara alors qu'il n'interviendrait pas dans la suite de la discussion; et l'Assemblée déclara de son côté, qu'elle ne passerait pas à une troisième délibération du projet.

Tout était donc à recommencer. Plusieurs propositions nouvelles furent déposées par des membres de l'Assemblée : des transactions intervinrent et l'on finit par voter la loi du 24 février 1875 qui créait deux catégories de sénateurs : les sénateurs *élus* et les sénateurs *à vie*.

ORGANISATION PRIMITIVE DU SÉNAT. SÉNATEURS ÉLUS ET SÉNATEURS A VIE. — Le Sénat se compose de 300 membres, dit l'article 1er de la loi constitutionnelle du 24 février 1875. Cet article ajoutait : « Deux cent vingt-cinq, *élus par les départements et les colonies*, et soixante-quinze *par l'Assemblée nationale* ». Les sénateurs élus par l'Assemblée étaient qualifiés par l'article 7 de *sénateurs inamovibles*. « En cas de vacance par décès, démission ou autre cause, disait cet article 7, il sera, dans les deux mois, pourvu au remplacement *par le Sénat lui-même*. »

La qualification d'*inamovibles* donnée par la loi aux sénateurs de cette deuxième catégorie était impropre. Il fallait dire *sénateurs à vie*, car les sénateurs élus par les départements et les colonies sont, eux aussi, inamovibles pendant la durée de leurs fonctions.

La nomination des premiers sénateurs à vie faite par l'Assemblée était une conséquence du pouvoir constituant qu'elle s'était reconnu. La question de savoir qui nommerait les nouveaux sénateurs à vie à élire en cas de décès, vacances ou démissions, a été vivement discutée ; les uns voulaient attribuer ce pouvoir à la Chambre des députés, considérée comme étant la représentation du peuple ; les autres voulaient donner ce droit au président de la République ; c'était un souvenir de la *création des pairs* par le monarque. Sur la proposition de M. Wallon, on décida de confier au Sénat lui-même le soin de recruter ses nouveaux membres à vie.

En établissant des *sénateurs à vie*, l'Assemblée nationale voulait faire entrer dans le Sénat des hommes distingués par leurs talents, dont le concours devait être précieux et qui auraient été peu disposés, par tempérament, à se présenter dans des circonscriptions électorales pour y solliciter un siège à la haute Assemblée. On voulait, en même temps, assurer la présence dans le Sénat d'un élément fixe, indépendant, et garantissant l'esprit de suite.

Les sénateurs des départements et des colonies (composant la première catégorie) sont *élus*, dit l'article 6 de la loi du 24 février 1875, « *pour neuf années et renouvelables par tiers tous les trois ans* »,

On a donc appliqué à cette catégorie de sénateurs le principe du *renouvellement partiel* (1).

Le collège électoral qui devait nommer les sénateurs des départements et des colonies comprenait : 1° les députés, 2° les conseillers généraux, 3° les conseillers d'arrondissement, 4° des délégués élus, un par chaque conseil municipal, parmi les électeurs de la commune (2). Le mode de scrutin devait être le *scrutin de liste* par département, toutes les fois qu'il devait y avoir plus d'un sénateur à nommer.

L'organisation du collège électoral donnait la *prépondérance aux communes rurales*. On avait voulu établir un *contrepoids à la loi du nombre* (3) et satisfaire les *intérêts conservateurs* dont le Sénat devait être le gardien (4).

En 1879, après la démission du maréchal de Mac-Mahon, le mode de composition du Sénat fut attaqué sur tous les

---

(1) Voir page 228.
(2) L. du 24 février 1875, art. 4.
(3) Rapport de M. Lefèvre-Pontalis, p. 170.
(4) Plusieurs membres de l'Assemblée avaient demandé la représentation des intérêts et des groupements corporatifs ; mais ces propositions ne furent pas admises.

points : on prétendait que l'institution des sénateurs à vie était en contradiction avec le principe de la souveraineté nationale et peu en harmonie avec une constitution démocratique ; on faisait observer que par l'égalité établie entre toutes les communes, on sacrifiait les villes aux campagnes ; enfin on critiquait le défaut de proportionnalité des sénateurs attribués aux différents départements.

Des propositions de révision furent émises ; le gouvernement s'y rallia. Les deux Chambres se réunirent en Assemblée nationale à Versailles et firent la *loi du 14 août 1884 portant révision partielle des lois constitutionnelles*. En ce qui concerne le Sénat, cette loi enleva simplement le caractère constitutionnel aux sept premiers articles de la loi du 24 février 1875. Il en résultait que les règles concernant l'organisation et l'élection du Sénat étaient soustraites à la constitution et n'avait plus désormais, comme celles de la Chambre des députés, que le caractère des lois ordinaires. Voilà pourquoi ce fut une loi ordinaire, celle *du 9 décembre* 1884, qui modifia celle du 24 février 1875.

ORGANISATION ACTUELLE DU SÉNAT. — La loi du 9 décembre 1884 actuellement en vigueur a supprimé les 75 sénateurs inamovibles nommés par le Sénat. Cette suppression n'a produit son effet que dans l'avenir ; les sénateurs à vie, en fonctions lors du vote de la loi, ont conservé leurs pouvoirs. *Il n'y aura plus* dans l'avenir *que des sénateurs élus* pour neuf ans par les départements et les colonies. Leur *nombre* reste *fixé à* 300 (1). Les 75 sièges de sénateurs à vie sont répartis entre les départements les plus peuplés (2). C'est ainsi que la Seine a droit maintenant à 10 sénateurs, le Nord à 8. Quinze départements ont cinq sénateurs, douze en ont quatre (etc.).

(1) Loi du 9 décembre 1884, art. 1er.
(2) *Ibid.*, art. 2.

Lorsqu'un siège de sénateur à vie devient vacant, le sort indique parmi les départements dont la représentation a été augmentée, celui qui devra procéder à l'élection du remplaçant.

Le *nombre des délégués sénatoriaux* n'est plus uniformément le même dans toutes les communes, petites ou grandes. Il *est désormais proportionnel au nombre des conseillers municipaux*, et ce nombre est lui-même proportionnel à celui de la population (1). Le Sénat n'est plus, comme par le passé, exclusivement la représentation des campagnes ; la prépondérance est désormais assurée aux centres urbains de moyenne importance (2).

La *convocation des collèges électoraux* chargés de l'élection des sénateurs est réglée par l'article 1er de la loi organique du 2 août 1875. Un décret du Président de la République rendu au moins six semaines à l'avance fixe le jour où doivent avoir lieu les élections, et en même temps celui où doivent être choisis les délégués des conseils municipaux. *Un intervalle d'un mois* au moins *doit s'écouler entre le choix des délégués et l'élection des sénateurs* (3). Les collèges électoraux doivent être réunis, autant que possible un jour férié ; ils s'assemblent au chef-lieu du département ou de la colonie, dans l'hôtel de la préfecture, ou au palais de justice.

---

(1) Les Conseils composés de 10 membres élisent un délégué, — de 12 membres, 2, — de 16 membres, 3, — de 21 membres, 6, — de 23 membres, 9, — de 27 membres, 12, — de 30 membres, 15, — de 32 membres, 18, — de 34 membres, 21, — de 36 membres et au-dessus, 24. — Le Conseil municipal de Paris élit 30 délégués.

(2) Duguit, *L'élection des sénateurs*, p. 42 ; Esmein, *loc. cit.*, p. 655.

(3) Ces délais sont indispensables. Ils sont souvent insuffisants à raison du temps que réclament la notification de l'élection des délégués et le jugement des protestations par les Conseils de préfecture. Pierre, *loco cit.*, p. 212.

Le *bureau du collège électoral est présidé par le Président du tribunal civil* du chef-lieu du département ou de la colonie (1). Le Président est assisté des deux plus âgés et des deux plus jeunes électeurs présents à l'ouverture de la séance. Le bureau ainsi composé choisit son secrétaire parmi les électeurs.

Le bureau statue sur toutes les difficultés et contestations qui peuvent s'élever au cours de l'élection, sans toutefois pouvoir s'écarter des décisions rendues par le Conseil de préfecture, en France, ou par le Conseil privé, aux colonies, sur les protestations relatives à l'élection des délégués (2).

Le scrutin ne dure qu'un seul jour, et toutes les opérations doivent être terminées dans la même journée. Le premier scrutin est ouvert à huit heures du matin et fermé à midi ; le second est ouvert à deux heures et fermé à cinq heures. Le troisième est ouvert à sept heures et fermé à dix (3). Nul n'est élu sénateur à l'un des deux premiers tours de scrutin s'il ne réunit : 1° la majorité absolue des suffrages exprimés ; 2° un nombre de voix égal au quart des électeurs inscrits. Au troisième tour de scrutin la majorité relative suffit, et, en cas d'égalité des suffrages, le plus âgé est élu.

Les résultats du scrutin sont recensés par le bureau du collège électoral, et proclamés immédiatement par le Président du collège (4).

(1) Il y a là un trait, dit M. Esmein, *loc. cit.*, p. 644, qui rappelle notre ancien droit : c'était toujours sur la convocation et sous la présidence du juge royal du chef-lieu de bailliage que se réunissaient les trois ordres pour élire les députés aux États généraux. Voir nos *Éléments d'histoire du droit*, 2e édition, p. 180.
(2) L. du 12 août 1875, art. 13.
(3) *Ibid.*, art. 14.
(4) Loi du 2 août 1875, art. 14, modifié par l'article 8 de la loi du 9 décembre 1884.

§ 2. — **Fonctionnement des deux Chambres.**

Les Chambres, pour pouvoir fonctionner doivent avoir un *lieu de réunion* ; il faut qu'*elles se constituent* et qu'elles aient un *règlement*.

1° *Lieux de réunion des deux Chambres.*

L'article 3 de la loi constitutionnelle du 25 février 1875 fixait le siège du pouvoir exécutif et des deux Chambres à Versailles. On redoutait les émeutes parisiennes ; on avait encore présent à l'esprit le souvenir de la Commune. On avait fait aussi observer qu'aux Etats-Unis le Congrès siégeait dans la petite ville de Washington. Mais, les bureaux des différents ministères étaient restés à Paris, ce qui obligeait les ministres à un perpétuel va et vient et, par suite, à une grande perte de temps.

Bientôt on pensa que les dangers redoutés n'étaient plus à craindre et l'on se préoccupa de ramener à Paris le siège des deux assemblées. Pour atteindre ce but, une *révision constitutionnelle* était nécessaire. Elle fut *faite le 21 juin* 1879 : ce fut son seul objet. Elle est la *première révision des lois constitutionnelles* de 1875. La loi du 21 juin 1879 déconstitutionnalisa l'article 9 ; puis, la loi ordinaire du 22 juillet 1879 décida que le siège du pouvoir exécutif et des deux Chambres serait à Paris (1). Pour protéger les deux Assemblées et le Président de la République contre le danger des émeutes, le législateur de 1879 prit deux précautions. En premier lieu, il donna aux présidents du Sénat et de la Chambre des députés le droit de requérir la force armée et l'intervention de toutes les autorités dont ils jugeraient le concours nécessaire, pour assurer la sûreté intérieure et extérieure

---

(1) Art. 1.
(2) Art. 5. Cet article continue en disant : « Les réquisitions peu

de l'Assemblée (2). En second lieu, il décida que toute *pétition* à l'une ou l'autre des Chambres ne pourrait être faite et présentée que par écrit. Il défendit d'en apporter « en personne ou à la barre ». Les pétionnaires défilant en nombre considérable à la barre de l'Assemblée auraient pu exercer une dangereuse pression morale sur l'esprit des représentants (1).

2° *Constitution des deux Chambres.*

VÉRIFICATION DES POUVOIRS DES MEMBRES DES DEUX CHAMBRES. — Les Chambres ne peuvent exercer leurs pouvoirs, délibérer et voter qu'après s'être *constituées* régulièrement. Elles se constituent par la *vérification des pouvoirs* de leurs membres et l'*élection des bureaux*. Il faut que les candidats nommés soient éligibles et les élec-

---

vent être adressées directement à tous officiers, commandants ou fonctionnaires qui sont tenus d'y obtempérer immédiatement sous les peines portées par les lois. Les présidents du Sénat et de la Chambre des députés peuvent déléguer leur droit de réquisition aux *questeurs* ou à l'un d'eux.

On a soutenu, non sans fondement, que la loi du 22 juillet 1879 en donnant aux présidents des deux Chambres le droit de requérir la force armée est inconstitutionnelle, car elle viole la loi constitutionnelle du 25 février 1875, art. 3, qui attribue au président de la République la disposition de la force armée. Qu'arriverait-il, dans le cas de conflit entre le chef de l'Etat et les présidents des deux Chambres, si les troupes recevaient un ordre de gouvernement et une réquisition des présidents ? Que deviendrait la discipline militaire ?

(1) « Toute infraction à l'article précédent, toute provocation par des discours proférés publiquement *ou par des écrits ou imprimés* affichés ou distribués, à un rassemblement sur la voie publique, ayant pour objet la discussion, la rédaction ou l'apport aux Chambres, ou à l'une d'elles, de pétitions, déclarations ou adressées — que la provocation ait été ou non suivie d'effet, — sera punie des peines édictées par le paragraphe 1er de l'article 5 de la loi du 7 juin 1848 (loi du 22 juillet 1879, art. 7).

D'après l'article 3 de la loi du 22 juillet 1879, les divers locaux du palais de Versailles actuellement occupés par le Sénat et la Chambre des députés conservent leur affectation. C'est une ressource extrême un cas d'insurrection à Paris.

tions régulières. « L'addition des bulletins dépouillés dans chaque section, le recensement général des votes, la proclamation des résultats du scrutin sont des opérations successives qui donnent à un candidat la *présomption* qu'il est élu. Elles ne suffisent pas à lui acquérir un mandat valable et *définitif*. Au-dessus des bureaux chargés de compter les bulletins et des commissions chargées de réunir tous les totaux partiels, il faut une autorité investie du droit de dire si la conscience des électeurs et les prescriptions de la loi ont été complètement respectées (1). »

Les assemblées politiques ont toujours revendiqué ce droit. C'est une arme contre le pouvoir exécutif, mais en même temps une atteinte portée au principe de la séparation des pouvoirs, un empiétement du pouvoir législatif sur le pouvoir judiciaire.

Chacune des Chambres, dit l'article 10 de la loi constitutionnelle du 16 juillet 1875 *est juge de l'éligibilité de ses membres et de la régularité de leur élection*. Le texte ajoute : elle seule peut recevoir leur *démission*. C'est, comme nous l'avons vu, une conséquence de l'interdiction du mandat impératif. On peut dire aussi, que par l'acceptation de son siège, le député a un devoir à remplir et qu'il ne peut y renoncer, sans l'assentiment de l'assemblée qui l'a admis parmi ses membres.

Les deux Chambres forment, en ce qui concerne la vérification des pouvoirs, un *jury souverain* (2). Ce système présente un danger sérieux : la majorité peut se laisser

---

(1) Pierre, *loco cit.*, p. 353.
(2) Mais, leurs décisions sur ce point n'ayant qu'une valeur exclusivement politique, n'ont pas l'autorité de la chose jugée ; elles ne s'imposent pas aux tribunaux, ainsi, elles ne pourraient ni conférer, ni enlever la qualité de Français, effacer ou créer une condamnation pénale. Dans la plupart des pays étrangers, comme en France, les assemblées vérifient les pouvoirs de leurs membres.

guider par ses passions politiques et invalider systématiquement les membres de l'opposition.

Le pouvoir de l'Assemblée ne va pas jusqu'à lui permettre de déclarer valablement élu un citoyen inéligible, soit par suite de condamnations judiciaires, soit par application de la loi du 17 juillet 1889 contre les candidatures multiples. L'assemblée est liée par les lois qui limitent l'exercice de la souveraineté (1).

Avant d'être discutés en séance publique, *les pouvoirs sont, au préalable, examinés dans les bureaux* (2). La supputation des chiffres, la vérification des pièces, l'audition des témoins, exigent le huis-clos d'une commission (3). Les bureaux examinent et rapportent d'abord les élections *non contestées*. Ils passent ensuite à l'examen des élections *contestées*, entendent les candidats proclamés élus, leurs concurrents, les tiers qui peuvent fournir des renseignements, réclament, s'il y a lieu, la communication de dossiers judiciaires, etc. ; puis arrêtent leurs conclusions.

Toute élection doit être l'objet d'un rapport déposé par le bureau en séance publique. Avant l'ouverture de la séance, le président de chaque bureau doit remettre au Président de la Chambre la liste des élections dont les

---

(1) Dans la séance du 19 novembre 1889, le comte Lemercier s'exprima ainsi au nom de la commission chargée du rapport sur l'élection du comte Dillon frappé par la Haute-Cour d'une condamnation à la déportation : « Nous sommes tenus à d'autant plus de respect pour la loi tant qu'elle existe, que, pouvoir législatif, nous pouvons la modifier d'accord avec le Sénat, lorsqu'elle nous paraît défectueuse ou incomplète. C'est à nous surtout, élus du suffrage universel, représentants du peuple, qu'il appartient de donner au pays l'exemple de la soumission aux lois et de la séparation des pouvoirs publics. »

En sens contraire, voir Pierre, *loco cit.*, p. 360.

(2) Nous définissons plus loin *les bureaux* qu'il ne faut pas confondre avec *le bureau* de chaque assemblée dont nous parlons, p. 240.

(3) Pierre, *loco cit.*, p. 367.

rapports sont prêts. Les rapports sont de droit à l'ordre du jour. Aussitôt après leur lecture, les Chambres délibèrent et statuent sur les *élections non contestées dans les bureaux*. Quant aux élections *contestées*, pour lesquelles les bureaux concluent à une invalidation, la discussion qu'elles provoquent n'a pas lieu aussitôt après la lecture du rapport; elle est renvoyée à une date ultérieure, car on veut laisser à l'élu le temps nécessaire à l'examen des pièces invoquées contre son élection.

L'Assemblée prononce la validation ou l'invalidation; elle peut aussi *ajourner* sa décision, et *ordonner une enquête*, soit sur la demande du bureau qui a jugé insuffisants les moyens d'investigation qu'il avait à sa disposition, soit sur l'initiative d'un de ses membres.

Un représentant ne peut exercer ses droits dans leur plénitude qu'après la validation de son élection. Quelle est la *situation d'un représentant non encore validé?* Le règlement de la Chambre des députés *interdit* aux membres qui se trouvent dans ce cas, *de déposer des propositions de lois* (1). Cette restriction n'existe pas dans le règlement du Sénat. Dans les règlements des deux Chambres, le représentant non validé peut prendre part à tous les votes, à moins qu'il ne soit *ajourné*.

Election du bureau de l'Assemblée. — Une Assemblée ne peut être constituée si elle n'a pas procédé à l'élection de son *bureau*. La Chambre des députés et le Sénat ne peuvent élire leur bureau définitif que si les pouvoirs de la majorité de ses membres ont été validés. Il en résulte que *les premières opérations d'une assemblée nouvellement élue doivent être dirigées par un* bureau provisoire. Ce bureau est composé soit de membres désignés par l'âge,

---

(1) Les incapacités étant de droit étroit, les députés non validés peuvent déposer des amendements.

soit de membres élus par leurs collègues (1). Il comprend un président, deux vice-présidents et six secrétaires. Ce bureau reste en fonctions jusqu'à ce que les pouvoirs de la moitié plus un des membres de la Chambre aient été vérifiés. Il est alors remplacé par le bureau définitif.

S'il ne s'agit pas d'une nouvelle législature, mais de la première séance d'une *nouvelle session*, le bureau *provisoire* se compose uniquement du *doyen d'âge* comme président *et des six plus jeunes* membres présents comme secrétaires.

Tant qu'il est en fonctions, le bureau provisoire a les mêmes pouvoirs et les mêmes prérogatives que le bureau définitif. Mais, il n'a pas d'autorité intérieure et n'exerce pas d'attributions administratives (2). Cette autorité et ces attributions restent aux mains du président et des questeurs sortant de charge, jusqu'à leur réélection ou leur remplacement.

Il n'y a jamais de nouvelle législature pour le Sénat, puisque ses membres ne sont pas soumis au renouvellement intégral. Aussi, n'existe-t-il habituellement qu'un bureau d'âge, à l'ouverture de chaque session. Le doyen d'âge préside le Sénat et les six plus jeunes remplissent les fonctions de secrétaires, jusqu'à la constitution du bureau définitif. Toutefois, en cas de renouvellement partiel triennal, le Sénat peut décider qu'il nommera un président et un vice-président *provisoires*.

---

(1) La première séance d'une nouvelle législature est présidée par le plus âgé des membres présents. Les six plus jeunes membres siègent au bureau en qualité de secrétaires. Le président d'âge fait procéder à l'élection du bureau provisoire.

(2) E. Pierre, *loc. cit.*, p. 395. — Ainsi, le bureau provisoire n'a pas à juger les réclamations des membres de l'Assemblée inscrits au *Journal officiel* comme absents sans congé, à déterminer les attributions respectives des officiers et agents de l'Assemblée, à les nommer, à fixer le taux de leurs traitements, etc.

Le BUREAU DÉFINITIF de chacune des deux Chambres *est élu chaque année pour la durée de la session et pour toute session extraordinaire* qui aurait lieu avant la session ordinaire de l'année suivante (1). La composition n'en est réglée ni par la constitution, ni par la loi, mais uniquement par le règlement de chaque Assemblée.

Le bureau comprend : 1° un *président* qui dirige les débats, reçoit les propositions, les projets de loi, les pétitions (etc.) ; 2° *quatre vice-présidents* qui suppléent le président empêché ; 3° *huit secrétaires* qui surveillent la rédaction du procès-verbal de chaque séance et en donnent lecture au début de la séance suivante (2) ; 4° *trois questeurs* chargés de la comptabilité et des services administratifs intéressant l'Assemblée. Le bureau nomme les employés au service de l'Assemblée.

Ce droit pour les Chambres de nommer leur bureau est considéré comme très important et comme étant un indice d'institutions libérales. En effet, les présidents des deux Chambres deviennent des personnages considérables. C'est ainsi qu'à chaque crise ministérielle, le chef de l'Etat les fait appeler, confère avec eux et prend leur avis.

Le bureau est nommé en séance publique, au scrutin de liste pour les vice-présidents, secrétaires et questeurs. Le vote est secret. La minorité est habituellement représentée dans le bureau par un ou plusieurs secrétaires.

Le président est nommé au scrutin uninominal secret.

3° *Règlements des deux Chambres.*

Pour pouvoir fonctionner, une Assemblée doit avoir un règlement. Le règlement d'une Assemblée est sa *loi inté-*

---

(1) Loi constitutionnelle du 16 juillet 1875, article 11, alinéa 1.

(2) A l'origine, le bureau du Sénat ne comprenait que six secrétaires. Depuis une résolution du 18 mars 1892, il comprend, comme celui de la Chambre, huit secrétaires.

rieure, il renferme l'ensemble des règles suivant lesquelles elle délibère, il détermine les droits et les obligations de ses membres.

Les assemblées législatives établissent elles-mêmes leur règlement; mais, comme l'influence du règlement sur la marche des affaires publiques est très grande, les constitutions ont toujours contenu un certain nombre de dispositions ayant un caractère réglementaire.

Un règlement n'est pas une loi, mais il est obligatoire pour tous les membres de l'Assemblée qui l'a voté.

Le Sénat a voté son règlement le 10 juin 1876, la Chambre des députés a voté le sien le 16 juin suivant. Ils ont été depuis modifiés sur plusieurs points. Ces règlements ont beaucoup d'importance, par suite du nombre très restreint des règles formulées dans nos lois constitutionnelles. On ne trouve, en effet, dans ces lois, rien sur la procédure et sur les débats des deux Chambres. C'est pour ces motifs que les règlements des deux Assemblées déterminent le mode de nomination du bureau provisoire et du bureau définitif, l'exercice du droit d'interpellation, le mode de délibération, le *quorum*, c'est-à-dire le nombre des membres nécessaire pour la validité des délibérations, la division de l'Assemblée en bureaux pour nommer les commissions (etc.).

Le règlement de chacune de nos deux Chambres est, en quelque sorte, par l'importance des questions qu'il tranche, un complément de nos lois constitutionnelles.

SESSIONS DES DEUX CHAMBRES. — Quand le bureau définitif est constitué, l'Assemblée commence à *fonctionner*. Le temps qu'elle consacre chaque année d'une façon continue à l'exercice actif de ses pouvoirs porte le nom de *session*.

Qui a le droit de convoquer les Chambres en session,

d'ajourner ou de clore la session ? Cette question a donné naissance à trois systèmes : le système des *assemblées permanentes*, celui des *sessions périodiques* et un *système mixte* qui a été adopté dans la troisième loi constitutionnelle de 1875.

A) *Système des assemblées permanentes*. — Le système des *assemblées permanentes* consiste en ce que les assemblées sont censées être toujours en session, sauf les vacances qu'elles peuvent se donner. Elles sont donc pleinement maîtresses d'elles-mêmes. Elles se réunissent, fonctionnent, suspendent leurs travaux de leur seule volonté. Dans ce système, il n'y a qu'une session pour toute la durée de la *législature*, c'est-à-dire pour tout le temps qui s'écoule entre l'élection de l'Assemblée et l'expiration de ses pouvoirs. Dans cet intervalle, le chef de l'Etat ne peut *ajourner* l'Assemblée (1).

Quand celle-ci n'est pas en fonctions, elle est représentée par une commission spéciale dont la fonction est de convoquer l'Assemblée en cas de besoin et de surveiller le pouvoir exécutif.

Le système de la permanence de l'Assemblée a été consacré par la Révolution, il est en harmonie avec le principe de la souveraineté nationale et celui de la séparation des pouvoirs.

B) *Système des sessions périodiques*. — Le système des *sessions périodiques* donne au pouvoir exécutif le droit de convoquer les Chambres et de clore leurs sessions. Le chef de l'Etat peut, dans le cours de chaque session, les ajourner. Ce système nous vient d'Angleterre. Il a été pré-

---

(1) L'ajournement est la suspension des séances de l'Assemblée, par le chef de l'Etat, la prorogation est un ajournement émanant des Chambres qui en fixent elles-mêmes la durée. Voir G. Pierre, *loco cit.*, p. 489. Souvent, ces deux termes se prennent indifféremment l'un pour l'autre.

conisé par Montesquieu qui a fait observer notamment, non sans raison, que la permanence est peu compatible avec l'indépendance de la « puissance exécutrice », par suite des tendances du pouvoir législatif à vouloir tout absorber (1). Il faut que le Gouvernement ait le temps et la tranquillité d'esprit nécessaires pour étudier et gérer les affaires publiques ; or, la permanence de l'Assemblée oblige le ministère à rester constamment sur la brèche, pour répondre aux interpellations qui lui sont adressées. Ajoutons qu'il n'est nullement indispensable que le pouvoir législatif légifère sans interruption.

Mais, ce système est contraire à la séparation des pouvoirs, il a, en outre, l'inconvénient très sérieux de mettre le pouvoir législatif à la merci de l'exécutif qui peut ne réunir les Chambres que lorsqu'il le juge à propos.

C) *Système mixte*. — Dans le *système mixte* les Chambres ne sont pas permanentes ; elles ont des sessions périodiques assez longues ; les sessions ne sont pas à la discrétion du pouvoir exécutif. Certaines règles sont imposées à ce dernier ; c'est ainsi qu'il doit y avoir une session périodique annuelle, d'une durée minima, pour laquelle le chef de l'Etat n'a pas à intervenir par une convocation. *Ce système transactionnel a été admis dans les termes suivants par la loi constitutionnelle du 16 juillet 1875* (2) : « Le Sénat et la Chambre des députés se réunissent chaque année *le second mardi* de janvier, à moins d'une con-

(1) *Esprit des lois*, livre XI, ch. VI.
(2) « Au milieu des grandes crises politiques, a dit M. Dufaure dans l'exposé des motifs de la loi, lorsqu'une Assemblée unique est investie de tous les pouvoirs, lorsqu'elle conserve, même en le déléguant, le pouvoir exécutif aussi bien que le pouvoir législatif, on comprend sa permanence ; il en est autrement avec deux Chambres et un pouvoir exécutif indépendant : la permanence aurait des inconvénients sans nombre, qu'il nous serait facile de signaler, si l'exemple de tous les pays constitutionnels ne nous dispensait de cet examen. »

vocation antérieure faite par le Président de la République. — Les deux Chambres doivent être réunies en session *cinq mois* au moins chaque année. — La session de l'une commence et finit en même temps que celle de l'autre » (1).

Ainsi donc, pour cette session appelée *session ordinaire*, les Chambres se réunissent d'elles-mêmes, de plein droit, sans convocation. C'est le Président de la République qui en prononce la clôture (2).

Quand la session ordinaire ne suffit pas, le Président de la République *a le droit* de convoquer les Chambres *extraordinairement. Il doit les convoquer* si la demande en est faite, dans l'intervalle des sessions, par la majorité absolue des membres composant chaque Chambre (3).

En fait, les Chambres françaises sont permanentes, en dehors des vacances qu'elles peuvent prendre. Le chef de l'Etat convoque toujours au mois d'octobre une *session extraordinaire* qui dure jusqu'à la fin du mois de décembre et qui rejoint ainsi la session ordinaire.

PRINCIPE DE LA RÉUNION SIMULTANÉE DES DEUX CHAMBRES. — *Les deux Chambres doivent être réunies simultanément.* Il en résulte que toute assemblée de l'une des deux Chambres qui serait tenue hors du temps de la *session commune*, est illicite et nulle de plein droit (4). Le Président de la République ne pourrait donc pas convoquer une des deux Chambres sans convoquer l'autre ou clore la session de l'une, en laissant l'autre en fonctions. Les deux Assemblées sont en effet les deux portions d'un même corps, investies en principe de droits égaux (5).

Cette règle ne s'applique pas aux attributions spéciales

(1) Art. 1er.
(2) Art. 2.
(3) Loi du 16 juillet 1875, art. 2.
(4) *Ibid.*, art. 4.
(5) Esmein, *loco cit.*, p. 512.

à l'une ou à l'autre Chambre. Ainsi, le Sénat siège seul :
1° quand la Chambre des députés se trouve dissoute au
moment où la présidence de la République devient vacante ;
le Sénat se réunit alors de plein droit ; mais il ne peut
faire aucun acte de législateur ; 2° au cas où il est réuni
comme Haute Cour de justice ; dans ce dernier cas, il ne
peut exercer que ses attributions judiciaires (1).

AJOURNEMENT DES DEUX CHAMBRES. — Le Président de la
République a le droit *d'ajourner* les Chambres. Toutefois
l'ajournement ne peut excéder le terme d'*un mois*, ni
avoir lieu plus de *deux fois dans la même session* (2). En
donnant un pareil droit au chef de l'Etat, on a voulu qu'il
pût renvoyer devant leurs électeurs les représentants en
conflit avec lui ; on a pensé, par ce moyen, rétablir le
calme dans les esprits et éviter la mesure plus radicale
d'une dissolution. Le législateur de 1875 s'est vraisemblablement
fait illusion sur l'efficacité de l'ajournement.
Quoi qu'il en soit, l'histoire parlementaire ne nous en présente,
jusqu'à présent, depuis le vote de la Constitution
actuelle, qu'un seul exemple. Du 18 mai au 16 juin 1877,
les Chambres ont été ajournées par décret du Président
de la République ; mais, le 16 juin, le Sénat fut saisi d'un
message présidentiel pour émettre un avis favorable à la
dissolution. Cet avis fut donné le 22, et le 25 la dissolution
était un fait accompli.

PUBLICITÉ DES SÉANCES DES DEUX CHAMBRES. — Le principe
de la *publicité des séances* a été proclamé par l'Assemblée
constituante ; c'est une garantie fondamentale de la liberté
politique ; elle permet un contrôle permanent des
électeurs à l'égard des élus.

La publicité se présente sous deux formes : 1° par la

(1) Loi constitutionnelle du 16 juillet 1875, art. 4.
(2) *Ibid.*, art. 2. Voir pour la définition de l'ajournement, p. 244,
note 1.

possibilité pour les citoyens d'assister aux séances de l'assemblée ; 2° par la reproduction que fait la presse du compte-rendu des séances.

« Les séances du Sénat et celles de la Chambre des députés sont publiques », dit l'article 5 de la loi constitutionnelle du 16 juillet 1875. Les particuliers n'ont accès qu'aux tribunes qui leur sont ouvertes. Leur admission a lieu au moyen de billets que la Questure délivre, chaque jour de séance, aux membres de l'Assemblée, d'après un roulement alphabétique.

Cette première sorte de publicité pourrait être quelquefois compromettante pour la sécurité du pays. « Il peut se faire, surtout lorsqu'il s'agit de quelque mesure utile en elle-même, mais momentanément impopulaire, que certains représentants soient intimidés par la présence du public et n'osent appuyer ou approuver la mesure proposée, si la presse doit reproduire leurs discours (1)». Telle est la raison pour laquelle on a admis que l'Assemblée pouvait écarter la publicité et délibérer en secret. « Néanmoins, dit l'article 5 de la loi du 16 juillet 1875, *chaque Chambre peut se former en comité secret sur la demande d'un certain nombre de ses membres fixé par le règlement.* Elle décide ensuite, à la majorité absolue, si la séance doit être reprise en public sur le même objet. » Les demandes de comité secret sont remises au Président. Au Sénat elles doivent être signées de cinq membres, à la Chambre des députés, elles doivent être signées de vingt membres.

La *publicité* principale est celle qui se fait *par la* voie de la *presse*. Elle est aujourd'hui absolument permise par l'article 41 de la loi de la presse du 29 juillet 1881 : « Ne donnera lieu à aucune action le compte rendu des séances publiques des deux Chambres fait de bonne foi dans les journaux. » En outre, le Gouvernement contri-

---

(1) Esmein, *loco cit.*, p. 676.

bue de son côté à la publicité par l'insertion *in extenso* des débats dans le *Journal officiel* (1).

§ 3. — Attributions des deux Chambres.

Nous étudierons en premier lieu les *attributions communes* aux deux Assemblées, puis nous verrons les *attributions spéciales* à chacune d'elles.

1° *Attributions communes aux deux Chambres.*

Les deux Chambres exercent le *pouvoir législatif ordinaire*, elles ont des *attributions financières*, elles *contrôlent le pouvoir exécutif*, elles participent à l'*exercice de la souveraineté extérieure*, elles ont, enfin, des *fonctions administratives*.

Faisons remarquer que toutes les décisions émanant des deux Chambres portent le nom générique de *lois*. Au fond, la loi est une *règle générale dont la durée n'est pas limitée*. Elle crée le droit, fixe les rapports des particuliers entre eux ou avec l'Etat, établit des droits et des obligations, organise l'administration (2).

POUVOIR LÉGISLATIF ORDINAIRE DES DEUX CHAMBRES. — Nous allons étudier d'abord le pouvoir législatif en ce

---

(1) La publicité par la presse a été prohibée en l'an VIII et en 1814, pour la Chambre Haute. D'après la Constitution du 14 janvier 1852, les séances du Sénat n'étaient même pas publiques ; elles ne devinrent publiques que par le sénatus-consulte du 8 septembre 1869. D'après un sénatus-consulte du 2 février 1861, il était publié en dehors du *Journal officiel* reproduisant les débats *in extenso*, un compte rendu analytique que les journaux ne pouvaient reproduire qu'en entier.

(2) Plusieurs constitutions ont essayé de définir la loi. La Constitution de 1791 déclare qu'elle est « l'expression de la volonté nationale ». La Constitution de 1793 reproduit à peu près cette définition elle est, dit-elle, « l'expression libre et solennelle de la volonté nationale ». Cette définition est bien insuffisante.

qui concerne les *lois ordinaires*. Nous parlerons d'abord de *l'initiative*, puis de la *délibération* et enfin du *vote*.

A) *Initiative des lois*. — La loi constitutionnelle du 25 février 1875 s'exprime de la manière suivante dans son article 8 : « *Le Sénat a concurremment avec la Chambre des députés, l'initiative et la confection des lois.* »
L'article 3, alinéa 1 de la même loi déclare en outre que « *le Président de la République a l'initiative des lois concurremment avec les membres des deux Chambres* ».

Lorsque l'initiative émane du chef de l'État, on dit qu'il dépose un PROJET DE LOI. Le dépôt est effectué sur le bureau de l'une ou de l'autre Chambre par un ministre. Les projets de loi doivent être précédés d'un *exposé des motifs*; ils doivent être contenus dans un *décret présidentiel* et signés par un ou plusieurs ministres dont la responsabilité est ainsi engagée. Ils ne peuvent être retirés que par un *décret*.
Le gouvernement a l'initiative des lois parce qu'il est à même, par les moyens dont il dispose, de connaître les besoins du pays.

Lorsque l'initiative est prise par un membre du Parlement, on emploie l'expression de PROPOSITION DE LOI. Toute proposition faite par un sénateur ou un député doit être formulée par écrit. Les propositions peuvent être individuelles ou collectives. Pour éviter qu'elles soient faites à la légère, qu'elles manquent de précision, ou qu'elles soient improvisées au cours d'une séance, on exige qu'elles soient, comme les *projets de lois*, précédées d'un exposé des motifs et rédigées en articles.

Au moment du dépôt d'un projet ou d'une proposition de loi, le Président arrête, au nom de l'Assemblée, la suite réglementaire que l'affaire doit recevoir. S'il s'agit d'un *projet* du Gouvernement, ou d'une *proposition* précédemment adoptée par l'autre Assemblée, il prononce le renvoi aux bureaux ou à une commission déjà existante. S'il s'agit d'une *proposition de loi*, le Président prononce le renvoi à la *commission d'initiative* parlementaire qui rédige un rapport sur l'utilité et l'opportunité de la proposition. A la suite de ce rapport, l'Assemblée statue sur la *prise en considération*. Si elle la rejette, tout est fini. Dans le cas contraire, la procédure est la même que pour les projets de lois.

Il y a deux cas dans lesquels les propositions ne sont pas renvoyées à la commission d'initiative parlementaire : 1° en cas d'urgence ; 2° quand les propositions se rapportent à des matières dont s'occupe déjà une commission parlementaire ; elles lui sont alors renvoyées.

Le *droit d'amendement* est le corollaire du droit d'initiative. Il diffère de la *proposition* en ce qu'il ne fait pas naître une question nouvelle ; il ne se produit qu'à l'occasion d'une affaire dont la Chambre est déjà saisie. Les *amendements* peuvent être présentés individuellement ou collectivement. Ils doivent être *présentés par écrit* ; ils *indiquent l'article de la loi auquel ils se rapportent*. Ils *ne sont pas précédés d'exposés des motifs* ; sinon, rien ne les distinguerait des propositions de lois. Ils sont remis au Président, imprimés, et sont distribués le lendemain du dépôt (1). On a le droit de déposer des amendements jusqu'à l'épuisement complet d'une discussion.

Le Président transmet aux commissions les amendements qui lui sont remis, après les avoir communiqués à l'Assemblée.

Lorsque la Chambre a été saisie d'un amendement, il

---

(1) Les amendements improvisés au cours d'une séance et sur lesquels la Chambre a statué immédiatement, ne sont imprimés que dans le corps des comptes rendus. Pierre, *loco cit.*, p. 744.

faut qu'elle statue, à moins que l'auteur de l'amendement ne l'ait retiré.

B) *Délibération des lois.* — Les formes de la délibération et du vote des lois sont fixées par les règlements des Chambres. Les projets de lois, ou les propositions de lois prises en considération, sont renvoyés à une commission nommée par les *bureaux.*

Nos deux Assemblées sont, en effet, *divisées en bureaux pour l'examen* préalable *des affaires.* Le nombre des bureaux est proportionnel au nombre des membres de chaque Assemblée. Le *Sénat* est partagé en *neuf bureaux* ; les trois premiers ont 34 membres, les six autres 33. La *Chambre des députés* est divisée en onze *bureaux.* Les bureaux sont tirés au sort (1). Le tirage se fait en séance publique. Les bureaux sont renouvelés mensuellement. Ce renouvellement est trop fréquent ; il entraîne pour l'Assemblée une perte de temps inutile.

Dans les bureaux la discussion des projets ou des propositions de lois ne s'ouvre que 24 heures après leur distribution, sauf l'urgence déclarée.

Après avoir délibéré sur les projets renvoyés à son examen, chaque bureau choisit un *commissaire.* La *commission* ainsi formée par la réunion des commissaires de tous les bureaux nomme un président et un secrétaire. Le président convoque la commission, maintient l'ordre et dirige les délibérations. Les commissions tiennent un procès-verbal de leurs délibérations. Les auteurs de propositions ou d'amendements sont appelés

---

(1) On se sert à la Chambre des députés et au Sénat d'un système ingénieux imaginé par M. Tamisier, sénateur. Il consiste en une sorte de planche percée de trous et divisée en autant de parties qu'il y a de bureaux : des boules contenues dans une urne et portant les noms des sénateurs sont versées sur cette planche et vont au gré du hasard se placer dans chacune des cellules. Pierre, *loc. cit.*, p. 750.

d'office auprès de la commission à laquelle l'affaire a été renvoyée.

Chaque commission désigne, en le prenant dans son sein, *un rapporteur* qui sera chargé de la discussion devant l'Assemblée (1).

Avant d'être définitivement adoptés par l'une des deux Assemblées, les projets et les propositions de lois sont soumis à *deux délibérations ou lectures*. Il y a là une garantie contre un vote qui n'a pas été suffisamment réfléchi. Avant notre organisation politique actuelle, le nombre des lectures était de trois. Nos lois constitutionnelles sont muettes sur ce point. La nécessité de deux lectures, pour assurer le bénéfice de lois mûrement discutées, résulte du règlement de chacune des deux Chambres.

Il doit exister un *intervalle de cinq jours francs*, au moins, *entre chaque délibération*. La seconde délibération n'a pas lieu de plein droit : elle ne s'ouvre que si l'Assemblée l'ordonne. Si celle-ci refuse de passer à une seconde délibération, le projet est rejeté (2).

Les deux délibérations ne sont pas toujours nécessaires. D'après le règlement des deux Chambres, elles ne

(1) En dehors des commissions générales, il existe pour les matières qui ne peuvent provoquer de grands débats, *quatre commissions spéciales mensuelles*, dans chaque Chambre : 1° une commission chargée d'examiner les propositions émanant de l'initiative parlementaire et d'émettre un avis sur la prise en considération (c'est *la commission d'initiative*) ; 2° une commission chargée de l'examen des *projets de lois relatifs aux intérêts départementaux et communaux* ; 3° une commission chargée de *l'examen des pétitions*; 4° une commission chargée de donner son *avis sur toute demande de congé*.

(2) En fait, il y a toujours trois votes, car avant la première délibération sur chacun des articles du projet ou de la proposition, une *discussion générale* s'élève sur le principe même de la loi et se termine par un vote sur la question de savoir si l'Assemblée passera à la discussion des articles.

s'appliquent pas au budget des recettes et des dépenses, aux lois des comptes, aux lois portant demande de crédits spéciaux, aux lois d'intérêt local (1) ; elles ne s'appliquent pas non plus, en cas de déclaration d'urgence (2).

C) *La question préalable*. — La question préalable est une mesure destinée à écarter, avant tout développement, une *proposition* jugée intempestive par l'Assemblée. C'est la *déclaration qu'il n'y a lieu à délibérer*.

La question préalable s'applique, en principe, aux propositions d'initiative parlementaire ; elle ne peut être réclamée qu'après le rapport de la *commission d'initiative*. Toutefois, si l'urgence est demandée, la question préalable peut être immédiatement opposée (3).

Le *refus de délibérer*, qui constitue la *question préalable*, peut-il faire obstacle au droit du Gouvernement de présenter des *projets de lois* ? Peut-on, en d'autres termes, prononcer la question préalable immédiatement après la présentation d'un projet gouvernemental ? On décide généralement que non. « Pour que la Chambre déclare qu'*il n'y a pas lieu à délibérer*, il est nécessaire qu'il y ait un *objet en délibération*; or quand le Gouvernement présente

---

(1) E. Pierre, *loc. cit.*, p. 848.
(2) En *Angleterre*, il y a trois délibérations dont la procédure présente peu d'analogie avec la nôtre (V. E. Pierre, *loc. cit.*, p. 851, n° 821). A la Chambre d'*Autriche*, il y a trois délibérations. La première n'est qu'une discussion générale, à la suite de laquelle on décide si le projet sera renvoyé à une commission spéciale ou examiné en séance plénière. — Le *Reichstag allemand* a trois lectures: la première est une discussion générale pendant laquelle il ne peut pas être introduit d'amendement. En *Belgique* il n'y a qu'une seule délibération divisée en deux parties : 1° discussion générale, 2° examen des articles.
(3) Un député qui voudrait faire échec à une proposition pourrait demander la *déclaration d'urgence* uniquement en vue de faire poser la question préalable. La proposition serait ainsi écartée aussitôt après le dépôt réglementaire.

un projet de loi, sans réclamer la déclaration d'urgence, le renvoi aux bureaux est *de droit*, conformément à l'article 62 du règlement du Sénat et à l'article 30 du règlement de la Chambre des députés ; il n'y a *rien en délibération*, il n'y a pas de question *principale* pendante devant la Chambre ; par conséquent, il paraîtrait illogique et même inconstitutionnel de demander la question préalable, car ce serait demander la destruction pure et simple du droit d'initiative gouvernementale. Et même, dans le cas où le ministre solliciterait la déclaration d'urgence en présentant son projet, la question préalable ne saurait être proposée que sur la *question d'urgence* ; qu'elle soit ou ne soit pas prononcée, cela ne résout rien quant au *renvoi dans les bureaux, lequel est obligatoire* (1). »

Lorsque la question préalable a été prononcée sur une *proposition*, celle-ci est considérée comme n'existant plus ; elle n'est insérée qu'au compte-rendu, si elle a été lue ; elle n'est ni imprimée, ni distribuée.

La question préalable est une mesure grave ; on ne doit pas en abuser, car, comme l'a dit le président Dupin, dans la séance de la Chambre des députés du 16 mai 1837, elle pourrait devenir un moyen indirect d'enchaîner la liberté de la Chambre et l'indépendance de ses membres quant aux discussions. « Pour dire : *il n'y a pas lieu à délibérer*, il faut une puissante évidence ; il faut qu'il y ait, pour ainsi dire, un *soulèvement général* contre une proposition, à raison de son opposition directe à la loi fondamentale et à l'ordre public. »

D) *Vote sur les projets et les propositions de lois*. — Le vote sur les projets et sur les propositions de lois peut se faire *de trois manières* : 1° par *assis et levé* (2) ; 2° par

---

(1) E. Pierre, *loc. cit.*, p. 882.

(2) « En Angleterre, les votes qui correspondent à notre assis et levé s'expriment par le cri *Aye* (oui) et *No* (non) que pousse successivement chaque parti. Les votes pour lesquels les noms sont re-

scrutin public; 3° par *scrutin secret*. Dans le cas de scrutin public, chaque membre de l'Assemblée reçoit deux bulletins de vote, l'un *blanc* et l'autre *bleu*, sur lesquels son nom est imprimé. Les bulletins blancs expriment l'adoption, les bulletins bleus la non-adoption. Les huissiers présentent à chaque membre l'urne dans laquelle il dépose l'un des deux bulletins.

En 1885, à la Chambre des députés, et en 1886, au Sénat, *le scrutin secret a été supprimé*; cette mesure a été prise comme complément forcé de la publicité des séances, pour assurer le contrôle de la nation sur les votes de ses représentants.

La loi est *parfaite* dès qu'elle a été *votée par les deux Chambres*. Il est indispensable qu'un *texte identique* soit *voté par chaque Assemblée*. Quand le texte adopté par l'une a été modifié par l'autre, il doit revenir devant la première et subir une nouvelle discussion et un nouveau vote, jusqu'à ce que les deux Chambres tombent absolument d'accord. Ce système entraîne des lenteurs forcées qui sont une conséquence inévitable de l'existence des deux Chambres investies de pouvoirs égaux au point de vue législatif. Si l'accord ne peut s'établir, le règlement de chaque Chambre permet de nommer des commissions mixtes, désignées l'une par le Sénat, l'autre par la Chambre, qui confèrent ensemble. Il s'agit là d'un moyen de conciliation très efficace, car jamais les Assemblées devant lesquelles est porté le texte admis en commun par

cueillis comme dans nos scrutins publics s'appellent votes de division ; les membres sortent par deux couloirs différents, suivant qu'ils sont *pour* ou *contre* ; les *clerks* de la Chambre les pointent à leur sortie. Un pareil système a l'avantage d'imposer le vote personnel ; mais, s'il était pratiqué en France, il ferait perdre un temps énorme ; car en Angleterre, avant de procéder au vote par division, on va chercher les membres dans toutes les parties du palais et jusque dans les lieux de réunion extérieurs. » E. Pierre, *loc. cit.*, p. 1021, n° 1030.

les deux commissions, n'ont rejeté la décision prise par ces dernières (1).

Nous avons vu que la Chambre des députés est soumise au renouvellement intégral. Supposons l'hypothèse suivante : une *loi a été votée par la Chambre*, puis la *fin de la législature intervient avant l'adoption de cette loi par le Sénat* : celui-ci pourra-t-il la discuter et l'adopter pendant la nouvelle législature ? Il peut se faire que la Chambre sortie des élections soit animée d'un esprit politique tout à fait différent de celui de l'ancienne, qu'elle soit en majorité hostile à cette loi.

On avait établi en 1875 une distinction. La *proposition de loi* votée par la Chambre des députés devenait *caduque*, si le Sénat ne l'avait pas adoptée avant la fin de la législature ; mais, la *caducité* n'atteignait pas les *projets de lois* ; ils survivaient à la Chambre qui les avait votés, étaient valablement discutés et votés par le Sénat et s'imposaient ainsi à la nouvelle Chambre (2).

La rigueur du principe de la *caducité* avait été atténuée, d'abord en 1881, puis en 1893. Ce principe a disparu, dans la pratique de nos Assemblées. Le 10 décembre 1894, le Sénat a décidé, par modification de l'article 127 de son règlement, que les *propositions de lois* émanant de l'initiative privée seraient examinées conformément aux règles suivies pour les projets présentés par le Gouvernement, et qu'en conséquence, le Sénat en demeurerait saisi, *même après le renouvellement intégral* de la Chambre des députés.

On avait essayé de justifier la théorie de la caducité, en comparant le vote de la loi à un contrat entre les deux

(1) Le système vient de l'Angleterre ; il a pris un grand développement aux *Etats-Unis*.
(2) Cette distinction n'avait pas de raison d'être fondamentale. On disait que le Sénat étant saisi par un décret ne pouvait pas se dessaisir lui-même.

Chambres. Pour que la loi soit votée, avait dit M. Batbie au Sénat en 1881, il faut qu'elle soit *voulue simultanément* par les deux Chambres. Si la Chambre des députés est soumise à la réélection, il arrive une Chambre nouvelle et, par suite, cette volonté simultanée fait défaut (1).

Pour supprimer la caducité, on a pu considérer avec juste raison qu'en votant une loi, chaque Assemblée statue définitivement quant à elle, qu'elle épuise sa fonction, que l'acte qu'elle accomplit prend une valeur définitive et indéfinie (2).

ATTRIBUTIONS FINANCIÈRES DES DEUX CHAMBRES. — En dehors du pouvoir législatif ordinaire, nos deux Assemblées disposent de la fortune publique par l'exercice du pouvoir financier. *Etablir un impôt, prescrire un emprunt, ordonner une recette ou une dépense, ont toujours été considérés*, en effet, non comme des actes législatifs, à proprement parler, mais *comme des actes* particuliers d'*administration supérieure*. Toutefois, l'établissement d'un *impôt* participe des caractères généraux des lois, car il s'agit d'une mesure générale d'une durée indéfinie. Les autres lois concernant les finances sont essentiellement temporaires ; ce sont celles qui autorisent un *emprunt*, qui ouvrent un *crédit* ; c'est surtout la plus importante de toutes, la LOI DU BUDGET.

A) *Règles concernant le budget.* — Le *budget* est un acte qui contient la prévision, pour un certain temps, en fait *pour une année*, des recettes et des dépenses de l'Etat. La loi du budget autorise le gouvernement à percevoir les recettes et à effectuer les dépenses.

---

(1) Voir sur cette question, les développements donnés par M. Esmein, *loc. cit.*, p. 700 et suiv.

(2) Esmein, *loc. cit.*, p. 703. — La caducité existe en Angleterre. — La clôture de chaque session du Parlement rend caducs les projets (*bills*) pendants devant l'une ou l'autre Assemblée.

Le vote du budget par les Chambres, pour une année seulement, est une mesure dirigée contre le pouvoir exécutif. Par ce vote renouvelé à des intervalles si rapprochés, les Chambres veulent obliger le chef de l'Etat à solliciter fréquemment leur intervention pour l'exécution des services publics ; elles veulent montrer également par là qu'elles se considèrent comme ayant le droit de refuser le vote du budget. Ce droit prétendu est assurément inconstitutionnel, car les Chambres ne peuvent pas arrêter le fonctionnement de l'organisme créé par les lois constitutionnelles.

L'*annalité du budget n'est* du reste *qu'un usage*, et rien n'empêcherait les Chambres de le voter pour plusieurs années. En Angleterre, les quatre cinquièmes des recettes, ce qu'on appelle *les fonds* consolidés sont établis en vertu de lois permanentes. De même une grande partie des dépenses : les intérêts de la dette, la liste civile du souverain, les appointements et pensions de retraites de certains fonctionnaires (etc.), sont établis pour une durée indéfinie. Ces dépenses sont effectuées sur les fonds consolidés (1). Il ne serait pas inutile, dans l'intérêt de la sécurité des services principaux de l'Etat, de créer chez nous des règles analogues.

Pour que la souveraineté des Chambres en matière de finances soit réellement efficace, l'application du principe de la SPÉCIALITÉ DES CRÉDITS est indispensable. Cette règle signifie que la *loi du budget répartit elle-même les recettes votées en les affectant aux dépenses budgétaires qu'elles sont destinées à payer*, de sorte que le pouvoir exécutif n'en puisse faire un autre emploi.

De 1789 à 1817, le budget était mis en bloc à la disposition des ministres. La loi du 25 mars 1817 appliqua

(1) En Angleterre, le *budget flottant* opposé au *budget consolidé* comprend les dépenses accidentelles et les dépenses régulières qui ne sont pas d'une nécessité absolue. Ce budget est seul soumis annuellement au vote des Chambres.

la spécialité, en décidant que le budget serait voté par ministère. La loi du 1ᵉʳ septembre 1827 alla plus loin et décida que le budget serait voté par *sections* dans les ministères. La loi du 24 janvier 1831 établit le vote par *chapitres*. Actuellement (1) le budget est divisé en *ministères*, puis dans chaque ministère, en *sections, chapitres* et *articles*. Il est voté par *chapitres* ; il en résulte que les ministres ne peuvent effectuer de modifications, ne peuvent se mouvoir que dans les limites de chaque chapitre ; ils n'ont le droit de changer l'affectation des crédits qu'à l'égard des articles. Ce changement d'affectation porte le nom de *virement de fonds* ou simplement de *virement*.

Le vote du budget devrait avoir lieu chaque année dans le cours de la session ordinaire ; mais le plus souvent, les Chambres ne votent le budget que dans la session extraordinaire réunie en octobre. Il arrive même, parfois, que la session extraordinaire ne suffit pas pour mener la discussion jusqu'à son terme. Afin de ne pas laisser les services publics en souffrance, faute de ressources, les Chambres sont obligées de voter ce qu'on appelle des *douzièmes provisoires*. Elles autorisent provisoirement, en attendant le vote définitif du budget, les recettes et les dépenses, conformément au budget des années précédentes, pendant un ou plusieurs mois ; elles allouent au gouvernement un ou plusieurs douzièmes.

Nous venons de voir que le droit de voter le budget et les impôts était un des attributs du Parlement. Mais les deux Chambres ont-elles, au point de vue financier, des droits égaux ?

B) *Droits du Sénat relativement aux lois de finances.* — Cette question est tranchée par l'article 8 de la loi

(1) Le sénatus-consulte du 25 décembre 1852 rétablit le vote par ministère ; celui du 31 décembre 1861 revint au vote par *sections* et celui du 8 septembre 1869 au vote par *chapitres*. On a proposé de voter le budget par articles, ce qui serait exagéré et peu pratique.

constitutionnelle du 24 février 1875 en des termes qui ont paru à certains auteurs quelque peu sibyllins, mais qui nous semblent fort clairs. « Le Sénat a, concurremment avec la Chambre des députés, l'initiative et la confection des lois. Toutefois les *lois de finances* doivent être, *en premier lieu, présentées à la Chambre des députés et votées par elle.* »

La disposition finale de l'article donne-t-elle à la Chambre des députés un simple droit de *priorité* ; de telle sorte que les lois de finances ne puissent jamais être portées au Sénat qu'après le vote des Chambres, ou bien faut-il aller plus loin et dire que le Sénat ne peut pas, dans la discussion de la loi de finances que lui a transmise la Chambre, *augmenter les crédits*, en *établir de nouveaux, rétablir des crédits supprimés, créer un impôt* ? Faut-il dire, en termes plus généraux, qu'il n'a pas, sur cette matière, la faculté d'*amendement* ?

En *Angleterre*, les lords n'ont pas la faculté d'amendement, car le droit de consentir des subsides grevant la nation ne doit appartenir qu'à la Chambre populaire. On prétend que l'histoire de notre Constitution imposerait cette théorie. Placés plus près des contribuables, dit-on, les députés doivent avoir la prépondérance en matière de finances. Le Sénat n'aurait donc pas le droit d'amendement.

En fait, il existe, sur ce point, un conflit permanent entre nos deux Assemblées. Ainsi, la Chambre soutient notamment que le Sénat ne peut pas rétablir des crédits supprimés par elle dans le budget présenté par le Gouvernement. Mais, la Chambre Haute a toujours revendiqué ce droit. Elle n'est pas, comme en Angleterre, une assemblée aristocratique et héréditaire, elle sort de l'élection populaire par le suffrage indirect.

Aux *États-Unis*, pour mettre un ordre régulier dans une matière aussi importante que celle des finances, on a donné à la Chambre des représentants directement sortie du suffrage universel, un droit de *priorité*, mais la Constitution reconnaît expressément au Sénat le droit d'amendement (1). Telle est la théorie que les constituants de 1875 ont voulu appliquer en France. Cela résulte avec évidence de *l'article 8* de la loi du 25 février 1875 dont l'objet est d'*établir uniquement*, comme aux Etats-Unis, *un ordre dans la discussion et le vote*, en donnant la priorité à la Chambre des députés. Il n'y a rien de plus dans ce texte, nous ne pouvons pas ajouter à la loi. S'il en était autrement, il suffirait à la Chambre des députés de rayer un crédit destiné à l'exécution d'une loi pour être maîtresse de l'organisation politique. Un vote unilatéral pourrait arrêter un service créé par une loi votée régulièrement par les deux Chambres (2).

CONTRÔLE DU POUVOIR EXÉCUTIF.— Le pouvoir législatif est le pouvoir principal dans l'Etat. Le contrôle du pouvoir exécutif est une des manifestations de son autorité. Ce droit de contrôle n'est qu'une application du gouvernement parlementaire. Il s'exerce de plusieurs manières :

(1) Article 1, section 7, clause 1.
(2) On a voulu tirer argument contre le Sénat des mots *votées par elle* (la Chambre). Si le Sénat, dit-on, rétablit un crédit, il prend l'initiative. La Chambre des députés n'a pas voté ce crédit avant lui, comme l'exige la Constitution. Cet argument n'est qu'une subtilité byzantine. Les mots : doivent en premier lieu, être *votées par elle* (la Chambre) signifient simplement qu'une fois la loi de finances présentée à la Chambre des députés, le Gouvernement ne peut l'en dessaisir, la porter au Sénat avant que l'Assemblée populaire en ait achevé l'examen.
L'article 27 de la *Constitution belge* est conçu à peu près dans les mêmes termes que notre article 8. La même discussion s'est soulevée dans ce pays quant aux droits respectifs des deux Assemblées.
Le *droit de priorité* pour la Chambre des députés existe aux *Pays-Bas*, au *Danemark*, en *Prusse*. Dans ce dernier pays, la Chambre des seigneurs n'a pas le droit d'amendement, mais peut rejeter les crédits en bloc.

par les *questions* et les *interpellations* adressées aux ministres responsables de la direction donnée à la politique ; il s'exerce aussi au moyen des *enquêtes parlementaires*.

Nous parlerons plus loin des questions et des interpellations, lorsque nous étudierons la responsabilité ministérielle. Nous nous occuperons ici uniquement du *droit d'enquête*.

Les enquêtes parlementaires. — Les enquêtes parlementaires sont des *investigations*, des *recherches* auxquelles la Chambre des députés ou le Sénat procèdent par l'intermédiaire de leurs membres désignés avec un mandat déterminé (1). Les enquêtes peuvent avoir lieu *sur toutes les questions intéressant le pays* : marine, armée, régime pénitentiaire, organisation des services administratifs, chemins de fer, voies de navigation, situation des classes ouvrières, élections, etc. Elles peuvent être ordonnées même pour une affaire spéciale, comme l'affaire du canal de Panama.

Sous les régimes autoritaires, le droit d'enquête n'existe pas. On ne le trouve pas sous le Consulat et sous l'Empire, sous la Restauration, sous le second Empire. Il ne fait sa réapparition qu'avec l'Empire libéral, peu avant la guerre de 1870. Aucun texte ne consacre ce droit dans notre Constitution actuelle ; il est cependant reconnu sans contestation.

On s'est demandé si cette pratique n'était pas contraire au principe de la séparation des pouvoirs. Il faut répondre négativement. « Il n'y a pas empiétement, dit M. Esmein, si la Chambre qui ordonne l'enquête ne prétend pas se substituer à l'un ou à l'autre des pouvoirs, pour statuer à leur place, casser ou réviser leurs décisions.

(1) E. Pierre, *loc. cit.*, p. 596.

L'enquête ne peut légitimement conduire la Chambre qu'à deux choses : ou bien elle légiférera, si elle constate que la législation antérieure est insuffisante ou mauvaise ; ou bien elle s'en prendra aux ministres et invoquera leur responsabilité à raison des fautes ou des abus constatés (1). »

Une autre question très importante est celle de savoir quels sont les *droits des commissaires enquêteurs*. Peuvent-ils obliger les *témoins* cités à comparaître et à prêter serment ? Peuvent-ils exiger la *communication des pièces officielles* ? Il faut répondre qu'en principe, les commissions d'enquête ne sont pas revêtues de l'autorité spéciale que la loi donne à la *justice* seule, qu'elle soit civile, pénale, militaire ou administrative ; et que, par suite, ces commissions ne peuvent conférer aux personnes dont elles reçoivent les déclarations, le caractère légal de témoins. *Le droit de forcer les témoins à comparaître et à prêter serment est*, en l'absence d'une loi précise régulièrement votée et promulguée, *une prérogative exclusivement judiciaire*. En ce qui concerne la *communication des pièces administratives, la Chambre* ne peut pas l'exiger, car elle *ne commande pas aux autorités administratives*. C'est au *ministre* à apprécier s'il peut, sans violation du devoir professionnel, livrer les pièces qui lui sont réclamées. Dans la plupart des cas, il y aura une obligation morale pour le ministre à faire la communication demandée par la commission d'enquête. Lorsqu'il s'agit de *dossiers judiciaires*, comme ils sont de plein droit annexés à la procédure, ils ne peuvent en être distraits que dans les circonstances et sous les conditions déterminées par la loi. Le garde des sceaux ne doit donc les mettre à la disposition de la commission que si une loi spéciale l'y contraint.

(1) *Loc. cit.*, p. 731.

Sur cette question des droits de la commission d'enquête, M. Esmein considère que, dans une hypothèse particulière, les commissions exercent réellement le pouvoir judiciaire, c'est dans le cas d'une enquête parlementaire sur une *élection contestée*. En effet, l'article 10 de la loi du 16 juillet 1875 que nous avons étudié précédemment (1) dispose que chacune des Chambres est *juge* de la régularité de l'élection de ses membres. Il faut donc décider, dans cette hypothèse, que les témoins cités doivent comparaître sous les peines édictées en cas de témoignages *judiciaires*, qu'ils doivent prêter serment et qu'ils jouissent des privilèges des témoins cités en justice (2).

PARTICIPATION A L'EXERCICE DE LA SOUVERAINETÉ EXTÉRIEURE. Le Parlement intervient dans l'exercice de la souveraineté extérieure par la *ratification de certains traités diplomatiques*. Son assentiment est également indispensable, en cas de *déclaration de guerre*, de *cessions et échanges de territoires*.

On comprend que la *négociation* des traités diplomatiques soit le fait exclusif du pouvoir exécutif. Les conventions ne peuvent pas être soumises à la discussion d'une assemblée nombreuse. Mais, certains traités touchent à des intérêts tellement vitaux pour le pays qu'ils ne doivent pas être conclus définitivement sans l'intervention des représentants du peuple. Nous devons donc distinguer, d'une part la *négociation* et la *conclusion* des traités, œuvre du pouvoir exécutif, d'autre part la *ratification* par les Chambres, exigée dans les affaires particulièrement graves : traités de paix, de commerce, etc. (3).

(1) Page 238.
(2) Esmein, p. 732. Deux arrêts de la Cour de Bordeaux, du 26 juillet 1878, ont refusé le caractère légal de témoins, aux personnes entendues par une commission d'enquête sur une élection législative ; Sirey, 79.2.225.
(3) Loi constitutionnelle du 16 juillet 1875, art. 8.

Nous développerons cette matière lorsque nous étudierons le pouvoir exécutif.

De même, on comprend l'intervention du pouvoir législatif lorsqu'il s'agit de *cessions, échanges* ou *adjonctions de territoires*. Ces actes modifient l'étendue du pays, augmentent ou diminuent le nombre de ses citoyens et peuvent avoir d'importantes conséquences économiques, financières, diplomatiques. Spécialement, en cas de cession de territoire, nous nous heurtons au vieux principe de l'inaliénabilité du domaine de l'Etat formulé dans l'ordonnance de 1566.

L'article 8 de la loi constitutionnelle du 16 juillet 1875 s'exprime de la manière suivante, à la fin de son deuxième alinéa : « Nulle *cession*, nul *échange*, nulle *adjonction de territoire* ne peut avoir lieu qu'en vertu d'une *loi*. » Les échanges de territoire présentant parfois une grande utilité, notamment dans le cas de *rectifications de frontières*. Lorsqu'une frontière présente trop de sinuosités, il y a un avantage réel pour les deux pays à lui substituer une ligne plus régulière par l'*échange* de petites portions de territoire. Ces *échanges*, si peu importants soient-ils, nécessitent une loi parce que tout échange est, en réalité, une *aliénation*. Ces raisons justifient largement la nécessité, en pareil cas, d'une loi votée par les deux Chambres.

A fortiori, l'intervention des deux Chambres est-elle nécessaire pour les *déclarations de guerre* (1).

ATTRIBUTIONS ADMINISTRATIVES DES DEUX CHAMBRES. — Les deux Chambres sont encore appelées à statuer sur un certain nombre d'objets rentrant dans les matières plus particulièrement administratives, ainsi elles sta-

---

(1) Nous renvoyons aux détails que nous donnons plus loin sur les droits du pouvoir exécutif, en *matière internationale*.

tuent en cas de déclaration d'utilité publique (1), en cas d'emprunts communaux supérieurs à un million, de modification à la circonscription d'une commune, d'un canton, d'un département, etc.

ATTRIBUTIONS DIVERSES. — Examinons spécialement *l'état de siège.*

Etat de siège. — « Dans le cas de péril imminent résultant d'une *guerre étrangère* ou d'une *insurrection à main armée, une loi seule peut déclarer l'état de siège* ; cette loi désigne les communes, les arrondissements, ou les départements auxquels il s'applique. Elle fixe le temps de sa durée. A l'expiration de ce temps, l'état de siège cesse de plein droit, à moins qu'une loi nouvelle n'en prolonge les effets. »

C'est en ces termes que s'exprime l'article 1er de la loi du 3 avril 1878 (2).

L'état de siège est une mesure extrêmement grave qui explique la nécessité d'une *loi* pour sa déclaration. *Ses effets sont les suivants* : Dès qu'il est déclaré, *les pouvoirs dont l'autorité civile était revêtue pour le maintien de l'ordre et de la police passent tout entiers à l'autorité militaire.* L'autorité civile continue néanmoins à exercer ceux de ces pouvoirs dont l'autorité militaire ne l'a pas dessaisie (3). L'autorité militaire a le droit : 1° de faire des *perquisitions* de jour ou de nuit dans le domicile des citoyens ; 2° *d'éloigner les repris de justice* et les individus qui n'ont pas leur *domicile* dans les lieux soumis à l'état de siège ; 3° *d'ordonner la remise des armes et munitions* et de procéder à leur recherche et à leur enlèvement ;

---

(1) Une loi n'est pas toujours nécessaire, souvent un décret suffit (Voir la loi du 3 mai 1841).
(2) La loi du 3 avril 1878 actuellement en vigueur a conservé une partie des dispositions de l'ancienne loi du 9 août 1849.
(3) Loi du 9 août 1849, art. 7.

4° d'*interdire les publications et les réunions* qu'elle juge de nature à exciter ou à entretenir le désordre (1).

Les tribunaux militaires peuvent être saisis de la connaissance des *crimes et délits contre la sûreté de la République*, contre la *Constitution*, contre l'*ordre et la paix publics*, quelle que soit la qualité des auteurs principaux ou des complices (2).

Si les Chambres sont *ajournées*, dans le cas où la déclaration d'état de siège devient nécessaire, *le Président de la République peut exceptionnellement prendre cette mesure*, de l'avis du conseil des ministres ; mais en ce cas, *les Chambres se réunissent de plein droit deux jours après* (3). Chaque Assemblée est convoquée par son président, sans décret préalable du Président de la République.

Mais, le chef de l'Etat ne pourrait pas, en principe, dans *le cas où il aurait dissous la Chambre des députés* et jusqu'à l'accomplissement entier des opérations électorales, déclarer *même provisoirement* l'état de siège. On a craint un coup d'Etat déguisé sous des apparences de légalité. Néanmoins, *s'il y avait guerre étrangère*, le Président, de l'avis du conseil des ministres, pourrait déclarer l'état de siège dans les territoires menacés par l'ennemi, à la condition de convoquer les collèges électoraux et de réunir les Chambres dans le plus bref délai possible (4).

Lorsque l'état de siège a été déclaré par une loi, il cesse *de plein droit* au jour fixé par cette loi. S'il a été déclaré par un décret du Président de la République rendu en l'absence des Chambres, celles-ci, *dès qu'elles sont réunies*, maintiennent ou lèvent l'état de siège ; en cas de dissentiment entre elles, il est levé de plein droit (5). Les

(1) Loi du 9 août 1849, art. 9.
(2) Loi du 9 août 1849, art. 8.
(3) Loi du 3 avril 1878, art. 2.
(4) *Ibid.*, art. 3.
(5) *Ibid.*, art. 5.

deux Chambres se saisissent d'office de la question et statuent sans délai.

Les autres attributions des deux Chambres sont les suivantes : *Elles élisent le Président de la République*, en Assemblée nationale ; elles ont également le droit de se réunir en Assemblée nationale pour la *révision de la Constitution* : elles peuvent *abréger le délai de dix ans nécessaire à un étranger naturalisé, pour être éligible* aux deux assemblées représentatives (1).

2° *Attributions spéciales à la Chambre des députés.*

En dehors du droit de priorité appartenant à la *Chambre des députés*, en matière de finances, cette Assemblée n'a qu'une attribution spéciale : la *mise en accusation du Président de la République* pour le crime de haute trahison et la mise en accusation *des ministres* pour crimes par eux commis dans l'exercice de leurs fonctions (2). Nous étudierons cette matière quand nous nous occuperons du pouvoir exécutif.

3° *Attributions spéciales au Sénat.*

Le Sénat a deux attributions particulières.
1° Il est appelé à émettre un avis lorsque le Président de la République se propose de dissoudre la Chambre des députés avant l'expiration légale de son mandat ; la *dissolution* ne peut avoir lieu que *si l'avis du Sénat est conforme* (3) ; 2° il peut être constitué en COUR DE JUSTICE pour

---

(1) « L'étranger naturalisé jouit de tous les droits civils et politiques attachés à la qualité de citoyen français. Néanmoins il n'est éligible aux Assemblées législatives que dix ans après le décret de naturalisation, à moins qu'une loi spéciale n'abrège le délai. Le délai pourra être réduit à une année... » Loi du 26 juin 1889, art. 3.
(2) Loi constitutionnelle du 16 juillet 1875, art. 12.
(3) Loi constitutionnelle du 25 février 1875, art. 5.

juger, soit le *Président de la République*, soit les *ministres*, et pour connaître des *attentats* commis *contre la sûreté de l'État* (1).

Nous verrons plus loin la première de ces deux attributions, examinons la seconde.

Haute Cour de justice. — La création d'une haute Cour de justice formée par le Sénat, pour juger certains crimes politiques, est un défi à la conscience publique. Est-il admissible que des hommes politiques jugent d'autres hommes politiques ? Sans parler des scandales récents qui ont attristé tous les bons Français, nous pouvons dire qu'une pareille institution est un reste de barbarie, un souvenir lointain de la vengeance privée, la négation même de l'idée de justice. Et la preuve en est que, malgré son incompétence certaine, notre Sénat a voulu juger un complot sur lequel la cour d'assises s'était déjà prononcée (2).

---

(1) Lois constitutionnelles du 25 février 1875, art. 9, et du 16 juillet 1875, art. 12. — La volonté des auteurs de la Constitution de 1875 est bien formelle : le Sénat est compétent pour juger les *attentats* et non pas les *complots*. Le complot n'est qu'un *concert*, une simple *résolution* arrêtée entre plusieurs personnes. L'attentat en est séparé par un abîme : il consiste dans *l'exécution* ou une tentative d'exécution. Les textes de notre droit pénal distinguent nettement ces deux infractions, depuis la grande réforme de 1832 (voir les art. 86 à 89 et 91 du Code pénal). Or, un principe fondamental, en matière criminelle, est que le juge ne peut étendre les textes, par voie d'interprétation, d'un cas prévu à un cas non prévu. En se déclarant compétent pour juger un complot contre la sûreté de l'État, le Sénat viole, à la fois, la Constitution et la loi pénale.

(2) La loi du 25 mai 1791 avait composé la Haute Cour avec des membres du Tribunal de cassation tirés au sort et des *hauts jurés* tirés au sort sur une liste élue. Un système analogue fut appliqué en l'an III, en l'an VIII, en 1848, 1852, 1870. Ce système est bon ; il vaut mieux que celui qui est usité en quelques pays (Allemagne, Autriche, Belgique, Pays-Bas, Prusse, Roumanie, Suisse) et qui consiste à confier les fonctions de Haute Cour aux juridictions judiciaires suprêmes, car c'est mêler ces tribunaux aux luttes de la politique.

Le *Président de la République et les ministres* ne peuvent être *jugés* par le Sénat *qu'après la mise en accusation* par la Chambre des députés. Quant aux *personnes prévenues d'attentats contre la sûreté de l'État,* elles ne peuvent être jugées par le Sénat que si ce dernier a été constitué en Cour de justice par un *décret* du Président de la République *rendu en conseil des ministres* (1).

La *procédure* devant la Haute Cour, pour l'accusation, l'instruction et le jugement est réglée par une *loi du 10 avril* 1889.

Mais, cette loi est incomplète. Rédigée hâtivement en vue de juger le général Boulanger, *elle s'occupe uniquement des cas d'attentat contre la sûreté de l'État.* Elle ne prévoit pas les accusations contre le Président de la République ni contre les ministres.

Nous allons donner le résumé de cette loi.

La Haute Cour fixe elle-même le *jour* et le *lieu de sa première réunion* : elle peut changer le lieu de ses séances.

Les parents ou alliés d'un inculpé jusqu'au degré de cousin germain, les sénateurs entendus comme témoins dans l'instruction ne peuvent siéger. Aucune délibération n'est valable, si la moitié plus un des sénateurs n'y assiste.

Le Président de la République choisit le *procureur général* et les *avocats généraux* formant le ministère public dans les parquets de la Cour de cassation ou des cours d'appel.

Chaque année, au début de la session ordinaire, *le Sénat nomme* au scrutin de liste *une commission* de neuf membres et de cinq suppléants : elle est chargée de *procéder,* le cas échéant, à *l'instruction* et de statuer sur la mise en accusation. Le président de la commission, seul, ou assisté de membres que la commission peut lui adjoindre, procède à l'instruction de l'affaire avec les *pou-*

(1) C'est ainsi qu'il a été procédé à l'égard du général Boulanger, de Rochefort et du comte Dillon. Loi const. du 16 juillet 1875, art. 12, alin. 3.

voirs d'un juge d'instruction ordinaire, mais *il ne rend pas d'ordonnance*. Il peut rendre un mandat d'arrêt sans les conclusions du ministère public. Si les inculpés n'ont pas choisi de défenseurs, le président de la commission leur en désigne d'office.

Quand l'instruction est terminée, le président de la commission remet le dossier au procureur général qui fournit ses réquisitions écrites, mais le rapport est déposé pendant trois jours au greffe où les inculpés et leurs défenseurs peuvent en prendre connaissance.

Après avoir entendu le rapport de son président, les réquisitions du ministère public et les observations de l'inculpé, *la commission statue* à la majorité *sur la mise en accusation*. L'arrêt de mise en accusation ordonne l'arrestation des inculpés.

Le procureur général rédige l'acte d'accusation ; cet acte expose la nature et les circonstances du fait qui forme la base de l'accusation.

Les débats ont lieu publiquement, la délibération est secrète. L'arrêt est pris à la majorité absolue des sénateurs votants ; il est motivé.

Si aucune peine n'a obtenu la majorité à deux scrutins, on élimine la plus forte des peines proposées et on recommence le vote. Après deux nouveaux scrutins, on écarte la plus forte des peines qui restent proposées, et ainsi de suite jusqu'à ce qu'il se soit formé une majorité sur une peine. Les seules peines applicables sont celles du Code pénal.

Ne peuvent voter que les sénateurs qui ont assisté à toutes les audiences. Les accusés peuvent récuser les membres de la commission d'instruction.

L'arrêt est lu publiquement et signifié sans délai aux accusés. Aucune voie de recours n'est ouverte.

§ 4. — Prérogatives des membres des deux Chambres.

Les membres des deux Assemblées jouissent de plusieurs prérogatives : ils bénéficient des *immunités parlementaires* ; ils reçoivent une *indemnité* ; ils jouissent d'une *protection spéciale* en cas de *délits commis* contre eux *par la voie de la presse ou tout autre mode de publication* ; ils ont des *insignes*.

IMMUNITÉS PARLEMENTAIRES. — Les *immunités parlementaires* ont pour but d'assurer l'indépendance des représentants et de leur donner toute sécurité dans l'exercice de leurs fonctions.

Les immunités parlementaires comprennent : A. l'*irresponsabilité politique* ; B. une *immunité judiciaire, en matière criminelle et correctionnelle*.

A) *Irresponsabilité politique.* — L'irresponsabilité politique est consacrée, dans les termes suivants, par la loi constitutionnelle du 16 juillet 1875. « Aucun membre de l'une ou de l'autre Chambre ne peut être poursuivi ou recherché à l'occasion des opinions ou votes émis par lui dans l'exercice de ses fonctions (1). » Il s'agit ici d'une irresponsabilité civile, aussi bien que pénale, car on veut faciliter aux représentants de la nation le libre et complet exercice de leurs fonctions, à l'encontre du pouvoir exécutif et à l'encontre des simples particuliers. Par suite, aucune action répressive, aucune poursuite en dommages et intérêts ne pourraient être intentées contre les députés et les sénateurs sous prétexte de diffamations, d'injures, d'excitation à commettre des crimes ou délits, résultant de discours prononcés à la tribune.

L'irresponsabilité ne couvre que les paroles prononcées et les actes accomplis dans l'*exercice même des fonctions*. De même le texte ci-dessus n'empêche pas de

(1) Art. 13. La même règle figure plus complète dans la loi du 29 juillet 1881 sur la presse : « Ne donneront ouverture à aucune action, les discours tenus dans le sein de l'une des deux Chambres ainsi que les rapports ou toutes autres pièces imprimées par l'ordre de l'une des deux Chambres. »

poursuivre les représentants pour *prévarication* ou *corruption* ; mais, en ce cas, on ne peut incriminer leur vote ; on les recherche pour avoir agréé des offres ou promesses, avoir reçu des dons ou présents.

B) *Immunité pénale.* — L'immunité en matière criminelle et correctionnelle est formulée dans l'article 14 de la loi constitutionnelle du 16 juillet 1875. « Aucun membre de l'une ou de l'autre Chambre ne peut, pendant la durée de la session, être poursuivi ou arrêté en *matière criminelle* ou *correctionnelle*, qu'avec l'autorisation de la Chambre dont il fait partie, *sauf le cas de flagrant délit*. La détention ou la poursuite d'un membre de l'une ou de l'autre Chambre est suspendue, pendant la session et pour toute sa durée, si la Chambre le requiert. »

Ce privilège se justifie par plusieurs considérations. Il ne faut pas, dit-on, que les lois soient votées par des Chambres incomplètes et qu'une circonscription soit totalement ou partiellement privée de représentation. Le ministère public qui intente les poursuites est, dit-on encore, un agent du pouvoir exécutif. Ce dernier pourrait essayer d'exercer une contrainte morale sur les représentants, par la menace d'une action judiciaire, ou bien prescrirait des poursuites contre les opposants habiles et énergiques, pour les éloigner momentanément de l'Assemblée. Enfin l'autorité judiciaire ne pourrait, sans excéder ses droits, entraver l'exercice de la fonction législative (1).

L'immunité dont il s'agit n'est pas absolue. D'abord, elle n'existe qu'en matière criminelle et correctionnelle, et non en matière de simple police, ce qui s'explique par le peu d'importance des peines encourues en cette matière, l'absence d'instruction et de détention préventive et aussi parce qu'il s'agit de faits matériels pouvant donner difficilement prise à des poursuites non fondées.

---

(1) **Moreau**, *Précis élém. de dr. constit.*, p. 240, 2ᵉ édit.

Elle *n'existe pas dans les matières non pénales* (civiles, commerciales, administratives, etc.) (1).

L'immunité ne couvre les représentants que pendant la durée des sessions. En effet, dans l'intervalle des sessions, il n'est pas à craindre que le pouvoir exécutif porte atteinte à l'indépendance de la représentation nationale (2).

L'immunité cesse également, même en cours de session, *dans le cas de flagrant délit.* On se trouve ici en présence d'un fait matériel constaté par plusieurs personnes ; des poursuites non fondées ne semblent pas possibles. On peut, en ce cas, arrêter et poursuivre, sans aucune autorisation de l'Assemblée.

Plusieurs de nos constitutions, celles de 1791, de 1793, de l'an III et de 1848, l'Acte additionnel de 1815, permettaient, en cas de flagrant délit, l'arrestation, mais non les poursuites qui n'étaient possibles qu'avec l'autorisation de la Chambre. On a soutenu à plusieurs reprises, au Parlement (1), que ce système était encore en vigueur. C'est une erreur absolue. Les auteurs de la Constitution ont choisi en parfaite connaissance de cause entre le système qui a été suivi et le système des Constitutions que nous venons d'indiquer (4).

Lorsque la *poursuite* a été *commencée avant la session*, elle continue, à moins que la Chambre n'en réclame la suspension. Il en est de même de la *détention*.

(1) L'immunité est purement personnelle ; elle ne s'étend pas au domicile du représentant. Ce domicile reste soumis au droit commun pour les perquisitions et autres actes d'instruction pénale.
(2) La jurisprudence considère qu'un député dont la validation a été ajournée ne jouit pas de l'immunité, parce que le règlement de la Chambre interdit au député ajourné de prendre part à aucun vote et de déposer aucune proposition de loi. Cassation, 10 avril 1847 (Sirey, 1847, 1, 305).
(3) Notamment, séance de la Chambre du 8 mai 1894.
(4) Esmein, *loc. cit.*, p. 688.

La *condamnation prononcée* comme conséquence d'une poursuite commencée hors session *peut être exécutée pendant la session, si la Chambre ne l'interdit pas*. L'acte par lequel le député ou sénateur se constitue prisonnier n'est pas un abandon de la prérogative parlementaire.

Le membre du Parlement détenu et dont l'élargissement n'est pas réclamé par la Chambre est *privé de l'indemnité législative* (1). Le président de l'Assemblée a le droit de se refuser à recevoir une proposition déposée par un membre en état de détention (2).

INDEMNITÉ LÉGISLATIVE. — Les députés et sénateurs reçoivent une indemnité fixée à 9.000 francs par an (3). Le but de cette indemnité est d'empêcher que des hommes de valeur ne soient écartés de l'enceinte législative par des considérations pécuniaires.

Nos lois ont presque toujours consacré le principe de l'indemnité des représentants (4).

Nous croyons néanmoins, comme nous l'avons dit précédemment, que le principe de la gratuité serait bien

---

(1) Le membre du Parlement en état de détention simplement *préventive*, continue à recevoir son indemnité.

(2) E. Pierre, *loc. cit.*, p. 1068.

(3) Loi organique du 30 novembre 1875, articles 96 et 97 de la loi du 15 mars 1849 et dispositions de la loi du 16 février 1872.

(4) Sous l'ancienne monarchie, les députés aux Etats Généraux étaient indemnisés de leurs frais de séjour et de déplacement, soit par les commettants (*par application de la théorie du mandat civil*), soit par le trésor royal. Aux Etats de Blois, en 1576 et 1577, l'indemnité des députés s'élevait à 25 livres par jour pour les archevêques, à 9 et 8 livres pour les députés de la Noblesse et du Tiers-Etat. Aux Etats Généraux de 1614, l'indemnité s'éleva jusqu'à 60 livres par jour pour le cardinal de Lavalette, les maréchaux de la Force et de Bassompierre ; les archevêques et les évêques reçurent 50 livres ; les officiers généraux, les magistrats des cours souveraines, les procureurs généraux et autres, 30 livres ; le trésorier général de France, secrétaire de l'assemblée, 24 livres. » E. Pierre, p. 1154.

préférable. En tout cas, si on admet le principe de l'indemnité, devrait-on porter l'allocation à un taux suffisant pour assurer aux parlementaires l'indépendance, vis-à-vis de certaines sollicitations financières (1).

En sus de leur indemnité, les présidents de chaque Assemblée reçoivent sur le budget intérieur de la Chambre une somme annuelle de 72.000 francs ; les questeurs touchent, en plus de leur indemnité, 9.000 francs. Les uns et les autres sont, en outre, logés dans les palais législatifs.

Ces avantages sont considérés comme la conséquence des frais de représentation qui leur sont imposés.

Enfin, les députés et les sénateurs, moyennant une retenue mensuelle de 10 francs, obtiennent une *carte de circulation gratuite sur toutes les grandes lignes de chemins de fer.*

---

(1) Les membres des deux Chambres ne reçoivent pas leur indemnité entière ; elle est réduite par deux retenues mensuelles, l'une de 5 francs pour les dépenses de la buvette, l'autre de 10 francs, pour la circulation sur les chemins de fer.
En Angleterre, le mandat est gratuit, mais le président de la Chambre des communes reçoit une indemnité annuelle de 150.000 fr. En Italie, en Espagne, au Reichstag allemand, les députés n'ont droit qu'au parcours sur les voies ferrées. Partout ailleurs on retrouve le principe de l'indemnité. Aux Etats-Unis, l'indemnité est de 25.000 francs, non compris les frais de voyage. Le Président reçoit une indemnité *spéciale* de 40.000 francs. En *Suède*, l'indemnité est de 1.650 francs par session ordinaire de quatre mois ; en cas de session extraordinaire, elle est de 13 fr. 50 par jour ; les frais de voyage sont payés en plus. — En *Norwège*, 17 francs par jour, plus le remboursement des frais de voyage. Au *Danemark*, 8 fr. 40 par jour et les frais de voyage. Au *Portugal*, 555 francs par mois de session. Aux Pays-Bas, 4.233 francs par an ; les frais de voyage sont évalués à 1 fr. 50 par heure. En *Belgique*, 423 francs par mois de session, pour les députés qui ne représentent pas la ville où siège l'Assemblée. En *Grèce*, 2.000 francs par session ordinaire ; aucune indemnité n'est allouée en cas de session extraordinaire, etc. V. Pierre, *loc. cit.*, p. 1158, n° 1165.

DÉLITS COMMIS PAR LA PRESSE, OU TOUT AUTRE MODE DE PUBLICATION, CONTRE LES MEMBRES DU PARLEMENT. — La loi du 29 juillet 1881 sur la Presse renferme des dispositions spéciales en faveur des membres du Parlement.

La *diffamation* commise par la voie de la Presse ou par tout autre moyen de publication, à raison de leurs fonctions ou qualité, envers un ou plusieurs membres du ministère, un ou plusieurs membres de l'une ou de l'autre Chambre est punie d'un emprisonnement de 8 jours à un an et d'une amende de 100 à 3.000 francs, ou de l'une de ces deux peines seulement (1).

L'*injure* commise par les mêmes moyens envers un ou plusieurs membres du ministère, un ou plusieurs membres de l'une ou de l'autre Chambre, est punie d'un emprisonnement de six jours à trois mois et d'une amende de 18 à 500 francs, ou de l'une de ces deux peines seulement. Si l'injure n'est pas publique, elle n'est punie que de la peine prévue à l'article 471 du Code pénal (amende de 1 à 5 francs) (2).

La *vérité* du fait diffamatoire peut être établie, mais seulement quand ce *fait* est *relatif aux fonctions*. La juridiction compétente, en cas de diffamation ou d'injure publique, est la Cour d'assises ; le délit d'injure non publique est déféré aux tribunaux de simple police.

En cas de diffamation ou d'injure, la poursuite ne peut avoir lieu que sur la plainte de la partie lésée.

INSIGNES PARLEMENTAIRES. — Les députés et sénateurs

---

(1) Art. 31. — La diffamation est toute allégation ou imputation d'un fait (vrai ou faux) qui porte atteinte à l'honneur et à la considération de la personne ou du corps auquel le fait est imputé (art. 29).

(2) L'injure est toute expression outrageante, terme de mépris ou invective qui ne renferme l'imputation d'aucun fait déterminé (art. 29).

La *diffamation non publique* est assimilée à l'*injure non publique* et punie de la même façon. Cassation, 18 novembre 1886.

n'ont plus, comme autrefois, un costume spécial (1) ; ils n'ont que des insignes en usage seulement dans les cérémonies publiques. Ces insignes sont déterminés par le règlement de chaque Assemblée (2). Les insignes des députés consistent en une décoration ornée des faisceaux de la République surmontés de la main de justice, portée à la boutonnière et une écharpe tricolore à frange d'or, portée en sautoir. Les insignes des sénateurs sont les mêmes, avec cette différence que pour la décoration portée à la boutonnière, la main de justice est double. En outre, l'écharpe n'a pas de franges, elle se termine avec un insigne sur la rosette (3).

En dehors des insignes, chaque membre du Parlement reçoit une *médaille* destinée à constater son identité. Elle porte l'effigie de la République et, en exergue, le nom du membre, l'indication du département et la date

---

(1) La *Convention*, obsédée par les souvenirs classiques, imposa, par un décret du 3 brumaire an IV, le travestissement qui suit aux membres du corps législatif :
Conseil des Cinq-Cents : La *robe* longue et *blanche*, la *ceinture bleue*, le *manteau écarlate* (le tout en laine), la *toque* de velours bleu. Conseil des Anciens : Même forme de vêtement. La *robe* en *bleu-violet*, la *ceinture écarlate*, le *manteau blanc* (le tout en laine) ; la *toque* de velours, *même couleur que la robe*. Ces deux vêtements *ornés de broderies de couleur*.
Ce brillant costume ne paraît pas avoir enthousiasmé ceux qui devaient s'en affubler. Il fut remplacé bientôt par un autre moins grotesque. Voir E. Pierre, *loc. cit.*, p. 1134.
(2) Sénat, art. 29 ; Chambre des députés, art. 153.
(3) C'est l'Assemblée législative qui créa les insignes parlementaires. Le 12 juillet 1792, elle décida que les représentants devraient porter, soit dans le lieu de leurs séances, soit quand il ferait partie d'une députation, un *ruban aux trois couleurs et à trois bouts dorés*, placé en sautoir ; à ce ruban étaient attachées les *tables de la loi* consistant dans un *livre doré et ouvert* ; sur l'un des feuillets du livre on lisait les mots *droits de l'homme*, et sur l'autre on lisait le mot *Constitution*. E. Pierre, *loc. cit.*, p. 1134.

de l'élection. Elle est en vermeil pour les sénateurs, en argent pour les députés (1).

SECTION II. — Le pouvoir exécutif.

Le pouvoir exécutif comprend, en France, comme organes essentiels, le *Président de la République*, les *ministres* et le *Conseil d'Etat*.

§ 1er. — Le Président de la République.

1° *Théorie de l'unité et théorie de la collégialité du pouvoir exécutif*.

L'étude du pouvoir exécutif soulève une première question. Convient-il de confier dans une démocratie, la magistrature suprême de l'Etat, à un *titulaire unique, ou* à une *collégialité ?* En faveur de la forme collective du pouvoir exécutif, on fait observer qu'elle est une garantie contre un coup d'Etat et contre la dictature qui en est la suite. Un Président de la République est, dit-on, une coûteuse inutilité, un reste de la forme monarchique. N'est-il pas préférable de partager le pouvoir exécutif entre les ministres qui l'exercent en fait et ont toute la responsabilité du pouvoir ?

Les avantages que peut présenter la collégialité sont bien faibles en comparaison de ses inconvénients. L'expérience qui en a été faite sous la Révolution est loin de lui être favorable. Il suffit de rappeler le *Comité de salut public*, le *Directoire* de l'an III, le *Consulat* de l'an VIII. La collectivité du pouvoir exécutif amène l'incohérence dans l'action, l'absence d'esprit de suite. Les Assemblées législatives toujours poussées vers l'absorption des au-

---

(1) E. Pierre, p. 1138.

tres pouvoirs ne peuvent que profiter de l'affaiblissement d'un pouvoir exécutif divisé.

En 1875, le principe de *l'unité* n'a soulevé aucune discussion. On se trouvait, du reste, en présence d'un fait acquis : la présidence du maréchal de Mac-Mahon.

2° *Nomination du Président de la République.*

Par qui le Président de la République doit-il être nommé ? *Est-ce par le peuple ou par le corps législatif ?* Le premier système a été pratiqué en 1848 ; il est encore en vigueur aux Etats-Unis. Il a pour avantage de fortifier l'autorité du Président ; il fait craindre à certains le césarisme. Le second système a eu pour effet de nous donner en général des Présidents soliveaux. MM. de Marcère et J. Lemaître en préconisent un troisième qui vraisemblablement donnerait d'excellents résultats. Il consisterait à faire élire le Président par les Parlementaires, les conseillers généraux, l'Institut, les Chambres de commerce, les Chambres d'agriculture et peut-être encore par d'autres corps constitués ou à constituer.

Nous avons vu précédemment que la durée des pouvoirs du Chef de l'Etat est de 7 ans sous l'empire de nos lois constitutionnelles actuellement en vigueur (1), et nous avons fait connaître dans quelles conditions cette durée avait été fixée (2). Il est élu, dit l'article 2 de la loi constitutionnelle du 25 février 1875, « à la majorité absolue des suffrages par le Sénat et par la Chambre des députés réunis en Assemblée nationale ».

La séance de l'Assemblée nationale réunie pour nommer le Président de la République est présidée par le

---

(1) *La durée* de 7 ans *est personnelle* au Président et non attachée à la fonction ; le successeur d'un Président décédé ou démissionnaire n'achève pas les 7 années de son prédécesseur ; il commence un septennat nouveau.
(2) Page 210.

Président et, à son défaut, par l'un des vice-présidents du Sénat.

L'article 7 de la loi constitutionnelle du 25 février 1875 exige qu'il soit procédé immédiatement au vote, sans débats. Chaque membre de l'Assemblée dispose d'une voix, ce qui donne à la Chambre des députés une majorité sur le Sénat.

L'élection a lieu au moment où expirent les pouvoirs du Président en exercice. « *Un mois au moins avant le terme légal* des pouvoirs du Président de la République, les Chambres devront être *réunies en Assemblée nationale* pour procéder à l'élection du nouveau président. *A défaut de convocation*, cette réunion aura lieu *de plein droit le quinzième jour avant l'expiration* de ces pouvoirs » (1).

La vacance du pouvoir exécutif peut provenir de *décès* ou de *démission*. En ce cas, les deux Chambres doivent se réunir *immédiatement* et de plein droit (2). Bien que la nouvelle élection doive avoir lieu *immédiatement*, l'Assemblée nationale ne peut se réunir séance tenante. Le jour et l'heure de la réunion sont fixés par le Président du Sénat agissant en qualité de président de l'Assemblée nationale.

Pendant l'intérim, le Conseil des ministres exerce le pouvoir exécutif.

Le Président de la République est rééligible (3) ; il l'est indéfiniment. La rééligibilité a été attaquée ; on a craint que par la permanence de fait de la fonction, on ne ressuscitât le pouvoir dictatorial et que le Président, pour se faire réélire ne recourût aux moyens puissants de corruption et de contrainte dont il peut disposer. Ces raisons ne sont pas péremptoires. Dans une République

---

(1) Loi constitutionnelle du 16 juillet 1875, art. 3.
(2) Loi constitutionnelle du 25 février 1875, art. 7, et art. 3 de la loi du 16 juillet 1875.
(3) Loi du 16 juillet 1875, art. 2.

comme la nôtre, où le chef de l'Etat est nommé par les Assemblées représentatives, la réélection indéfinie ne présente aucun danger ; elle permet de renouveler le mandat d'un Président qui a donné ses preuves de capacité et de haute intégrité ; elle protège ainsi le pays contre des choix qui pourraient être moins heureux (1).

Quelles sont les *conditions requises pour être élu* à la présidence ? Nos lois constitutionnelles ne les indiquent pas. Il suffit, par conséquent, que le candidat soit Français, mâle, majeur de 21 ans, jouissant de ses droits civils et politiques.

Exceptionnellement, la loi de révision constitutionnelle du 14 août 1884 a rendu certains Français inéligibles à la présidence de la République : ce sont les *membres des familles ayant régné sur la France* (2).

3° *Traitement du Président de la République.*

Le *traitement* du Président de la République n'est réglé ni par la loi, ni par la Constitution. Chaque année, il est inscrit au budget, en tête des dotations : il y figure pour 600.000 francs. Quant aux frais de représentation, ils ont été élevés successivement de 162.400 francs à 300.000 francs, puis à 600.000 francs depuis 1876. Ce chiffre n'a pas été augmenté depuis. — La résidence du

---

(1) D'après l'article 45 de la Constitution du 4 novembre 1848, le Président de la République était élu pour 4 ans, mais n'était rééligible qu'après un intervalle de 4 années. Cette précaution n'a pas empêché le coup d'Etat de Louis Napoléon Bonaparte. Aux *Etats-Unis*, la Constitution est muette sur la question de la rééligibilité. En pratique, sur tous les présidents qui se sont succédé à la présidence, huit ont été réélus une seconde fois. — Washington ayant refusé de se présenter une troisième fois, il est devenu d'usage, aux Etats-Unis, de ne jamais élire trois fois le même candidat à la présidence.

(2) Art. 3.

Président de la République est le palais de l'Elysée (1).

4° *Attributions du Président de la République.*

Nous étudierons les *attributions exécutives* du Président de la République, puis ses *rapports avec le pouvoir législatif*, ses *attributions relatives à la souveraineté intérieure*, ses *attributions relatives à la souveraineté extérieure*. Nous verrons ensuite les *actes par lesquels il exerce ses fonctions*. Enfin, nous étudierons sa *responsabilité*.

ATTRIBUTIONS EXÉCUTIVES. — *Promulguer* la loi, exercer le *pouvoir réglementaire* par des décrets généraux, tels sont les deux moyens par lesquels le Président de la République assure et facilite l'exécution des actes du pouvoir législatif.

A) *Promulgation et publication des lois.* — La *promulgation* a pour but de faire connaître l'existence de la loi aux particuliers et de la rendre obligatoire. Quand la loi a été votée, elle existe définitivement ; mais tant que la promulgation par le chef de l'Etat n'est pas intervenue, elle n'est susceptible d'aucune exécution ; la promulgation est, en quelque sorte, comme on l'a dit assez exactement, l'*acte de naissance de la loi*. On ne doit pas la confondre avec la *sanction*. Dans les pays où le souverain a la sanction de la loi, il participe à l'exercice du pouvoir législatif, car la loi, en ce cas, n'est *achevée*,

---

(1) Aux *Etats-Unis*, le Président a un traitement de 125.000 fr. et il est logé. En *Suisse*, le Président du Conseil fédéral reçoit 13.000 francs. En *Belgique*, la liste civile du roi est de 4 millions (loi du 25 décembre 1865). En *Prusse*, la liste civile est de 11.700.000 fr. ; dans la pauvre *Italie*, la liste civile du roi est de 14.250.000 francs. En *Espagne*, la dotation du roi est de 7 millions de pesetas, celle de la reine, de 460.000 francs. Au *Portugal*, la liste civile est de 3.800.000 francs.

n'est parfaite que si elle est confirmée par le chef de l'Etat qui a toujours le droit de refuser sa ratification.

« Le Président de la République promulgue les lois lorsqu'elles ont été votées par les deux Chambres », dit l'article 3 de la loi constitutionnelle du 25 février 1875 (1). Cette règle est complétée par la loi du 26 juillet suivant qui s'exprime ainsi dans son article 7 : « Le Président de la République *promulgue* les lois *dans le mois qui suit la transmission au Gouvernement* de la loi définitivement adoptée. Il doit promulguer *dans les trois jours les lois* dont la promulgation, par un vote exprès de l'une ou l'autre Chambre, aura été déclarée *urgente* (2). »

En fixant un délai d'un mois pour la promulgation, on a voulu permettre au Président de la République de choisir le moment qui lui semble le plus opportun pour l'accomplissement de cet acte. On a voulu aussi lui donner le temps nécessaire à l'examen approfondi de la nouvelle loi, en vue de la préparation des règlements et des circulaires ministérielles qui devront paraître à peu près en même temps que la loi et qui seront destinées à en faciliter l'exécution.

Le Président de la République ne peut excéder, sans violer la Constitution, le délai qui lui est imparti pour promulguer. Ses obligations sur ce point sont sanctionnées par la responsabilité politique des ministres. Ne pourrait-on pas considérer aussi que, par son abstention, le Président de la République se rend coupable du crime de haute trahison. C'est un point discutable, comme nous le verrons.

(1) Alinéa 1.
(2) La formule de promulgation doit être ainsi conçue aux termes du décret du 6 avril 1876 : « Le Sénat et la Chambre des députés ont adopté, — le Président de la République promulgue la loi dont la teneur suit (texte de la loi).
La présente loi, délibérée et adoptée par le Sénat et par la Chambre des députés, sera exécutée comme loi de l'Etat. Fait à... »

Toutefois, la Constitution lui donne le moyen de *refuser légalement la promulgation d'une loi votée* par les deux Chambres. « Dans le délai fixé par la promulgation, le Président de la République peut, par un *message motivé*, demander aux deux Chambres une nouvelle délibération qui ne peut être refusée (1). » Cette disposition, conférant au chef de l'Etat un droit de *vote* très atténué, a été empruntée à la Constitution des *Etats-Unis*, avec une différence essentielle. Quand le Président des Etats-Unis s'oppose à l'exécution d'un *bill* voté par les deux assemblées, le *bill* est l'objet d'une nouvelle délibération, et il ne peut être passé outre à la résistance du Président que s'il se rencontre en faveur du projet de loi une majorité des *deux tiers* des voix dans chacune des deux Chambres. En France, il suffit, pour que le Président soit obligé de promulguer la loi, que les Chambres confirment leur volonté par une nouvelle délibération, à la majorité simple. En fait le Président de la République française n'a jamais usé de la prérogative dont il s'agit, et il ne pouvait guère en être autrement sous un régime parlementaire. « Si le ministère a trouvé mauvaise et impraticable la loi que les Chambres ont votée, il l'aura certainement et énergiquement combattue devant elles, et, battu par le vote, il aura dû démissionner. Ce n'est pas lui, par conséquent, qui pourra demander au Président d'user de sa prérogative (2). »

Quand la loi est promulguée, c'est-à-dire rendue exécutoire par décret du Président de la République, elle n'oblige pas encore, car elle n'est pas connue. Pour qu'elle puisse être connue, il faut qu'elle soit *publiée*, répandue dans tout le pays. A cet effet, le décret de promulgation est inséré au *Journal officiel* remplaçant le

---

(1) Loi constit. du 16 juillet 1875, art. 7, 2ᵉ alinéa.
(2) Esmein, *loc. cit.*, p. 470.

Bulletin des lois, et la loi devient obligatoire à Paris, un jour franc après la promulgation, partout ailleurs, dans l'étendue de chaque arrondissement, un jour franc après que le *Journal officiel* qui la contient est parvenu au chef-lieu de cet arrondissement. Ce mode de procéder résulte d'un décret du gouvernement de la Défense nationale du 5 novembre 1870. Il présente l'inconvénient de laisser subsister la promulgation par le *Bulletin des lois* concurremment avec l'insertion dans le *Journal officiel*. En effet, le décret du 5 novembre 1870 s'exprime ainsi : « Le Bulletin des lois continuera à être publié et l'insertion qui y sera faite des actes non insérés dans le *Journal officiel*, en opérera la promulgation. »

« L'insertion des lois au *Journal officiel* a été abandonnée par la chancellerie aux ministres compétents ; le garde des sceaux ne surveille que l'insertion au *Bulletin des lois*. Il existe donc pour une même loi deux textes officiels qui peuvent n'être pas identiques (1). »

B) *Exercice du pouvoir réglementaire*. — Pour assurer l'exécution des lois, le Président de la République a le *pouvoir réglementaire*. Le *règlement* est *distinct de la loi* ; il en suppose l'existence, la complète dans les détails, mais ne peut en modifier ni l'esprit, ni le texte (2). Le règlement ressemble à la loi en ce sens que les différentes juridictions sont tenues de l'appliquer. Il est, en

---

(1) E. Pierre, *loc. cit.*, p. 501.
(2) Le pouvoir réglementaire du roi figurait dans la Charte de 1814, sous le nom d'*ordonnances*. « Le roi fait les règlements et *ordonnances* nécessaires pour l'exécution des lois et *pour la sûreté de l'Etat*. Ces derniers mots étaient ambigus. Charles X les invoqua pour rendre les fameuses ordonnances du 25 juillet 1830 qui firent éclater la Révolution. La Charte révisée du Gouvernement de Louis-Philippe modifia le texte de la manière suivante « et fait les règlements et ordonnances pour l'exécution des lois, *sans pouvoir jamais suspendre les lois elles-mêmes, ni dispenser de leur exécution*. »

outre, muni d'une sanction pénale lorsqu'il est légalement fait (1). Il faut considérer qu'il y a là une sorte de délégation du pouvoir législatif.

Le pouvoir réglementaire est reconnu au Président de la République par l'article 3 de la loi constitutionnelle du 25 février 1875. Le Président de la République promulgue les lois, dit ce texte ; il ajoute : « Il en *surveille et en assure l'exécution.* »

Certains règlements portent le nom de *règlements d'administration publique.*

Ils supposent qu'une loi renferme une disposition aux termes de laquelle *cette loi devra être complétée.* sur certains points, par le chef du pouvoir exécutif. Le règlement à intervenir pour donner satisfaction au législateur ne peut être rendu qu'après avoir été *soumis à l'Assemblée générale du Conseil d'Etat.* En conséquence le *règlement d'administration publique* devra contenir cette phrase : *Le Conseil d'Etat entendu.*

Les règlements ont l'avantage de dégager la loi d'une foule de détails secondaires, d'application pratique, qui sont moins de la compétence des Chambres législatives que du pouvoir exécutif.

Les garanties contre les abus du pouvoir réglementaire du Président de la République consistent d'abord en un recours devant le Conseil d'Etat pour incompétence ou excès de pouvoir (2), ensuite dans la responsabilité politique des ministres ; enfin, dans le pouvoir conféré au tribunal de simple police d'apprécier la légalité du règlement dont l'application lui est demandée et de ne prononcer une peine que si le règlement était *légalement* fait (3).

---

(1) Art. 471, § 15, du Code pénal.
(2) Loi du 24 mai 1872, art. 9.
(3) Code pénal, art. 471, § 15.

RAPPORTS DU POUVOIR EXÉCUTIF AVEC LE POUVOIR LÉGISLATIF. — Dans l'étude du pouvoir législatif nous avons eu l'occasion d'indiquer les rapports du Président de la République avec les deux Chambres. Nous savons qu'il peut *convoquer les deux Assemblées en session extraordinaire*, qu'il peut *les ajourner*, qu'il *clôt les sessions*, qu'il a *l'initiative des lois*, qu'il a le droit de *dissoudre* la Chambre des députés. Nous avons vu, en parlant de la promulgation, qu'il peut *demander une nouvelle délibération* d'une loi votée. Ajoutons qu'il communique avec la Chambre par des *messages* lus à la tribune par un ministre.

Nous avons mentionné seulement le droit de *dissolution*. Examinons cette prérogative, ainsi que les *messages*.

A) *Droit de dissoudre la Chambre des députés.* — « Le Président de la République peut, sur l'*avis conforme* du Sénat, *dissoudre la Chambre des députés, avant l'expiration légale de son mandat.* » C'est en ces termes que s'exprime l'article 3, § 1, de la loi constitutionnelle du 25 février 1875.

La dissolution suppose habituellement un *conflit* entre la Chambre et le chef de l'Etat. Le meilleur moyen d'y mettre fin, est de réunir les collèges électoraux qui en nommant une nouvelle Assemblée prononceront en faveur de l'un ou de l'autre des deux pouvoirs. Ce système est un cas d'application du régime parlementaire, puisqu'il a pour but de faire prédominer la volonté nationale.

On a soulevé des *objections* contre le droit attribué au Président de dissoudre la Chambre des députés. On a dit qu'il portait atteinte au principe de la souveraineté du pays, puisque la dissolution permet d'atteindre un pouvoir qui est la représentation la plus complète de la nation. Cette objection n'a aucun fondement. La dissolution n'a-t-elle pas été introduite, comme nous venons de le voir, pour amener la prédominance de la souveraineté du peuple ?

De deux choses l'une, en effet : ou les nouvelles élections feront rentrer à la Chambre les membres qui composaient l'Assemblée dissoute, et le Président n'aura qu'à se soumettre en présence du résultat de cette grande consultation nationale ; ou les électeurs donneront raison au chef de l'Etat en nommant de nouveaux représentants favorables à sa politique. Dans les deux cas, la nation aura eu le dernier mot.

On a dit aussi que la dissolution péchait contre les règles du droit, en autorisant le Président de la République élu par les deux Chambres à dissoudre celle qui représente la majeure partie de son collège électoral. C'est le mandataire qui révoque son mandant. Cette seconde objection n'est pas plus sérieuse que la première. Quand le Président de la République est élu, il n'est nullement le mandataire des deux Chambres ; il est alors investi d'un pouvoir propre, le pouvoir exécutif, bien différent du pouvoir législatif.

La dissolution ne suppose pas toujours nécessairement *un conflit* entre les Chambres et le Président de la République. Elle peut intervenir pour faciliter le fonctionnement des rouages constitutionnels, par exemple, si par suite de la division des partis dans l'Assemblée, aucune majorité stable ne peut se former. La dissolution provoquera l'élection d'une Assemblée dans laquelle se créera un parti gouvernemental suffisamment compact pour donner quelque stabilité au ministère.

Inconnue des constitutions républicaines antérieures, la dissolution est mal considérée en France. Elle n'a été appliquée qu'une seule fois, très régulièrement, en 1877, par le maréchal de Mac-Mahon : on a crié, bien à tort, au Coup d'Etat.

Le Président de la République ne peut pas dissoudre la Chambre sans un *avis conforme du Sénat*. Cette intervention a pour but d'assurer plus d'autorité à l'acte du Gouvernement et d'empêcher toute tentative de pouvoir personnel. Le Sénat est saisi par un message motivé. La dissolution est prononcée par un décret qui vise l'avis conforme du Sénat.

Après la dissolution, les collèges électoraux sont convoqués pour procéder à des élections nouvelles. — L'article 5, § 2, de la loi constitutionnelle du 25 février 1875 décidait qu'en ce cas les collèges électoraux seraient *convoqués dans le délai de trois mois*. L'expression *convoquée* présentait une certaine ambiguïté. Suffisait-il que le Gouvernement rendît avant l'expiration de trois mois le décret de convocation, sauf à fixer la date de la réunion des collèges au delà de ce terme, ou bien fallait-il que les élections fussent faites dans les trois mois ? Cette seconde explication de l'article 5 était évidemment la seule qui fût exacte ; et cependant, quand le maréchal de Mac-Mahon eut dissous la Chambre des députés, le 25 juin 1877, il adopta la première interprétation. Le décret de convocation fut signé le 21 septembre, trois mois moins quatre jours après la dissolution ; il appelait les collèges électoraux à se réunir pour le 14 octobre seulement.

Le procédé du Gouvernement du maréchal de Mac-Mahon fut condamné avec juste raison, par la Chambre des députés, lors de la vérification des pouvoirs.

Afin d'éviter le retour de cette difficulté les Chambres révisèrent l'article 5 en 1884. Elles réduisirent d'abord, de trois mois à *deux mois*, le délai fixé primitivement pour la convocation des collèges électoraux, et remplacèrent le mot *convoqués* par le mot *réunis*, ce qui ne donnait plus lieu à la moindre équivoque. « En ce cas (dissolution) les collèges électoraux sont *réunis* pour de nouvelles élections dans le délai de *deux mois* et la Chambre dans les dix jours qui suivront la clôture des opérations électorales. »

B) *Messages*. — *Le Président de la République n'a pas l'accès des Chambres* ; il ne peut y prendre la parole. C'est une conséquence du principe de la séparation des pouvoirs. Il ne communique avec le Parlement que par des *messages* lus à la tribune par un ministre (1). Il doit en être ainsi, même si le Président était député ou sénateur au moment de son élection. On a admis, en effet, l'incompatibilité des deux fonctions, bien qu'elle ne résulte d'aucun texte. Le siège de député ou sénateur devient vacant, et on procède au remplacement du représentant élu président de la République.

L'intervention du chef de l'Etat auprès des Chambres par un message, engage la responsabilité du cabinet tout entier. Aussi, suppose-t-elle, pour pouvoir se produire, l'appui du ministère (2).

ATTRIBUTIONS RELATIVES A LA SOUVERAINETÉ INTÉRIEURE. — *Le Président de la République ne peut ni suspendre l'application de la loi, ni en dispenser les citoyens*. Cependant le droit de suspendre directement la loi lui est accordée au moins dans un cas. Nous avons vu, en effet, que le chef de l'Etat peut proclamer *l'état de siège* dans les conditions que nous avons indiquées précédemment (3).

A) *Droit de dispense*. — Le Président de la République

---

(1) Le droit de dissolution n'existe pas aux *Etats-Unis*. Il existe, à l'égard de la Chambre unique, en *Grèce*, au *Luxembourg*, en *Serbie*. Il est reconnu à l'égard de la Chambre basse, en *Allemagne*, en *Angleterre*, en *Autriche*, en *Italie*, etc. Il s'applique aux deux Chambres en *Belgique*, au *Danemark*, en *Espagne*, au *Portugal*, en *Roumanie*, en *Suède*. En général le chef de l'Etat exerce librement ce droit. Toutefois, l'assentiment du Conseil fédéral est nécessaire en *Allemagne*, celui des ministres, en *Serbie*.

(2) Esmein, *loc. cit.*, p. 522.

(3) Voir p. 268.

jouit également, du *droit de dispense* dans quelques cas déterminés expressément par la loi. Ainsi, aux termes de l'article 145 du Code civil, *il peut autoriser* pour des motifs graves laissés à sa discrétion, *les mariages avant l'âge légal.* Ainsi encore, il a le droit, d'après l'article 165 du même Code, de *lever* pour des causes graves *les prohibitions concernant les mariages entre beaux-frères et belles-sœurs, oncle et nièce, tante et neveu.*

B) *Droit de grâce.* — Dispenser de l'exécution d'un jugement, c'est dispenser de la loi, puisque les jugements ne font qu'appliquer la loi aux particuliers. On a cru, cependant, devoir investir le Président de la République du *droit de modifier ou de supprimer une peine prononcée par une juridiction régulière.* C'est le droit de *grâce* qui paraît constituer une atteinte au principe de la séparation des pouvoirs et qui a été cependant admis pour plusieurs raisons : il permet de réparer une erreur judiciaire toujours possible et de devancer la procédure longue et difficile de la *révision* (1) ; il atténue ou fait cesser une peine trop grave ; enfin il est un stimulant des plus sérieux à l'amendement d'un condamné.

L'article 3 § 2 de la loi constitutionnelle du 25 février 1875 s'exprime ainsi relativement au Président de la République : « Il a le droit de faire *grâce* ; les *amnisties* ne peuvent être accordées que par une *loi.* »

Les *différences* fondamentales existant *entre la grâce et l'amnistie* expliquent pourquoi elles ne sont pas accordées par la même autorité. L'*amnistie* est une *mesure collective* qui ne désigne pas les personnes appelées à en profiter ; elle peut intervenir soit avant, soit après la condamnation ; elle s'applique généralement à des faits politiques ; enfin elle *efface la condamnation* ou la faute ; elle fait *l'oubli.*

(1) La révision n'est, du reste, possible que dans les cas énumérés par la loi du 8 juin 1895.

C'est pourquoi l'amnistie ne laisse subsister aucune incapacité civile ou politique ; les personnes amnistiées recouvrent l'intégrité de leurs droits.

Au contraire, *la grâce, mesure individuelle*, transforme la peine matérielle (c'est la commutation), ou l'abrège ; mais elle *laisse subsister la condamnation* et toutes les déchéances des droits civils et politiques.

L'amnistie est donc une mesure beaucoup plus grave et beaucoup plus radicale que la grâce ; elle porte une atteinte plus directe à la loi.

Après la Révolution, une loi de 1791 supprima le droit de grâce. C'était l'effet d'une réaction contre l'arbitraire des peines dans l'ancien droit. Rétablie sous le Consulat, par le sénatus-consulte du 16 thermidor an X, la grâce n'a pas cessé de figurer dans les constitutions qui se sont succédé en France jusqu'à nos jours (1).

C) *Nomination aux emplois civils et militaires.* — Le Président de la République *nomme à tous les emplois civils et militaires* (2).

---

(1) Aux *Etats-Unis*, le Président accorde des sursis et des grâces ; pour l'amnistie, il faut une loi. En *Suisse*, le droit de grâce appartient comme le droit d'amnistie, aux deux Conseils (le Conseil national et le Conseil des Etats). En *Belgique*, le roi a le droit de grâce ; il ne peut l'exercer à l'égard d'un *ministre condamné* que sur la demande de l'une des Chambres ; l'amnistie est une prérogative du pouvoir législatif. Le système est le même en *Prusse*. En *Angleterre*, le droit de grâce et celui d'amnistie sont exercés au nom du chef de l'Etat, par le Gouvernement ; les Chambres n'y participent d'aucune façon. En *Espagne*, la grâce appartient au roi, l'amnistie ne peut découler que de la loi. En *Autriche* et en *Italie*, l'amnistie dépend du roi, comme la grâce. En *Grèce* comme en Belgique et en Prusse, le roi a la grâce ; mais pour les *ministres condamnés* à la suite d'une mise en accusation de la Chambre, il faut l'assentiment préalable de cette dernière. Le roi ne peut accorder l'amnistie que pour *délits politiques* ; et c'est un acte de gouvernement qui engage la responsabilité ministérielle.

(2) Loi du 25 février 1875, art. 3, § 4.

Cette règle bien que formulée en termes très généraux *n'est pas absolue.* Il est des fonctionnaires qui sont nommés sur la présentation de certains corps (avoués, notaires, etc.) et dont le choix s'impose au Président de la République ; d'autres sont nommés au concours ou après examens. Il est pourvu à certaines fonctions publiques par l'élection. Enfin, un assez grand nombre de fonctionnaires inférieurs sont nommés directement par les autorités administratives subordonnées au Président de la République, telles que les ministres et les préfets, en vertu de dispositions et de lois antérieures, « et aucune de ces dispositions n'a été considérée comme abrogée par la loi constitutionnelle du 25 février 1875 » (1).

Cette dernière loi renferme dans son article 4 une règle particulière, en ce qui concerne les *conseillers d'Etat, en service ordinaire.* Ils sont nommés par le Président de la République en Conseil des ministres. Antérieurement, sous l'empire de la loi du 24 mai 1872, qui avait imité sur ce point la Constitution de 1848, les conseillers d'Etat en service ordinaire étaient élus par l'Assemblée nationale pour trois ans, et se renouvelaient par tiers tous les ans (2). C'était une conséquence de l'existence d'une seule Assemblée. Le Conseil d'Etat formait entre la Chambre unique et le pouvoir exécutif, un pouvoir intermédiaire indépendant, jouant le rôle de modérateur. L'utilité d'un pouvoir ainsi constitué n'avait plus de raison d'être, avec la création des deux Chambres.

Le droit de *révoquer* les fonctionnaires est le corollaire naturel du droit de les nommer. Nos lois constitutionnelles de 1875 sont muettes sur ce point ; mais elles ont admis tacitement cette conséquence. En effet, les conseillers d'Etat en service ordinaire, nommés comme

---

(1) Esmein, *loc. cit.*, p. 481.
(2) Art. 3.

nous venons de le voir, ne peuvent être *révoqués* par le Président de la République *que par un décret rendu en Conseil des ministres* (1). Il s'agit là évidemment d'une exception confirmant la règle qui laisse plein pouvoir au Président de la République, en ce qui concerne le droit de révocation. Une pareille règle s'impose, du reste. Le chef de l'Etat ne peut être obligé de conserver des fonctionnaires indignes ou dans lesquels il n'a aucune confiance ; sinon il perdrait toute autorité et l'administration serait impossible (2).

Comme pour la nomination, la révocation d'un fonctionnaire peut émaner d'une autorité subordonnée au chef de l'Etat : ministre, préfet ou autre. Enfin, certains fonctionnaires à qui la loi a voulu, dans un intérêt général, assurer l'indépendance, jouissent de *l'inamovibilité*, tels sont notamment les membres des tribunaux judiciaires et les officiers de l'armée relativement à leur grade.

Aux termes des articles 4 et 5 du Concordat du 26 messidor an IX le Président de la République nomme les évêques et les archevêques : l'institution canonique est donnée par le Saint-Siège. Les évêques et archevêques sont inamovibles.

D) *Disposition de la force armée.* — Le Président de la République dispose de la force armée (3). Cette attri-

---

(1) Loi constitutionnelle du 25 février 1875, art. 4, § 2.

(2) Aux *États-Unis*, le Président ne peut naturellement nommer que les fonctionnaires fédéraux. Il ne peut nommer les *fonctionnaires* fédéraux *supérieurs* (ambassadeurs et autres ministres publics, consuls, juges de la Cour suprême, etc.), qu'avec *l'assentiment de la majorité du Sénat*. La Constitution est muette sur le droit de révocation ; la doctrine et la jurisprudence admettent, comme en France, que le Président a un *droit général de révocation* à l'égard des fonctionnaires fédéraux, même à l'égard de ceux qu'il ne peut nommer qu'avec l'assentiment du Sénat.

(3) Le droit pour le Chef de l'Etat de disposer de la force armée lui est accordé par un certain nombre de constitutions étrangères.

bution est indispensable, puisque le chef de l'Etat a pour mission essentielle d'assurer le bon ordre et la sécurité à l'intérieur, et la défense contre l'ennemi du dehors. Mais, le Président de la République peut-il commander les troupes en personne. Ce droit lui était expressément refusé par la Constitution de 1848. Dans nos lois constitutionnelles de 1875 il n'existe aucun texte sur ce point; mais, lors des travaux préparatoires, un amendement ayant été rédigé pour interdire au Président de commander l'armée, le maréchal de Mac-Mahon menaça l'Assemblée de donner sa démission s'il était voté. L'amendement fut repoussé. Il en résulte que rien ne s'oppose à ce que le Président de la République prenne lui-même le commandement suprême des armées. En fait, l'exercice d'un pareil droit semble difficile.

Nous avons parlé plus haut du droit de requérir la force armée accordé aux présidents de nos deux Assemblées, du caractère inconstitutionnel de ce droit et des conflits qu'il peut provoquer.

E) *Présidence des solennités nationales.* — Enfin, le Président de la République préside les solennités nationales. C'est une de ses attributions personnelles réellement effectives, celle pour laquelle il a le plus l'occasion de se dépenser. Ce n'est pas la moins dangereuse, avec le développement des idées anarchistes.

ATTRIBUTIONS RELATIVES A L'ADMINISTRATION. — Les attributions du Président de la République qui comprennent le champ le plus vaste, sont les attributions administratives par lesquelles il est chargé de pourvoir à certains intérêts particuliers et aux intérêts collectifs du pays.

Il en est ainsi en Allemagne, Autriche, Belgique, Espagne, aux Etats-Unis, en Grèce, en Italie, au Japon, en Prusse, en Roumanie, Serbie, Suède, dans la République Argentine, etc.

Ainsi, *le Président est tenu d'exécuter le budget,* en effectuant les recettes et en faisant les dépenses autorisées. *Il gère le domaine de l'Etat.* Il remplit une *fonction de tutelle* qu'il partage avec certaines autorités placées sous sa dépendance : ministres et préfets. A ce titre, il approuve le budget des départements, le budget des villes, lorsqu'il excède trois millions, il autorise l'acceptation des libéralités aux établissements publics et aux établissements d'utilité publique, il confère l'existence à ces derniers ; d'une façon générale, il approuve un grand nombre d'actes intéressant ces deux catégories d'établissements.

Son action s'exerce aussi à l'égard des particuliers : il accorde aux étrangers l'admission à domicile, la naturalisation, il autorise les Français à prendre à l'étranger du service militaire, il accorde des concessions de mines, il autorise les sociétés d'assurances sur la vie, les changements de noms, etc.

L'énumération que nous venons de donner n'est, du reste, qu'une indication des plus sommaires. Toute cette partie des attributions du Président de la République est presque entièrement du domaine du droit administratif.

Exercice de la souveraineté extérieure. — L'objet de la *souveraineté extérieure est l'entretien des rapports d'une nation avec les nations étrangères.* Locke considérait que l'exercice de cette souveraineté constituait un pouvoir spécial qu'il appelle *pouvoir fédératif* (1). C'est naturellement le chef de l'Etat qui représente le pays à l'extérieur. Mais, il s'agit de savoir quelle est l'étendue de ses droits à cet égard, dans quels cas et dans quelle mesure le pouvoir législatif doit intervenir. Il nous faut distinguer

---

(1) M. Chénon, à son cours, reproduit cette théorie. Un des chapitres de son programme est, en effet, intitulé : le *pouvoir fédératif.*

la *représentation diplomatique*, la négociation des *traités*, les *modifications de territoires*, les *déclarations de guerre*.

A) *Agents diplomatiques*. — Pour régler les rapports si nombreux entre les Etats, il est nécessaire que chacun d'eux entretienne auprès des autres des *agents installés à demeure ou pourvus de missions temporaires* ; ce sont les *agents diplomatiques* : ambassadeurs, envoyés extraordinaires, ministres plénipotentiaires, ministres résidents et chargés d'affaires. Ces agents sont nommés et révoqués par le chef de l'Etat, c'est lui qui leur délivre des lettres de créance lorsqu'il les accrédite, et qui leur remet les lettres de rappel. Ils parlent en son nom. Les agents diplomatiques agissent d'après les instructions et les ordres qu'ils reçoivent du chef de l'Etat ; c'est par leur intermédiaire que les traités sont négociés et ratifiés.

En sens inverse, c'est auprès du chef de l'Etat que les envoyés et ambassadeurs des puissances étrangères sont accrédités (1).

Les affaires diplomatiques sont dans les attributions du pouvoir exécutif, parce qu'il est impossible qu'une assemblée délibérative, composée d'un grand nombre de membres, puisse remplir les conditions exigées en pareil cas. Il faut, dans cette matière, des qualités professionnelles, c'est-à-dire beaucoup de discrétion, de l'habileté, du tact, parfois une longue patience, d'autres fois une grande promptitude de décision. Il faut aussi l'esprit de suite, par conséquent le maintien aussi prolongé que possible des mêmes hommes aux affaires. Il est vrai que, sous un régime parlementaire la stabilité ministérielle est loin d'être assurée ; mais les changements de ministères n'entraînent généralement aucune modification, ni dans le personnel diplomatique, ni dans celui des bureaux.

(1) Loi constitutionnelle du 25 février 1875, art. 3, alinéa 5.

B) *Traités internationaux.* — Les *traités internationaux* ont souvent une très grande importance. Aussi, la question de savoir *qui doit les conclure* définitivement a-t-elle donné naissance à plusieurs théories. Dans un système, on prétend que *le Parlement* doit approuver les traités négociés par le Président de la République. Les traités sont analogues à des lois en ce sens qu'ils sont l'expression de la volonté nationale; en outre ils engagent la nation; or, seule la nation a le droit, par l'intermédiaire de ses représentants, de prendre des engagements qui la lient envers les pays étrangers. On dit, dans un second système, que *le pouvoir exécutif* doit librement négocier et conclure les traités sans l'intervention du pouvoir législatif. Les discussions d'intérêts entre deux Etats, ne peuvent se terminer avantageusement que si le pouvoir exécutif est maître de choisir, pour conclure la convention, le moment le plus favorable, sans être gêné par les débats au grand jour soulevés sur le projet dans les assemblées représentatives.

Ce système se rencontre sous les gouvernements monarchiques ; il a été en vigueur chez nous sous la Restauration, sous le règne de Louis-Philippe, et sous le second Empire.

Un troisième système établit une distinction. *En principe, les traités sont valablement négociés et ratifiés par le chef de l'Etat*, sans l'intervention du pouvoir législatif; mais, *exceptionnellement*, les traités qui mettent en jeu les intérêts les plus graves ne sont définitifs qu'après avoir été *approuvés par le pouvoir législatif*. C'est ce système qui a été admis par notre loi constitutionnelle du 16 juillet 1875, dans son article 8, ainsi conçu : « Le Président de la République négocie et ratifie les traités. — Il en donne connaissance aux Chambres aussitôt que l'intérêt et la sûreté de l'Etat le permettent. — Les traités de *paix*, de *commerce*, les traités *qui engagent les finances* de l'Etat, ceux qui sont relatifs à *l'état des per-*

sonnes et au *droit de propriété des Français* à l'étranger, ne sont définitifs qu'après avoir été votés par les deux Chambres (1).

Cet article attribue, dans tous les cas, au Président de la République le droit de négocier et de ratifier *tous* les traités ; mais, à l'égard de ceux dont l'énumération est donnée limitativement, la ratification suppose au préalable un vote favorable des deux Chambres (2).

L'énumération des cas dans lesquels l'approbation des Chambres est nécessaire, est bien large ; il semble qu'en fait, le Parlement se trouve appelé à émettre un vote sur presque tous les traités ; de sorte que la règle serait absorbée par les exceptions. Si l'on prend à la lettre les mots *traités qui engagent les finances de l'Etat*, on peut dire que tous les traités, quels qu'ils soient, entraînent, ou sont susceptibles éventuellement d'entraîner, des conséquences financières. M. Esmein explique la disposition dont il s'agit de la manière suivante : « Ces mots doivent être entendus dans un sens étroit et précis ; ils désignent les traités qui, par quelques-unes de leurs clauses, impliquent une dépense déterminée et qui ne pourraient point être complètement exécutés sans un crédit correspondant. Il faut que la dépense à faire pour l'exécution du

---

(1) Il existe d'autres systèmes mixtes ; ainsi, la constitution de 1848 prenait le contre-pied de la règle formulée par notre constitution actuelle ; en principe, les traités devaient, *sauf exception* être votés par l'Assemblée. — Aux Etats-Unis, les traités sont négociés par le Président de la République, mais ils doivent être approuvés à la majorité des deux tiers des sénateurs présents. La Chambre des représentants n'intervient jamais. Le Sénat joue ici le rôle de conseil de gouvernement. — Ce système avait été proposé chez nous par le duc de Broglie en 1874.

(2) Lorsque les Chambres émettent un vote sur un traité, elles ne peuvent que rejeter ou approuver intégralement ; elles n'ont pas le droit de modifier le traité ; sinon, elles se substitueraient aux agents diplomatiques qui seuls ont le droit de *négocier* au nom du chef de l'Etat.

traité soit une conséquence directe, précise et nécessaire de celui-ci (1).

L'usage a encore étendu le nombre des exceptions énumérées dans l'article 8 ; c'est ainsi que le Gouvernement soumet toujours aux Chambres les *traités d'extradition*, bien qu'il n'y soit nullement obligé.

Il n'est pas question des *traités d'alliances*, dans l'article 8. Ils rentrent évidemment dans la règle générale : le Gouvernement les conclut en toute liberté, à moins qu'ils n'entraînent directement des charges pécuniaires. Mais, le jour où un traité de ce genre est appelé à produire tous ses effets, le jour où le pouvoir exécutif est obligé, pour assister son allié, de mettre les troupes en mouvement, le Président de la République est doublement forcé de s'adresser au Parlement : d'abord pour demander les fonds dont il a besoin et en second lieu pour se conformer à la disposition qui exige le consentement des deux Chambres préalablement à toute déclaration de guerre. Dans ces conditions, un pareil traité ne présente guère à notre allié que des garanties morales.

On peut citer encore, parmi les traités ne nécessitant pas un vote des Chambres ceux qui stipulent *l'exécution réciproque des jugements*, ceux qui ont pour objet *l'échange des actes de l'état civil*, etc.

Lorsque nous avons parlé de la participation des deux Chambres à l'exercice de la souveraineté extérieure, nous avons indiqué les raisons qui justifient l'intervention d'une loi pour les *cessions, échanges ou adjonctions des territoires*. Nous renvoyons à ce que nous avons dit sur ce point (2).

C) *Déclarations de guerre*. — Les rapports entre les Etats ne sont pas toujours pacifiques. Malgré les tendan-

(1) *Loc. cit.*, p. 531.
(2) Voir page 266.

ces actuelles des peuples vers la médiation et l'arbitrage, trop souvent encore les conflits internationaux ne se terminent que par la violence, c'est-à-dire par les *représailles* ou la *guerre*.

Il y a un grand danger pour un pays à laisser à un seul homme le droit de déclarer une guerre. Sous un régime parlementaire le pouvoir exécutif ne peut jamais agir avec une complète liberté à cet égard. La guerre nécessite des dépenses exceptionnelles ; il faut demander des crédits aux Chambres, et celles-ci, en les supposant hostiles à la guerre, les refuseront. Cet obstacle n'est cependant pas absolu et, en réalité, bien souvent, la politique extérieure manifestée par un ensemble de faits auxquels le Parlement sera resté étranger aura rendu la guerre à tel point inévitable que les Chambres ne pourront refuser les crédits sans exposer le pays à une humiliation cruelle ou à l'invasion.

« *Le président de la République ne peut déclarer la guerre*, dit l'article 9 de la loi du 16 juillet 1875, *sans l'assentiment préalable des deux Chambres.* » Cet article ne vise que les *déclarations* de guerre c'est-à-dire l'agression et non la défense. Donc, le Président de la République qui dispose de la force armée a le droit et même l'obligation rigoureuse de faire entrer les troupes en campagne, si *la France est attaquée*, avec ou sans déclaration préalable de guerre ; sauf à faire régulariser ultérieurement les dépenses qu'il aura engagées. En second lieu, l'article ci-dessus ne s'applique pas dans le cas d'*expéditions coloniales*, contre des peuplades barbares. Ajoutons aussi le cas où il s'agit de *représailles*, c'est-à-dire d'actes de violence déterminés et limités, dirigés contre un Etat généralement plus faible auquel on reproche la violation d'un droit et qui refuse de donner la satisfaction qui lui est réclamée. Les représailles consistent principalement dans l'*embargo*, le *blocus*, dit *pacifique*, parce qu'il n'y a pas guerre à proprement parler, dans la *saisie de navires en pleine mer*, etc.

Les *représailles confinent à la guerre*. La limite qui les sépare n'est pas toujours nette ; aussi, le chef de l'Etat peut-il facilement, par le moyen de représailles, engager le pays dans des aventures coûteuses et qui ne sont pas sans danger.

Aux *Etats-Unis*, il faut, pour les déclarations de guerre, un vote des deux Chambres. Il en est de même pour les représailles. En *Angleterre*, le droit de déclarer la guerre est une prérogative de la couronne; mais, en fait, le régime parlementaire est trop enraciné dans ce pays pour que le Gouvernement prenne l'initiative d'une guerre offensive sans être couvert par un vote des Chambres. En *Belgique*, aux *Pays-Bas*, en *Italie*, en *Espagne*, au *Danemark*, en *Grèce*, etc., le roi a le droit de déclarer la guerre et de conclure la paix. Dans l'*Empire allemand* l'empereur ne peut déclarer la guerre sans l'avis du *Bundesrath* ou *Conseil fédéral*. En *Suisse*, le droit de déclarer la guerre appartient à l'Assemblée fédérale composée des deux conseils : le Conseil national et le Conseil des Etats (1). C'est un droit bien platonique, puisque ce petit Etat fédéral est perpétuellement neutre.

ACTES PAR LESQUELS LE PRÉSIDENT DE LA RÉPUBLIQUE EXERCE SES FONCTIONS. — Le Président de la République exerce ses fonctions par des *messages* ou par des *décrets*. Les *décrets* se divisent en *deux catégories*. La première comprend les décrets *généraux ou réglementaires*, la deuxième, les *décrets spéciaux ou individuels*.

C'est par les *décrets généraux* que le Chef de l'Etat exerce le *pouvoir réglementaire* que nous avons étudié

---

(1) L'Assemblée Constituante, la Constitution de l'an III et même celle de l'an VIII exigeaient pour les déclarations de guerre l'intervention du pouvoir législatif. Les chartes de 1814 et de 1830 donnaient ce droit au roi, la Constitution de 1852 fit de même et donna à l'empereur le droit de déclarer la guerre.

plus haut, au moyen duquel il organise les détails d'application de la loi. Ces décrets comprennent : 1° ceux qui portent *règlement d'administration publique* ; nous avons vu qu'ils sont rendus en vertu d'une délégation expresse de la loi et qu'ils doivent être précédés d'une délibération du Conseil d'Etat (1) ; 2° les *décrets réglementaires* proprement dits, ou règlements simples, que le Chef de l'Etat rend de lui-même, sur la proposition d'un ministre, sans consulter le Conseil d'Etat.

Les *décrets spéciaux* ou individuels sont relatifs à un *objet déterminé* ou spécial, ou bien à une *personne déterminée*.

Certains de ces décrets ont un *caractère gouvernemental*. Ce sont ceux que le Chef de l'Etat rend comme conséquence de ses rapports avec les deux Chambres ou par application de ses droits relatifs à la souveraineté intérieure et extérieure : ainsi, les décrets de promulgation des lois, de dissolution de la Chambre des députés, de proclamation d'état de siège, de grâce, de nomination aux emplois civils et militaires, de convocation des Chambres, de ratification des traités, etc. Ce qui les distingue, c'est qu'ils ne sont susceptibles d'aucun recours par la voie contentieuse ; ils donnent seulement lieu au contrôle politique des deux Assemblées.

D'autres décrets spéciaux ont un *caractère administratif*. Ceux-là sont susceptibles d'un recours contentieux devant le Conseil d'Etat pour incompétence ou excès de pouvoir, ou pour violation d'un droit. Citons comme passibles de ce recours le décret qui destituerait un magistrat inamovible, le décret qui enlèverait son grade à un officier, qui dépouillerait un particulier de sa propriété, etc.

Parmi les décrets spéciaux, il y en a qui sont *rendus dans la forme de règlements d'administration publique*,

(1) Voir les détails, p. 288.

c'est-à-dire après avis préalable du Conseil d'Etat. La loi indique les cas dans lesquels cette condition est nécessaire. Citons : les décrets autorisant un changement de nom, autorisant une société d'assurances sur la vie, etc. Les autres sont des *décrets simples* rendus sur le rapport d'un ou de plusieurs ministres, sans consultation du Conseil d'Etat, comme par exemple, les nominations de fonctionnaires.

RESPONSABILITÉS DU PRÉSIDENT DE LA RÉPUBLIQUE. — Nous avons vu, dans l'étude des théories générales, que nous avons emprunté à l'Angleterre le principe de l'irresponsabilité du Chef de l'Etat (1).

Ce principe, néanmoins, n'est pas formulé d'une façon absolue dans nos lois constitutionnelles. L'article 6, alinéa 2, de la loi du 25 février 1875, dispose que « *le Président de la République n'est responsable que dans le cas de* HAUTE TRAHISON ».

La *responsabilité politique* pèse uniquement sur les ministres. Quant à la *responsabilité pénale* du Président de la République, dans le seul cas où elle est admise, elle est exercée de la manière suivante : « Le Président de la République, dit l'article 12 de la loi constitutionnelle du 16 juillet 1875, ne peut être *mis en accusation* que *par la Chambre des députés* et ne peut être *jugé* que *par le Sénat.* » C'est la procédure de l'*impeachment* du droit anglais, dont nous avons parlé plus haut (p. 120).

Mais, notre Code pénal ne mentionne et ne punit, dans aucun de ces articles, le crime de *haute trahison*. Qui déterminera les faits de haute trahison, qui fixera la peine ? Si l'on accorde ce droit au Sénat devant qui la poursuite sera portée, on violera la règle : *nulla pœna sine lege* et l'on retombera dans l'application, sur ce point, des peines arbitraires que la Révolution a voulu faire disparaître.

---

(1) Voir p. 128.

Voilà pourquoi certains auteurs soutiennent que le Président ne peut être puni que pour des faits prévus par le Code pénal. Cette règle peut sembler insuffisante ; elle n'atteindra pas les abus de pouvoir du chef de l'Etat qui aurait violé la Constitution ou gravement compromis les intérêts français. Aussi, M. Esmein est-il d'avis qu'en pareil cas le Sénat, sans appliquer une loi pénale, a le droit, comme dans la Constitution des Etats-Unis, d'appliquer une répression politique en prononçant la *déchéance* du Président de la République (1).

§ 2. — Les ministres.

Le Président de la République est le *chef* du pouvoir exécutif ; il n'exerce donc pas ce pouvoir à lui seul, car un chef suppose des agents placés sous sa dépendance. Les agents essentiels du pouvoir exécutif, les auxiliaires immédiats du Président de la République, sur lesquels pèse, devant le pays représenté par les Chambres, la responsabilité de l'administration, sont les *ministres*.

1° ORGANISATION MINISTÉRIELLE. — *Nomination et révocation des ministres.* — *Nombre des ministres.* — *Sous-secrétaires d'Etat.* — *Traitements.* — Avec un gouvernement parlementaire comme le nôtre, les ministres ne sont pas de simples *délégués*, ou mandataires du Président de la République. Ce sont eux qui ont effectivement toute l'initiative gouvernementale.

C'est le Président de la République qui les nomme : il ne le fait pas librement ; il est lié par l'*obligation de les choisir dans le groupe de la majorité parlementaire.*

Le droit de nommer et de révoquer les ministres est, du reste, *un attribut* essentiel *du chef de l'Etat.* « Au roi

---

(1) *Loc. cit.*, p. 551.

seul, disait la Constitution de 1791, appartiennent le choix et la révocation des ministres. » Sous la Constitution de l'an III, le Directoire nommait les ministres hors de son sein et pouvait les révoquer. Les deux chartes de 1814 et de 1830 conféraient au roi le droit de désigner les ministres ; ils pouvaient être choisis parmi les pairs ou les députés. La Constitution de 1848 (art. 64) donne le même droit au Président de la République. La Constitution de 1852 chargea le Président de la République de nommer à tous les emplois. Jusqu'en 1869, les ministres ne purent pas être membres du corps législatif. Le Gouvernement de la défense nationale nomma lui-même les ministres : il en choisit la plupart dans son sein.

Depuis le 17 février 1871, jour où Thiers fut nommé chef du pouvoir exécutif, jusqu'aux lois constitutionnelles aujourd'hui en vigueur, le chef de l'Etat fut investi par des textes formels du droit de nommer et de révoquer les ministres (1).

Les lois constitutionnelles de 1875 ne renferment aucune disposition sur la nomination des ministres. Mais il semble que leur désignation par le chef de l'Etat soit un principe tellement essentiel dans un gouvernement parlementaire qu'il était inutile de s'exprimer formellement à cet égard. Nous savons, du reste, combien sommaires sont nos lois constitutionnelles. Elles supposent, sans les mentionner, les grands principes politiques en vigueur au moment de leur confection. La disposition générale de la Constitution (2), qui charge le Président de la République de nommer à tous les emplois civils et militaires peut être considérée, à raison de la généralité de ses termes, comme conférant au chef de l'Etat le droit de

---

(1) Résolution du 17 février 1871, article 2 et loi du 31 août 1871 article 2 : « Il (le Président de la République) nomme et révoque les ministres. »

(2) Loi du 25 février 1875, art. 3, § 4.

nommer aussi bien les ministres que n'importe quel autre fonctionnaire.

Aucune condition spéciale n'est exigée pour être ministre. Il suffit d'être citoyen français, âgé de 21 ans et de jouir de ses droits civils et politiques. Il n'y a pas d'incompatibilité entre cette fonction et celle de sénateur ou de député ; et même, en fait, comme nous l'avons vu plus haut (1), le fonctionnement du régime parlementaire oblige le chef de l'Etat à choisir les ministres dans la majorité des Chambres. Cette règle n'est pas absolue. En effet, dans la pratique, le Président de la République ne désigne pas individuellement chaque ministre, mais seulement l'homme d'Etat qui sera le chef du cabinet, le Président du Conseil des ministres. Ce dernier, toujours pris dans le Parlement, choisit ses collaborateurs et recrute parfois en dehors des Chambres ceux d'entre eux qui doivent avoir des connaissances spéciales, comme le ministre des affaires étrangères et ceux de la guerre et de la marine.

Les ministres sont nommés par un décret ; ce décret doit être contresigné. C'est le président du Conseil démissionnaire qui contresigne la nomination de son successeur ; ce dernier contresigne celle de ses collègues.

L'exercice du gouvernement parlementaire rend très rare l'application du droit de révoquer les ministres. Il faut supposer un ministère battu à plusieurs reprises par le Parlement et qui persiste à refuser sa démission ; on peut supposer aussi une opposition politique violente entre les ministres soutenus par les Chambres, et le chef de l'Etat. Nous n'en avons eu qu'un exemple depuis la mise en vigueur de la Constitution de 1875 (2).

---

(1) Voir page 131.
(2) « J'ai dû *me séparer* du ministère que présidait M. Jules Simon et en former un nouveau. » *Message de Mac-Mahon aux Chambres,* 19 mai 1877.

Est-ce le Parlement ou le Président de la République qui détermine le nombre et les attributions des ministères ? La Constitution de l'an III et celle de 1848 ont seules déclaré que le nombre des ministères serait fixé par une loi (1). Les autres constitutions n'ont édicté aucune règle à cet égard. L'usage a fini par admettre que le chef de l'Etat pouvait seul créer par décrets de nouveaux ministères, à la condition, bien entendu, d'obtenir des Chambres les crédits nécessaires à leur fonctionnement. M. Esmein explique cette tradition en disant que le Président de la République n'a pas seulement reçu le droit de nommer aux *emplois créés par la loi* ; la Constitution lui confère le droit de nommer à *tous* les emplois, c'est-à-dire, au besoin, de créer de nouveaux emplois qui n'ont pas été réglementés légalement et, à plus forte raison, de modifier les emplois ainsi créés (2).

Les ministères sont actuellement au nombre de onze : *finances, justice, affaires étrangères, intérieur, guerre, marine, colonies, instruction publique et beaux-arts, commerce et industrie, agriculture, travaux publics.* Les *cultes* sont rattachés tantôt à l'intérieur, tantôt à la justice, tantôt à l'instruction publique.

Il n'y a *pas de préséance* entre les différents ministres ; seul, le Président du Conseil a le pas sur ses collègues.

Les ministres ont toujours un portefeuille, c'est-à-dire un département déterminé. En 1830, et sous le second Empire, il existait des *ministres sans portefeuille,* spécialement chargés de défendre devant les Chambres les propositions du Gouvernement. On les supprima en 1863,

---

(1) L'article 150 de la Constitution de l'an III décidait que ce nombre ne pourrait être inférieur à 5 ni supérieur à 8.
(2) *Loc. cit.*, p. 602. Cette tradition tend à disparaître. Le dernier ministère créé, celui des colonies, l'a été à la suite d'un vote de la Chambre des députés, émis le 17 mars 1894 et du Sénat, émis le lendemain.

pour les remplacer par un *ministre d'Etat* qui eut notamment pour fonction de contresigner les nominations des ministres et des présidents des Chambres et de diriger les affaires non attribuées à un autre ministère.

On adjoint souvent aux ministres, des sous-secrétaires d'Etat ou ministres en sous-ordre. Ils sont mentionnés dans l'article 11, § 2, de la loi organique du 30 novembre 1875. Aux termes de cet article, les députés nommés ministres ou *sous-secrétaires d'Etat* ne sont pas soumis à la réélection.

Le sous-secrétaire d'Etat est chargé d'administrer un service important d'un ministère. Il agit pour le ministre et le représente au Parlement (1). C'est pour cette raison que les sous-secrétaires d'Etat sont pris dans les Chambres et dans le parti politique d'où sort le cabinet. On en a créé de moins en moins, depuis 1875.

Le traitement annuel des ministres a été fixé à la somme de 60.000 *francs* non sujette à retenue, par l'article 26 de la loi du 19 septembre 1871. Cet article est encore en vigueur.

Le traitement des sous-secrétaires d'Etat est fixé chaque année par la loi de finances et *il varie*, suivant les ministères, entre 20.000 et 30.000 francs.

2º Modes de délibération des ministres. — Les ministres agissent, soit individuellement, chacun dans les limites de son département, soit collectivement. Dans ce dernier cas, ils délibèrent en commun, décident ou proposent à la majorité des voix. Ils forment alors, soit le conseil des ministres, soit le conseil de cabinet.

A) *Le Conseil des ministres.* — Le Conseil des minis-

___
(1) Il a le droit de présenter des *projets de loi* au nom du ministre, dont il est le collaborateur.

tres délibère sous la *présidence du chef de l'État*. Il en est ainsi depuis l'introduction en France du gouvernement parlementaire, en 1817. C'est un souvenir de l'ancien Conseil du roi (1). Le Conseil des ministres doit intervenir dans différents cas prévus par les *lois constitutionnelles*, par certaines *lois ordinaires*, et par *l'usage*.

Aux termes de l'article 4 de la loi constitutionnelle, du 25 février 1875, *les conseillers d'État sont*, comme nous l'avons vu (2), *nommés et révoqués par décrets rendus en conseil des ministres*. C'est également *par un décret en conseil des ministres* que *le Sénat peut être*, d'après l'article 12 de la loi constitutionnelle du 16 juillet 1875, *constitué en cour de justice* pour juger toute personne accusée d'attentat contre la sûreté de l'Etat.

L'article 43 de la loi sur l'organisation municipale du 5 avril 1884 dispose *qu'un conseil municipal ne peut être dissous que par* un *décret* rendu *en conseil des ministres* et publié au *Journal officiel*. L'article 2 de la loi d'exception du 22 juin 1883 permet au Gouvernement d'interdire le territoire de la République aux membres collatéraux des familles ayant régné sur la France ; l'interdiction est prononcée par décret rendu en conseil des ministres.

Dans les cas qui précèdent il n'est pas nécessaire que le conseil des ministres émette un avis favorable ; le décret du Président de la République est valable, même si l'avis n'est pas conforme.

Lorsque le Président de la République veut déclarer l'état de siège par un décret (3), *il lui faut au préalable*

---

(1) Il en est tout différemment en Angleterre depuis le règne du roi Georges Ier qui parlait mal la langue anglaise et ne pouvait, par suite, diriger les délibérations des ministres. Le cabinet (*Conseil privé*) délibère sous la direction du premier ministre. Ce dernier a toute la réalité et toute la responsabilité du pouvoir. Le conseil des ministres existe assez généralement à l'étranger.

(2) Page 296.

(3) Loi du 3 avril 1878, art. 2 et 3. Voir p. 268.

un *avis conforme du conseil des ministres.* Il en est de même quand il s'agit *de crédits supplémentaires et extraordinaires* que le Président de la République ouvre provisoirement dans les conditions prévues par la loi. Le décret doit, en ce cas, avoir d'abord été délibéré et approuvé en conseil des ministres.

Conformément aux usages, *le conseil des ministres délibère sur tous les actes du* Président de la République *qui engagent la politique générale du Gouvernement.*

B) *Le Conseil de cabinet.* — Lorsque les ministres délibèrent *en dehors de la présence du Président de la République,* ils tiennent ce que l'on appelle un Conseil de cabinet. Ils sont, en ce cas, présidés par le *président du conseil.* Dans les réunions du Conseil de cabinet, les ministres ne prennent pas de décisions définitives et officielles ; ils ne font que préparer les délibérations qui seront arrêtées en conseil des ministres (1).

N'oublions pas que, dans le *cas où la présidence de la République devient vacante,* par décès ou pour toute autre cause, ce sont *les ministres réunis en conseil* qui, dans l'intervalle, *sont investis du pouvoir exécutif* (2).

3º Attributions des ministres. — Les attributions des ministres sont *gouvernementales, administratives et judiciaires.*

A) *Attributions gouvernementales.* — *Les ministres contresignent les actes du Président de la République.* Par ce procédé, ils dégagent, comme nous l'avons vu, la respon-

---

(1) C'est depuis 1830, sous l'influence de Casimir Périer, qu'a été admis le droit pour les ministres de délibérer en Conseil de cabinet. Il y a chaque semaine deux conseils des ministres et un Conseil de cabinet.
(2) Loi constitutionnelle du 25 février 1875, art. 7.

sabilité du chef de l'Etat et engagent leur responsabilité personnelle. C'est une formalité indispensable. Chaque ministre contresigne les actes de son département.

Les ministres ont leur entrée dans les deux Chambres et doivent être entendus quand ils le demandent (1). Il en est ainsi même lorsqu'ils ne sont pas membres du Parlement. Ils ont, dans chaque Assemblée, une place réservée : c'est le banc des ministres. A chaque séance, le Gouvernement est représenté par un ou plusieurs ministres qui suivent la discussion des lois, donnent l'avis du Gouvernement, répondent aux questions et interpellations.

Aux *Etats-Unis*, par suite de la séparation absolue des pouvoirs, les ministres n'ont pas entrée dans les Chambres. Au contraire, la plupart des Constitutions étrangères appliquent le système admis en France.

Les ministres peuvent être assistés, pour la discussion des projets de lois nécessitant une compétence spéciale, *de commissaires du Gouvernement* désignés par un décret du Président de la République (2). Ces commissaires facilitent la tâche des ministres obligés de défendre les projets et d'émettre un avis sur tous les points soulevés par la discussion. Les commissaires du Gouvernement assistent les ministres, mais ne les remplacent pas. Toutefois, il est admis que, pour les projets techniques dans lesquels aucune question de responsabilité n'est engagée, les ministres laissent aux commissaires le soin de les représenter complètement et s'abstiennent de venir aux séances (3).

B) *Direction supérieure des services administratifs.* — Les ministres ont la direction supérieure des services

---

(1) Loi du 16 juillet 1875, art. 6, alin. 2.
(2) *Ibid.*
(3) Pierre, *loc. cit.*, p. 677.

administratifs. « Ils procurent l'exécution des lois, disait l'article 54 de la Constitution de l'an VIII, et des règlements d'administration publique. »

A l'égard des fonctionnaires qui leur sont subordonnés, ils agissent par voie *d'autorité* ou par voie de *contrôle*. Leur autorité se manifeste au moyen de *circulaires* ; ce sont des instructions générales, obligatoires pour les agents à qui elles sont adressées. Généralement elles ont pour objet de commenter une loi ou un décret. L'autorité ministérielle se manifeste aussi par des *instructions* adressées individuellement à un fonctionnaire.

Les circulaires ministérielles n'ont aucun caractère obligatoire pour les particuliers ; les tribunaux peuvent n'en tenir aucun compte.

Les ministres exercent leur pouvoir de *contrôle* en confirmant, réformant ou annulant les décisions de leurs subordonnés.

Vis-à-vis des particuliers, les ministres agissent par des *arrêtés*, au moyen desquels *ils* leur *font l'application des lois et décrets*. Ils peuvent rendre des arrêtés individuels ; mais on discute la question de savoir s'ils ont le droit de rendre des arrêtés généraux ou réglementaires.

Les ministres sont aussi les *représentants de l'Etat*, chacun dans son département. A ce titre, ils passent les marchés, pour son compte, plaident en son nom, liquident les pensions, ordonnancent les dépenses.

C) *Attributions judiciaires*. — Les ministres ont des *attributions judiciaires*. Pour certains auteurs ils sont les juges administratifs de droit commun au premier degré ; pour d'autres, et c'est l'opinion qui l'emporte actuellement, le tribunal ordinaire en matière administrative est le Conseil d'Etat. Quoi qu'il en soit, plusieurs textes attribuent compétence aux ministres en premier ressort. Ainsi, le ministre de l'instruction publique juge les recours contre les élections au conseil supérieur de l'instruction publique, le ministre du commerce connaît du contentieux des élections des membres de la Chambre de commerce, le ministre de l'agriculture statue sur le contentieux des membres des Chambres consultatives d'agriculture (etc.).

Le ministre est juge d'appel contre les décisions des préfets.

4° RESPONSABILITÉ DES MINISTRES. — Les ministres sont responsables des actes accomplis par eux individuellement dans l'exercice de leurs fonctions et des actes signés du Président de la République, qu'ils ont contresignés. Cette responsabilité peut être *politique, pénale* ou *civile.*

A) *Responsabilité politique.* — La responsabilité politique des ministres est formulée dans les termes suivants, par l'article 6 de la loi constitutionnelle du 25 février 1875. « *Les ministres sont solidairement responsables devant les Chambres de la politique générale du gouvernement et individuellement de leurs actes personnels.* » Ce texte ne fait allusion qu'à la *responsabilité politique* et non aux deux autres. Seule, en effet, elle réunit ces deux conditions d'aboutir nécessairement devant les Chambres et d'être solidaire (1). En matière pénale, la sanction est personnelle. On ne peut punir un individu que pour les infractions qu'il a lui-même accomplies ou pour celles auxquelles il a participé comme complice.

En pratique, *il n'est pas toujours facile de distinguer la responsabilité individuelle de la responsabilité collective.* La responsabilité sera individuelle, quand un vote de la Chambre ne visera que l'acte d'un ministre. Mais, le ministère tout entier démissionnera, si le président du Conseil a posé préalablement la *question de cabinet,* c'est-

---

(1) Esmein, *loc. cit.,* p. 572.

à-dire, s'il a déclaré se solidariser avec le ministre visé. Un ministre peut réclamer pour lui isolément la responsabilité d'un acte de son département.

La responsabilité ministérielle *s'applique à tous les actes du chef de l'Etat contresignés : décrets et messages* ; aux actes du chef de l'Etat auxquels ne peut s'appliquer la formalité du contreseing, tels que *discours* ou *lettres*, parce que les ministres auraient dû s'y opposer. Les ministres sont également responsables de leurs *omissions* ou *négligences* personnelles.

Les ministres sont *responsables devant les Chambres*. L'article 6 de la loi constitutionnelle du 16 juillet 1875 le déclare formellement. *Les droits du Sénat sont donc* sur ce point *les mêmes que ceux de la Chambre des députés* : un vote hostile du Sénat doit entraîner la chute du ministère. En *Angleterre* il n'en est pas ainsi : les cabinets ne sont pas ébranlés lorsqu'ils ont la confiance de la Chambre des Communes, s'ils sont blâmés par les Lords. La raison de cette différence est que la Chambre Haute, en Angleterre, ne représente en rien la souveraineté nationale, tandis qu'en France le Sénat est une *assemblée élective issue du suffrage universel*, sinon aussi directement, du moins aussi complètement que la Chambre des députés (1).

(1) En faveur de l'égalité du pouvoir des deux Chambres relativement à la responsabilité ministérielle, nous pouvons citer les termes absolument catégoriques du rapport de M. Laboulaye sur le projet qui est devenu la loi constitutionnelle du 16 juillet 1875 : « En établissant la responsabilité ministérielle, vous avez par cela même décidé que le Président gouvernerait avec les ministres pris communément dans les deux Chambres et qui, représentants du pouvoir *devant le Parlement* et représentant du Parlement devant le pouvoir, devraient se retirer quand l'accord serait rompu. » *En sens contraire*, M. Esmein, *loc. cit.*, p. 575.

L'argument principal de M. Esmein est que l'influence égale des deux Chambres augmenterait l'instabilité ministérielle. Nous n'en disconvenons pas ; mais c'est là un des inconvénients de l'existence de deux Chambres, inconvénients compensés par de sérieux avanta-

Interpellations. — Il est de l'essence d'un gouvernement parlementaire que le pouvoir exécutif soit soumis au contrôle du Parlement. Il faut que les ministres puissent être tenus de faire connaître aux Chambres l'usage qu'ils font de l'autorité qui leur est dévolue.

L'interpellation est la véritable procédure de la responsabilité ministérielle.

Le droit d'interpeller les ministres n'est pas inscrit dans les lois constitutionnelles de 1875. Nous avons vu, du reste, que ces lois très sommaires ne formulent que fort peu de règles générales. Elles sous-entendent la responsabilité ministérielle, comme beaucoup d'autres principes.

L'interpellation est une demande adressée par un ou plusieurs membres de chaque Assemblée, en vue d'ouvrir un débat général sur une décision prise par le ministère agissant collectivement, en conseil, ou sur un acte quelconque d'un ministre déterminé.

Le membre du Parlement, au Sénat ou à la Chambre des députés, qui veut interpeller le Gouvernement remet une *demande écrite* au président On n'admettrait pas une demande verbale, L'objet de l'interpellation est expliqué sommairement dans cette demande ; *le président en donne lecture* à la Chambre. L'interpellation est recevable, même lorsqu'elle n'est signée que d'un seul membre.

L'Assemblée consultée par le président *fixe le jour* de la discussion, sans débats sur le fond, après avoir pris l'avis du Gouvernement.

Les interpellations sur la politique intérieure ne peuvent

---

tages que nous avons indiqués. M. Esmein dit encore que l'article 6 de la loi du 16 juillet 1875 n'est qu'une formule générale et classique. L'honorable professeur oublie les termes si précis du rapport de M. Laboulaye. Ce rapport renferme un commentaire parfaitement clair de l'article 6 ; et l'Assemblée en votant l'article n'a pas exprimé une idée vague, mais bien une règle très nette de droit constitutionnel.

être renvoyées à plus d'un mois. Ce délai se trouve allongé lorsque l'échéance du débat arrive pendant une prorogation ; il faut, en ce cas, attendre la rentrée des Chambres. La fixation du délai *maximum* d'un mois a pour but *d'empêcher la majorité d'étouffer la voix de la minorité.*

Le droit d'interpellation sur la *politique extérieure* n'est pas également garanti. On a craint que des débats ne fussent engagés d'une façon inopportune et dangereuse pour la sécurité du pays. Aussi, a-t-on admis que *la Chambre peut,* sur la demande du Gouvernement, *prononcer l'ajournement même indéfini* d'une interpellation de cette nature.

Une fois introduite, l'interpellation cesse d'être personnelle à son auteur. Si ce dernier l'abandonne, *tout autre membre* de l'Assemblée *peut la reprendre.*

Le ministre interpellé peut refuser de répondre, mais son silence est de nature à entraîner un vote de blâme.

Les interpellations aboutissent au VOTE D'UN ORDRE DU JOUR ; ce qui signifie que la Chambre jugeant l'affaire entendue déclare par un vote, passer à l'examen des autres matières inscrites à l'ordre du jour.

L'ordre du jour est *pur et simple* ou *motivé.* Dans le second cas, la déclaration que l'Assemblée passera à l'ordre du jour est précédée de considérants favorables ou défavorables au ministère. L'ordre du jour motivé peut donc renfermer un blâme ou une expression de confiance.

L'ordre du jour pur et simple, lorsqu'il est réclamé, *a toujours la priorité* ; il peut être réclamé verbalement. Si l'ordre du jour pur et simple n'est pas adopté, le président soumet les ordres du jour motivés au vote de la Chambre. Si la priorité est réclamée pour certains d'entre eux, le président consulte la Chambre en suivant le rang dans lequel les ordres du jour ont été présentés.

Si cette question n'est pas soulevée, le président met d'abord aux voix l'ordre du jour motivé qui a été déposé le premier (1).

Le vote de l'ordre du jour motivé qui contient un *blâme* entraîne la *chute du cabinet*. Il en serait *de même de l'ordre du jour pur et simple*, si le ministère avait déclaré le refuser et n'accepter qu'un ordre du jour de confiance.

Peut-on opposer la *question préalable*, en matière d'*interpellation* ? Il faut distinguer. La question préalable ne saurait être opposée, en ce qui concerne la fixation de la date de l'interpellation. Ce serait un moyen trop facile d'étouffer la voix de la minorité, d'empêcher celle-ci de signaler au pays, du haut de la tribune, les abus du Gouvernement. Mais, on décide que le ministre devant toujours être entendu quand il le demande (et c'est là un principe constitutionnel), « si au jour fixé pour le développement d'une interpellation, un ministre réclame la parole avant l'auteur de l'interpellation, il doit l'obtenir, et, si la Chambre est convaincue par ses explications qu'il y aurait inconvénient à continuer le débat, elle peut prononcer la question préalable ; mais, en ce cas, le signataire a la parole pour répondre, si brièvement que ce soit, aux observations du ministre (2) ».

Questions. — La question ne doit pas être confondue avec l'interpellation. *On entend par question, dans la langue parlementaire, une demande de renseignements adressée à un ministre par un membre de l'une ou de l'autre Assemblée.*

Les questions sont *posées verbalement* ; elles ne peuvent l'être que *si le ministre* en cause *y consent*, après avoir

---

(1) Pierre, *loc. cit.*, p. 706, n° 667.
(2) E. Pierre, *loc. cit.*, p. 702, n° 663 et p. 884, n° 871.

été avisé au préalable. Elles ne sont *jamais inscrites à l'ordre du jour*. Le ministre fixe à sa convenance le jour où elles doivent être formulées. *Jamais* la question ne peut donner lieu à un *débat général* ; il y a un *simple dialogue* échangé entre le membre du Parlement et le ministre. Après la réponse du ministre, il est admis que *l'auteur de la question a le droit de répliquer* sommairement. Ce *droit de réplique* n'appartient *qu'à lui seul*.

Les explications données par le ministre ne sont suivies *d'aucun vote*, à moins qu'avec l'assentiment de la Chambre, sur la proposition de l'un de ses membres, la question ne soit *transformée en interpellation*.

En *Angleterre, la question et l'interpellation se confondent* « ou plutôt, comme le fait observer M. Esmein, bien que le terme d'interpellation soit usité chez les Anglais, ils ne connaissent, même à la Chambre des Communes que les questions au sens français du mot... La Chambre anglaise ne manifeste donc pas son manque de confiance dans le cabinet par un ordre du jour terminant une interpellation. En général, c'est en adoptant ou en repoussant les mesures importantes proposées par le cabinet qu'elle statue à l'égard de celui-ci (1) ».

B) *Responsabilité pénale*. — La responsabilité pénale des ministres est historiquement plus ancienne que la responsabilité politique. Elle est formulée en termes exprès dans la loi constitutionnelle du 16 juillet 1875, article 12, alinéa 2 : « *Les ministres peuvent être mis en accusation par la Chambre des députés pour crimes commis dans l'exercice de leurs fonctions. En ce cas, ils sont jugés par le Sénat.* »

Que faut-il entendre par *crimes commis dans l'exercice*

---

(1) *Loc. cit.*, p. 727.

de leurs fonctions ? Dans une première opinion, il faut entendre par crimes les *infractions* (crimes et délits) *prévues par le Code pénal ou par des lois spéciales*. Plusieurs lois de la Révolution (1) et la Constitution de 1848 admettaient cette théorie (2). On ne pourrait donc poursuivre et punir un ministre que s'il existe une disposition formelle, en vertu du principe fondamental de notre législation criminelle : « *Nulla pœna sine lege.* »

Une seconde théorie a été soutenue par Benjamin Constant dans son *Cours de politique constitutionnelle* (3). « Une guerre injuste ou une guerre mal dirigée, un traité de paix dont les sacrifices n'auraient pas été commandés impérieusement par les circonstances, de mauvaises opérations de finances, l'introduction de formes défectueuses ou dangereuses dans l'administration de la justice, enfin tout emploi du pouvoir qui, bien qu'autorisé par la loi serait funeste à la nation ou vexatoire pour les citoyens, sans être exigé par l'intérêt public ; tels sont les objets sur lesquels la responsabilité étend son empire. »

Dans ce système, le Sénat saisi par la mise en accusation aurait à examiner si les faits doivent être punis et à fixer lui-même la peine à appliquer.

Ce système, en armant la Haute-Assemblée d'un pouvoir aussi étendu et aussi arbitraire, dans une matière de cette importance, nous semble très dangereux. Aussi croyons-nous, qu'il doit être rejeté. Il a, du reste, le grave inconvénient de porter atteinte au principe de la séparation des pouvoirs : le Sénat s'y trouve à la fois législateur et juge (4).

---

(1) Loi du 27 avril 1791 relative à l'organisation du ministère, loi du 10 vendémiaire an IV, et sénatus-consulte du 28 floréal an XII (art. 130).

(2) C'est aussi l'opinion de M. Chénon, à son cours.

(3) Tome II, p. 405.

(4) La procédure *d'impeachment* anglaise aurait été pratiquée de cette manière aux XVIIe et XVIIIe siècles. M. Esmein admet la théo-

Les deux thèses ont été soutenues en 1879 lorsqu'il fut question de poursuivre, après le 16 mai, le cabinet du 17 mai 1877 et celui du 23 novembre suivant (1).

La Chambre repoussa la mise en accusation à une forte majorité et ainsi, la question ne reçut pas de solution positive.

On s'est demandé également si la procédure de l'article 12, § 2, de la loi constitutionnelle du 16 juillet 1875 était obligatoire chaque fois qu'il s'agissait de poursuivre un ministre à raison de crimes commis dans l'exercice de ses fonctions ou si les tribunaux ordinaires pouvaient être saisis à la requête du ministère public ; en d'autres termes, si le ministre pouvait être traduit soit devant la Cour d'assises, soit devant le tribunal de police correctionnelle, suivant les cas.

La solution à donner à cette question ne nous paraît pas douteuse, car nous nous trouvons en présence d'un texte parfaitement clair. Que l'on compare, en effet, le texte visant la responsabilité du Président de la République et celui qui se réfère à la responsabilité des ministres, l'opposition des termes est frappante :

ARTICLE 12.

§ 1er.	§ 2.
Le Président de la République *ne peut être mis en accusation que* par la Chambre des députés et *ne peut être jugé que* par le Sénat.	Les ministres *peuvent être mis en accusation* par la Chambre des députés pour crimes commis dans l'exercice de leurs fonctions. *En ce cas*, ils sont jugés par le Sénat.

ric de Benjamin Constant, *loc. cit.*, p. 630. M. Chénon, à son cours, la repousse. Nous avons eu à examiner une question de même nature, au sujet de la poursuite contre le Président de la République, pour crime de haute trahison. Voir page 306.

(1) Le premier avait été présidé par M. le duc de Broglie, et le econd par M. de Rochebouet.

Si la procédure de l'*impeachment* instituée par le paragraphe 1er est *obligatoire* à l'égard du Président de la République, elle n'est évidemment que *facultative* à l'égard des ministres (1).

C) *Responsabilité civile.* — « *Tout fait quelconque* de l'homme, dit l'article 1382 du Code civil, *qui cause à autrui un dommage, oblige* celui par la faute de qui il est arrivé, *à le réparer.* »

Les personnes lésées par un acte illicite ou irrégulier, et de mauvaise administration d'un ministre peuvent-elles se prévaloir de la disposition de cet article pour *intenter une action en dommages et intérêts contre le ministre auteur du préjudice* ?

Une loi du 27 avril 1791 (art. 31) et une autre du 27 vendémiaire an IV (art. 13 et 14) n'admettaient d'action civile contre les ministres que lorsqu'il était intervenu préalablement un acte d'accusation. La Constitution de 1848 permettait à l'Assemblée nationale de renvoyer les ministres inculpés, soit devant la Haute-Cour, soit devant les tribunaux ordinaires pour *réparations civiles.* *M. Laferrière* admet encore, conformément au principe qui se dégage de ces textes que la responsabilité civile étant une forme de la responsabilité ministérielle, il faut toujours, en ce cas, une *intervention du pouvoir politique* (2).

---

(1) C'est ce que fait observer très justement M. Esmein, *loc. cit.*, p. 596. Il existe, du reste, aujourd'hui, comme le mentionne cet auteur, une décision judiciaire sur ce point. Par un arrêt du 7 février 1893, la chambre des mises en accusation de la Cour de Paris a renvoyé un ancien ministre (M. Baïhaut) devant la Cour d'assises pour faits de corruption relatifs à ses fonctions. Cet arrêt a été déféré à la Cour de cassation, mais n'a pas été cassé (Sirey. 1893, 1, p. 217).

(2) *Traité de la juridiction administrative*, t. I, p. 658 et suivantes,

MM. *Esmein* et *Ducrocq* (1) estiment que le texte de *l'article 1382* étant général *s'applique aux actes des ministres aussi bien qu'à ceux des particuliers.* Pour qu'il en fût autrement, il faudrait un texte contenant une dérogation expresse à cet article et il n'en existe pas. Cette règle semble d'autant mieux devoir être admise que la garantie administrative créée par l'article 75 de la Constitution de l'an VIII (2) a été abrogée par le décret du Gouvernement de la Défense nationale du 19 septembre 1870. Du reste, ce décret abroge en même temps toutes autres dispositions des lois générales ou spéciales ayant pour objet d'entraver les poursuites dirigées contre des *fonctionnaires publics de tout ordre.*

Mais, quelle sera la *juridiction compétente* ? *On a fini par décider que* le décret de 1870 n'ayant pas porté atteinte au principe de la séparation des autorités administrative et judiciaire, *seuls les tribunaux administratifs pouvaient être saisis* des actions contre les actes illégaux des ministres (3). La compétence des tribunaux judiciaires ne se manifesterait que dans le cas où il existerait *une faute personnelle* du ministre pouvant être séparée de la fonction.

L'acte illégal ou irrégulier, attaqué devant la juridiction administrative, n'engagerait pas nécessairement la responsabilité civile du ministre qui l'aurait accompli ; *il faudrait* pour cela qu'il y ait eu de sa part *dol, fraude* ou *concussion,* conformément à la règle de l'article 505 du Code de procédure sur la *prise à partie.* En d'autres termes, *on assimilerait le ministre au magistrat de l'ordre*

---

(1) Esmein, *loc. cit.*, p. 599 : Ducrocq, *Cours de droit administratif,* 6ᵉ édit., n° 593.

(2) Cet article ne permettait aux particuliers de poursuivre un fonctionnaire qu'après une autorisation du Conseil d'Etat.

(3) Le tribunal administratif qui aurait à connaître de la poursuite serait le *Conseil d'Etat,* considéré généralement comme le tribunal de droit commun en matière administrative.

judiciaire qui n'est pas responsable des erreurs de droit ou de fait contenues dans son jugement. Cette théorie admise par le Tribunal des conflits (1) est bien risquée ; il y a une très grande différence entre un administrateur et un magistrat : l'un est toujours responsable en principe, l'autre absolument irresponsable (2).

Supposons que *l'acte imputable au ministre ait causé une lésion* non pas à un particulier, mais *à l'Etat*. Ainsi, le ministre a pu dépasser des crédits, ou engager des dépenses en dehors des crédits régulièrement ouverts. Peut-il être déclaré civilement responsable ? Il faut décider que l'acte ministériel qui a causé un préjudice à l'Etat justifie l'application à son auteur du principe de l'article 1382 du Code civil. La loi qui défend les intérêts des particuliers défend aussi les intérêts de l'Etat.

Cette théorie a été admise par la Chambre dans une affaire où un ministre avait déclaré suffisant un crédit destiné à des travaux dont la dépense, à la suite d'un nouveau devis, s'éleva à plus du quadruple de la dépense originairement prévue (3).

(1) Arrêt du 5 mai 1877 : *Recueil des arrêts du Conseil d'Etat*, 1877. p. 437 ; Sirey, 1878.2.95.
(2) C'est également l'avis de M. Esmein, *loc. cit.*, p. 601.
(3) La loi du 11 juin 1875 avait affecté une somme de 2.500.000 fr. à l'installation de la Cour des comptes dans l'aile nord des Tuileries. Le ministre sur la proposition duquel la loi était intervenue, M. Caillaux, avait déclaré à l'Assemblée nationale que le crédit demandé serait suffisant. Mais, plus tard, un devis nouveau révéla qu'au lieu de 2.500.000 francs, il faudrait dépenser 11.266.000 francs. Le Gouvernement demanda un crédit supplémentaire à la Chambre des députés dans la séance du 19 mai 1879. La commission du budget, saisie de l'examen de cette demande de crédit, estima que le ministre des travaux publics avait engagé sa responsabilité personnelle, en affirmant à l'Assemblée nationale, *sur l'avis du Conseil des bâtiments civils*, qu'une somme de 2.500.000 francs serait suffisante. La Chambre adopta une résolution dans ce sens, le 22 janvier 1881. Voir E. Pierre, *loc. cit.*, p. 108 et suiv., n° 107.

Quel sera le *tribunal compétent* pour juger le ministre responsable envers l'État ? La question est très difficile à résoudre. En réalité, avec notre organisation actuelle, *aucune juridiction ne peut être considérée comme compétente* en l'espèce. L'affaire ne ressortit, en effet, ni au Sénat, ni à la juridiction administrative, ni à la juridiction ordinaire. Le *Sénat* ne peut être saisi que pour un *crime* (loi du 16 juillet 1875, art. 12, § 2) ; la *Cour des comptes* n'a pas qualité pour juger un ministre qui est un *ordonnateur*, car elle n'a à l'égard de ces derniers qu'un droit de *contrôle* manifesté par des observations dans un rapport public ; le *Conseil d'État* ne peut être saisi d'une réclamation pécuniaire de l'État contre un ministre, qu'à la suite d'un arrêt de débet et d'une contrainte administrative décernés contre lui par le ministre des finances. Or, l'arrêt de débet et la contrainte atteignent les *comptables*, « mais non les *ordonnateurs*, les *administrateurs* ayant causé un dommage à l'État, par des fautes de leur gestion. La jurisprudence du Conseil d'État est formelle en ce sens » (1). Enfin, la *juridiction civile* doit rester étrangère aux actes gouvernementaux.

Il en résulte qu'il y aurait utilité à voter une loi spéciale sur la responsabilité ministérielle.

§ 3. — Le Conseil d'État.

Nous terminerons l'étude du pouvoir exécutif par quelques notions sur le *Conseil d'État*.

Le Conseil d'État présente un triple caractère : 1° il est *conseil de gouvernement*, susceptible d'être appelé à émettre un avis sur les projets de loi et à concourir à leur rédaction et même à leur discussion devant les Chambres ; 2° il est *conseil administratif* placé auprès du chef du pouvoir exécutif ; ce dernier peut toujours et,

---

(1) Laferrière, *loc. cit.*, t. I, p. 673.

dans certains cas, doit le consulter pour les décrets qu'il est appelé à rendre (1) ; 3º il est *tribunal administratif*. Nous étudierons plus loin, dans la partie consacrée aux tribunaux, ce troisième caractère du Conseil d'Etat.

C'est la Constitution de l'an VIII qui a créé le Conseil d'Etat, en partie sur le modèle du Conseil du roi de l'ancienne monarchie. Il est actuellement régi par la loi du 24 mai 1872 modifiée le 13 juillet 1879. La loi constitutionnelle du 24 février 1875 y fait allusion dans son article 4.

Il comprend des *conseillers d'Etat en service ordinaire* (32), des *conseillers d'Etat en service extraordinaire* (19), des *maîtres des requêtes* (36), des auditeurs (12 de première et 24 de seconde classe). Son *président est le garde des sceaux* ministre de la justice. Il a un vice-président nommé par décret du Président de la République, parmi les conseillers d'Etat en service ordinaire.

D'après l'article 4 de la loi constitutionnelle du 25 février 1875, les *conseillers d'Etat en service ordinaire* sont nommés et révoqués par le Président de la République en Conseil des ministres.

Les *conseillers d'Etat en service extraordinaire* sont de hauts fonctionnaires de l'administration nommés et révoqués par décret. Ils perdent de plein droit leur titre de conseillers d'Etat, dès qu'ils cessent d'appartenir à l'administration active ; ils ne reçoivent pas de traitement.

Les maîtres des requêtes et les auditeurs de première classe sont nommés par décret ; les auditeurs de deuxième classe sont nommés au concours.

Le Conseil d'Etat est divisé en cinq sections dont quatre s'occupent des questions d'administration pure ; la cinquième est la section du contentieux.

---

(1) Nous avons vu cette distinction plus haut, p. 288.

Les délibérations ont lieu de trois manières différentes :
1° en *assemblée générale* ; 2° en *sections* ; 3° en *assemblée spéciale du contentieux*.

En *matière législative*, lorsque le Conseil d'Etat donne, comme conseil de gouvernement, son avis sur les propositions de lois d'initiative parlementaire que les Chambres jugent à propos de lui renvoyer, ou sur les projets émanés du Gouvernement, il délibère en section d'abord, en assemblée générale ensuite.

En *matière administrative*, il délibère en section, puis en assemblée générale pour les décrets généraux portant règlement d'administration publique, pour les décrets spéciaux ou individuels rendus dans la forme des règlements d'administration publique (1) et pour les affaires énumérées dans l'article 7 du décret du 2 août 1879, modifié le 3 avril 1886.

Pour toutes les autres affaires, il délibère en section seulement.

SECTION III. — Le pouvoir judiciaire.

Le rôle du pouvoir judiciaire est de *résoudre les difficultés juridiques soulevées par l'application des lois.*

Il existe deux sortes de tribunaux, les *tribunaux judiciaires* et les *tribunaux administratifs*. Seuls, les premiers forment le pouvoir judiciaire ; les seconds dépendent du pouvoir exécutif. Nous étudierons néanmoins ici, les tribunaux administratifs, afin de présenter dans son ensemble, l'organisation judiciaire en France et nous terminerons cette matière par quelques notions sur les *conflits* et sur le *Tribunal des conflits*.

---

(1) Voir ces distinctions, p. 305.

§ 1ᵉʳ. — Principes généraux de la justice judiciaire.

Dans le chapitre consacré à la séparation des pouvoirs, nous avons examiné la question de la nomination des juges (1). Nous verrons maintenant les principes généraux qui régissent la justice judiciaire.

En premier lieu, nous appliquons en France, comme règle générale, le principe de *la pluralité des juges*, par opposition à *l'unité* du magistrat. Les jugements sont rendus par trois ou cinq juges, suivant la juridiction. La pluralité a l'avantage de provoquer la discussion et par suite, de diminuer les chances d'erreur. Son défaut est de diviser la responsabilité sur plusieurs têtes et de la rendre ainsi illusoire. Exceptionnellement, l'unité s'applique à la justice de paix et aux ordonnances de référé.

En Angleterre et aux Etats-Unis, l'unité existe pour toutes les juridictions.

Les juridictions sont sédentaires. Elles siègent dans la ville principale de leur ressort. Le tribunal ne se déplace pas. Nous avons vu dans l'*Histoire du Droit* (2) qu'à l'origine les baillis étaient ambulants, pour mieux se mettre à la portée des plaideurs, qu'ils étaient assistés d'hommes de lois et de praticiens (3).

En même temps qu'elles sont sédentaires, les juridictions sont *permanentes*, sauf les interruptions des dimanches et jours fériés et des vacances judiciaires.

Contrairement à la règle adoptée par la loi des 16-24 août 1790 (4) *la juridiction pénale et la juridiction civile ne sont pas séparées*. Le juge de paix est juge des affaires civiles

---

(1) Page 103.
(2) Voir nos *Eléments d'Histoire du Droit*, 2ᵉ édition, p. 190.
(3) Il existe une trace de cet usage dans le déplacement des conseillers à la Cour d'appel, qui vont présider les Cours d'assises dans les départements du ressort.
(4) Voir nos *Eléments d'Histoire du Droit*, p. 317.

et des contraventions de police. Le tribunal d'arrondissement qui forme la juridiction civile de droit commun est en même temps tribunal de police correctionnelle. Une règle semblable existe pour les Cours d'appel et la Cour de cassation.

Les *décisions* rendues sont, en général, *susceptibles d'un recours devant une juridiction supérieure*. C'est ainsi qu'au delà d'un certain chiffre, *l'appel* de la décision d'un juge de paix est possible ; il est porté devant le tribunal d'arrondissement ; l'appel de la décision émanant de ce dernier tribunal est porté à la Cour d'appel. Aucun appel ne peut être interjeté contre les arrêts de Cours d'assises.

Le *pourvoi en cassation* contre les jugements ou les arrêts *en dernier ressort* a lieu, en principe, pour violation de la loi ou des formes de procédure prescrites à peine de nullité.

Les juridictions sont hiérarchisées. Les différences hiérarchiques se manifestent par des traitements plus élevés pour les magistrats des juridictions supérieures, par des prérogatives différentes, par des classes dans chaque ordre de juridiction, etc.

Les tribunaux sont composés de magistrats de carrière, fonctionnaires nommés par le Gouvernement. Il existe deux catégories d'exceptions à cette règle : En premier lieu les membres des *tribunaux de commerce* et les *conseillers prud'hommes* sont *élus* ; en second lieu, la *Cour d'assises* comprend à côté de l'élément judiciaire un JURY composé de citoyens désignés par la voie du sort et pris sur des listes que dressent certains fonctionnaires (1).

---

(1) Le *jury* est une *institution d'origine anglaise*. En Angleterre il existe un jury criminel et un jury civil ; mais ce dernier fonctionne rarement. Nous n'avons admis en France que le juge criminel, il en est de même dans la plupart des autres pays. Notre système restrictif se justifie pour plusieurs raisons. La plupart des jurés ignorent le droit. Il leur serait impossible de se prononcer dans les matières civiles où les questions de droit ne peuvent être

Pour terminer l'examen des notions générales qui distinguent notre organisation judiciaire, nous devons parler de l'institution du MINISTÈRE PUBLIC. Cet organisme ne fait pas partie du pouvoir judiciaire ; il *dépend, comme les juridictions administratives, du pouvoir exécutif.* On entend par ministère public une *magistrature établie près des tribunaux pour y veiller au maintien de l'ordre public et y requérir l'application des lois.*

Les fonctions du ministère public sont remplies, à la *Cour de cassation*, par un *procureur général* et *six avocats généraux*, auprès des *Cours d'appel*, par un *procureur général*, des *avocats généraux* et des *substituts* du procureur général, auprès des *tribunaux de première instance*, par un *procureur de la République* et un ou plusieurs *substituts*.

Les tribunaux de commerce et les conseils de prud'hommes n'ont pas de ministère public. En justice de paix, dans les affaires civiles, toujours très peu importantes, il n'y a pas de ministère public. Quand le juge de paix siège comme *tribunal de simple police*, les fonctions de ministère public sont remplies par un commissaire de police, un maire ou un suppléant du juge de paix.

Représentant de la loi et de la société, le ministère public a *trois fonctions* à remplir *en matière civile*. Il doit : 1º veiller à ce que la *loi* soit *respectée* et *faire exécuter les décisions des tribunaux* ; 2º *former* en justice les *demandes qui intéressent la société et y défendre*, telles que les demandes en nullité de mariage et en interdiction ; mais ce pouvoir ne lui est accordé que dans les cas spécialement

séparées des questions de fait. Au point de vue pratique, le jury civil serait inapplicable. Le nombre des affaires civiles jugées annuellement par les juges de paix, par les tribunaux de première instance, les cours d'appel, est considérable. Pour subvenir à une tâche judiciaire de cette importance, il faudrait réquisitionner constamment les citoyens que l'on arracherait à leurs occupations. C'est aussi pour cette raison que l'on n'admet pas en France le jury en matière correctionnelle.

indiqués par la loi ; 3° *donner ses conclusions dans les affaires qui*, bien qu'engagées entre deux particuliers, *intéressent l'ordre public* par quelque côté.

Devant les *juridictions répressives*, le rôle du ministère public consiste à agir au nom de la société contre les coupables d'infractions : il requiert l'ouverture de l'instruction, donne ses conclusions, contrôle le juge instructeur, peut citer directement en simple police et en police correctionnelle, soutient l'accusation et réclame la peine ; il est toujours *demandeur*. Il peut se pourvoir en appel et en cassation.

Ainsi, en matière civile, le ministère public est *tantôt partie principale* ou demandeur au procès, agissant par voie d'*action*, comme un plaideur ordinaire dans sa propre cause ; de sorte que s'il perd, il peut interjeter appel ou se pourvoir en cassation ; *tantôt partie jointe*, agissant par voie de *réquisition*, lorsque, intervenant dans un procès entre deux particuliers, il donne son avis sur leurs prétentions. Puisqu'il n'émet qu'un *avis* et ne formule pas un *ordre* il ne peut ni faire appel, ni se pourvoir en cassation, car il ne perd jamais, en pareil cas, son procès.

En *matière administrative*, le ministère public, composé de personnages qui portent le nom de *commissaires du Gouvernement*, n'est jamais partie principale, sauf dans quelques cas très rares où les juridictions administratives font fonction de tribunal répressif. Il n'est en général que partie jointe et donne ses conclusions.

Les membres du ministère public sont nommés par le chef de l'Etat et *révocables*. On dit qu'ils constituent la *magistrature debout* par opposition aux juges judiciaires qui forment la *magistrature assise*.

Placés sous la dépendance plus spéciale du *garde des sceaux* qui peut leur adresser des injonctions obligatoires (1), les déplacer et les révoquer, *les membres du minis-*

(1) Le garde des sceaux peut enjoindre au ministère public d'exer-

1ère public sont, en principe, *indépendants des tribunaux* qui ne peuvent leur adresser des ordres ou les réprimander.

§ 2. — Les juridictions.

Après l'exposé des règles générales, nous allons maintenant parler des *juridictions*. Nous nous occuperons d'abord des tribunaux judiciaires, puis des *tribunaux administratifs*.

1° *Tribunaux judiciaires.*

Les tribunaux judiciaires sont, les uns *ordinaires*, les autres *exceptionnels*.

Les *tribunaux ordinaires* connaissent de toutes les affaires que la loi n'a pas retirées à leur juridiction en les attribuant expressément à un autre tribunal.

Les *tribunaux spéciaux* ou *exceptionnels* sont ceux qui ne connaissent que des affaires qui ont été spécialement et par une disposition formelle de la loi comprises dans leur juridiction.

Sont ordinaires, les *tribunaux d'arrondissement ou de première instance* et les *Cours d'appel*.

Sont spéciaux ou exceptionnels les tribunaux de *justice de paix*, les *tribunaux de commerce*, les *prud'hommes*.

Au-dessus des divers tribunaux et les dominant tous, a été établie une Cour *unique*, appelée *Cour de cassation*. Elle forme le sommet de la hiérarchie judiciaire.

Nous classerons les tribunaux d'après leur importance,

---

cer des poursuites criminelles ; celui-ci est alors contraint de citer l'inculpé en justice ; mais, il n'est pas obligé de conclure conformément aux vues du Gouvernement ; il parle suivant sa conscience. C'est ce que l'on exprime en disant : *la plume est serve, mais la parole est libre*. Liberté bien relative, à cause de la révocation toujours possible.

en partant du bas de l'échelle, sans distinguer entre les tribunaux spéciaux et les tribunaux ordinaires.

JUGES DE PAIX. — Nous avons vu, dans nos *Eléments d'Histoire du droit* (1) que les juges de paix ont été créés par une loi du 24 août 1790 inspirée par une institution analogue existant en Hollande et vulgarisée par Voltaire.

Il existe une justice de paix par canton en province, et par arrondissement à Paris. Deux suppléants sont chargés de remplacer le juge en cas d'empêchement.

Le juge de paix juge seul, assisté de son greffier; nous savons que devant cette juridiction il n'y a pas de ministère public au civil, mais seulement au criminel, pour les contraventions de simple police.

En matière civile, le juge de paix joue le rôle de *juge* et de *conciliateur*; il a aussi des attributions extrajudiciaires. Il est juge, en *matière personnelle et mobilière*, jusqu'à 100 francs en premier et dernier ressort, et jusqu'à 200 francs en premier ressort seulement. Il existe à cette règle de nombreuses exceptions (2). Il connaît également des *actions possessoires* et des *actions en bornage* des propriétés.

Comme *conciliateur*, le juge de paix a pour mission d'essayer de concilier les plaideurs. C'est ce qu'on appelle le *préliminaire de conciliation*. Ce préliminaire a lieu en principe pour les affaires civiles quelles qu'en soient la nature et l'importance, lorsqu'elles sont susceptibles de transaction. Peu importe que l'affaire soit du ressort du juge de paix lui-même ou du tribunal d'arrondissement (3).

Parmi ses *attributions extrajudiciaires* figurent les sui-

(1) P. 316, 2ᵉ édition.
(2) Lois du 25 mai 1838, du 14 mai 1851 et du 21 mai 1855.
(3) Certaines affaires sont dispensées du préliminaire de conciliation pour une raison de célérité, ou parce que la conciliation paraît impossible.

vantes : il préside les *conseils de famille*, dresse les *contrats d'adoption*, reçoit les *actes d'émancipation*, appose ou lève les *scellés*, etc.

En matière pénale, le juge de paix connaît des *contraventions de simple police*. Il peut prononcer des peines variant de 1 à 5 jours de prison et de 1 à 15 francs d'amende. L'appel n'est possible que pour les condamnations à l'emprisonnement ou à plus de 5 francs d'amende ; il est porté devant le tribunal d'arrondissement.

En matière administrative, le juge de paix connaît des contraventions de petite voirie, de l'application des tarifs de douane et d'octroi.

Conseils de prud'hommes. — Cette juridiction est instituée pour concilier ou juger les *contestations entre ouvriers et patrons*. Elle rappelle les *jurandes* d'autrefois (1). La justice des prud'hommes est rapide et peu coûteuse ; c'est la justice de paix de l'industrie.

Le conseil des prud'hommes comprend six membres au moins, plus un président et un vice-président. Les patrons et ouvriers doivent être en nombre égal. Les patrons élisent les prud'hommes patrons et les ouvriers les prudhommes ouvriers.

Les conseils de prudhommes sont établis par des décrets rendus après avis du Conseil d'Etat. Dans les villes où il n'en existe pas, le juge de paix en remplit les fonctions.

Chaque conseil est divisé en *deux bureaux* : le bureau de *conciliation* et le bureau de *jugement*. — Le rôle de greffier est rempli par un secrétaire que nomme le conseil.

Le Conseil de prud'hommes juge sans appel jusqu'à 200 francs ; au delà, à charge d'appel devant le tribunal de commerce (2).

---

(1) Voir nos *Éléments d'Histoire du Droit*, 2e édition, p. 126.
(2) Il a aussi des attributions pénales ; il connaît des manquements

TRIBUNAUX DE COMMERCE. — Les tribunaux de commerce sont établis par décrets rendus sur l'avis du Conseil d'Etat, dans les villes susceptibles d'en recevoir, à raison de l'étendue de leur commerce et de leur industrie. Cette juridiction est motivée par les intérêts commerciaux exigeant une prompte justice, une procédure simplifiée et des juges très au courant des affaires qui leur sont soumises.

Dans les villes où il n'existe pas de tribunaux de commerce, les tribunaux civils jugent commercialement.

Le tribunal de commerce est *élu*. La composition du collège électoral en a beaucoup varié. Actuellement, d'après la loi du 8 décembre 1883, le suffrage a un caractère universel. Les membres des tribunaux de commerce sont élus par les citoyens français, commerçants patentés, ou associés en nom collectif, depuis cinq ans au moins, capitaines au long cours, maîtres de cabotage, etc. En fait, la plupart des commerçants se désintéressent de leur droit de suffrage ; aussi, arrive-t-il que les juges sont élus, et toujours au second tour de scrutin, par un nombre infime de voix.

Sont éligibles, les électeurs âgés de 30 ans et les anciens commerçants domiciliés dans le ressort du tribunal.

Les tribunaux de commerce jugent à *trois membres*. Leur compétence s'étend jusqu'à 1.500 francs sans appel ; au delà, l'appel peut être interjeté ; il est porté devant la Cour d'appel.

TRIBUNAUX DE PREMIÈRE INSTANCE. — Le tribunal d'arron-

des apprentis envers les patrons et des infractions à la discipline des ateliers. Il existe des *prud'hommes pêcheurs*, sur la Méditerranée. C'est une institution encore régie par des usages et des règlements de l'ancien régime. La procédure est purement orale, les jugements ont un caractère disciplinaire et sont exécutés par les prud'hommes eux-mêmes.

dissement porte le nom officiel de *tribunal de première instance*. Cette expression est inexacte, car le tribunal d'arrondissement connaît des appels de justice de paix. On lui donne également le nom de tribunal civil ; c'est encore une qualification impropre, car il est aussi tribunal de police correctionnelle.

Il existe *un tribunal* de cette catégorie *par arrondissement*, sauf dans le département de la Seine où il n'y en a qu'un seul divisé en 11 chambres (1). Le nombre des tribunaux de première instance est exagéré, surtout depuis que les chemins de fer ont diminué la distance et mis la justice plus à la portée des plaideurs. Certains tribunaux sont peu occupés ; leur suppression réaliserait une de ces nombreuses améliorations budgétaires si désirées des contribuables.

Il y a, dans chaque tribunal, *un président* et *autant de vice-présidents qu'il y a de chambres, moins une*. A Paris, il y a un vice-président par chambre. Le nombre des juges varie de 2 à 11, sauf à Paris où il en existe 70. Il y a de 2 à 6 juges suppléants ; à Paris 26.

Tous les ans un *roulement* fait passer les juges et vice-présidents d'une chambre à l'autre. Chacune des chambres doit siéger, en nombre impair et doit comprendre trois membres au moins.

Le ministère public devant le tribunal d'arrondissement est composé, comme nous l'avons vu, d'un *procureur de la République*, et de un ou plusieurs *substituts*.

En matière civile le tribunal d'arrondissement est compétent en premier ressort pour toutes les affaires qui ne sont pas attribuées par un texte formel à une autre juridiction. Sa compétence s'étend, en premier et dernier ressort, jusqu'à 1500 francs de capital en matière mobilière, et jusqu'à 60 francs de revenu en matière d'immeubles. Au delà, ou si la valeur du litige n'est pas ap-

(1) Sept **chambres sont** *civiles*, quatre *correctionnelles*.

préciable en argent, le tribunal statue, à charge d'appel devant la Cour d'appel. — Nous répétons que le tribunal d'arrondissement est juge d'appel du juge de paix, et qu'il remplit les fonctions de *tribunal de commerce* là où cette juridiction n'existe pas.

En *matière pénale*, le tribunal d'arrondissement est *tribunal de police correctionnelle* ; il juge à ce titre, en premier ressort, les faits qualifiés délits par la loi, à l'exception des délits de presse. Les décisions dans cette matière sont toujours susceptibles d'un appel qui est porté à la Chambre des appels de police correctionnelle. Nous savons que ce tribunal connaît en appel des sentences rendues par le juge de paix relativement aux contraventions de simple police (1).

Cours d'appel. — Il existe en France 27 Cours d'appel, en y comprenant celle d'Alger. Le ressort de chaque Cour d'appel englobe plusieurs départements, à l'excep-

(1) Le tribunal de première instance a des *attributions extrajudiciaires* : il habilite la femme mariée à contracter, à défaut du mari (C. civ., art. 218) ; il accorde, dans certains cas l'autorisation d'aliéner un immeuble dotal (C. civ., art. 1555-1558) ; il homologue les délibérations d'un conseil de famille autorisant l'aliénation des biens immobiliers d'un mineur (C. civ., art. 458). En dehors du service intérieur du tribunal, *le président exerce plusieurs attributions personnelles.* Il est juge des *référés* (on entend par *référé* une procédure sommaire et rapide, créée pour les cas où il y a urgence ou lorsqu'il s'agit de statuer provisoirement sur les difficultés relatives à l'exécution d'un titre exécutoire ou d'un jugement) ; il légalise les actes notariés, est chargé des tentatives de conciliation à l'égard des époux qui demandent la séparation de corps ou le divorce, etc.

Auprès d'un tribunal de première instance, on trouve : le *ministère public* dont nous avons parlé, un *greffier* qui rédige les jugements et en délivre expédition, des *avoués* qui représentent les plaideurs et font les actes de procédure : leur ministère est obligatoire, des *avocats* dont le ministère est facultatif et qui développent oralement les demandes et les défenses des parties, des *huissiers* qui remettent les assignations à comparaître, signifient et exécutent les jugements.

tion de celle de Bastia. La Cour siège, en général, au chef-lieu de département.

Chaque Cour d'appel se compose de 10 à 24 juges qui portent le nom de *conseillers*. Les Cours de plus de 15 conseillers sont divisées en deux chambres : la *chambre civile* et la *chambre correctionnelle*. Les Cours de plus de 19 membres ont une troisième chambre, la *chambre des mises en accusation*.

Pour permettre aux conseillers d'acquérir une éducation judiciaire complète, on a établi un roulement annuel entre les conseillers de chaque Cour.

Il y a un *premier président* à la tête de la Cour d'appel et un *président* spécial *pour chacune des chambres*.

Devant la Cour d'appel, le ministère public se compose, comme nous l'avons vu plus haut : 1° d'un *procureur général*, qui est le *chef de tout le ministère public du ressort de la Cour d'appel* et qui a un pouvoir disciplinaire, 2° d'*avocats généraux*, 3° *de substituts*.

En matière civile, la Cour d'appel statue sur les appels interjetés contre les décisions des tribunaux inférieurs : tribunaux civils et tribunaux de commerce ; elle *confirme* ou *réforme* ces décisions. Parfois aussi, elle juge en premier et dernier ressort, notamment en cas d'évocation (C. pr. civ., art. 473), de règlements de juges entre les juridictions civiles de son ressort (*ibid.*, art. 363), de prises à partie contre les juges (*ibid.*, art. 509).

En matière pénale, la Cour décide s'il y a lieu de renvoyer devant la Cour d'assises un individu inculpé d'un crime ; ce rôle est dévolu à la chambre des mises en accusation. La Cour d'appel connaît en outre des appels contre les jugements de police correctionnelle.

Cours d'assises. — La Cour d'assises est une émanation de la Cour d'appel. Elle est *chargée de la répression des crimes* (1) C'est la juridiction pénale la plus élevée.

(1) Elle juge aussi une partie des *délits* commis par la voie de la *presse*.

Il y a une Cour d'assises par département. La Cour ne siège pas en permanence ; elle tient quatre sessions ordinaires par an. Si le nombre des affaires l'exige, la Cour d'assises tient des sessions extraordinaires. A Paris, les sessions ont lieu de quinzaine en quinzaine ; la session qui s'ouvre au commencement de chaque trimestre prend le nom de session ordinaire.

La Cour d'assises est formée de *deux éléments* : la *magistrature* et le *jury*. Les magistrats sont : un *président* qui est toujours un conseiller à la Cour d'appel du ressort et *deux assesseurs*. Ces derniers sont des conseillers à la Cour d'appel, quand la Cour d'assises siège au chef-lieu de la Cour d'appel ; dans le cas contraire, ce sont ordinairement des juges du tribunal de première instance du chef-lieu de département (1) où se tient la Cour d'assises.

Le ministère public est le parquet local, c'est-à-dire, suivant les cas, le parquet de la Cour d'appel (procureur général, avocats généraux, substituts) ou le parquet du tribunal de première instance (procureur de la République et substituts). Mais, le procureur général peut toujours venir siéger lui-même.

Le jury est composé de citoyens tirés au sort sur des listes. On établit d'abord une *liste annuelle* ; puis, sur cette liste on tire au sort la *liste* des jurés *de chaque session*. Ces jurés sont au nombre de 36, plus quatre suppléants. Le *jury de jugement* comprend 12 membres pris sur la liste des 36, par voie de tirage au sort. Au fur et à mesure que le nom d'un juré sort de l'urne, l'accusé d'abord, par l'intermédiaire de son avocat, puis le ministère public, ont le droit de le récuser. Le jury est formé dès que douze jurés non récusés ont été tirés au sort.

---

(1) Il y a quelques départements où la Cour d'assises siège dans une ville qui n'est pas le chef-lieu du département.

Le jury est juge de la culpabilité ; les magistrats appliquent la loi suivant le verdict du jury, en prononçant soit l'absolution, soit une peine, soit l'acquittement de l'accusé.

Cour de cassation. — La Cour de cassation placée au sommet des juridictions civiles, commerciales et criminelles, a été créée en vue d'assurer l'unité de la jurisprudence et de fixer le sens des lois, en cassant ou en annulant les décisions en dernier ressort qui les violent. Pour atteindre ce but, il fallait une Cour suprême savante, hautement impartiale et fixe dans ses opinions. Notre Cour de cassation dans son ensemble présente certainement ces caractères. Néanmoins, il est regrettable que ses membres ne soient pas toujours pris uniquement parmi les magistrats préparés à cette fonction par une longue expérience professionnelle et par une très grande dignité de caractère (1).

La Cour de cassation est composée de 49 membres, y compris un président et trois présidents de chambre. Elle est divisée en trois chambres : la *Chambre des requêtes*, la *Chambre civile* et la *Chambre criminelle*.

La *Chambre des requêtes* statue sur l'admission des pourvois *civils* ; elle écarte ceux dont les motifs ne lui paraissent pas sérieux, et de cette façon, soulage la Chambre civile qui peut ainsi consacrer plus de temps à l'étude des questions difficiles (2).

La *Chambre civile* statue définitivement sur les pourvois civils déjà admis par la Chambre des requêtes. Les

---

(1) On voit trop souvent les ministres de la justice introduire à la Cour de cassation des magistrats qui ont très rapidement parcouru les étapes de la carrière et qui doivent leur avancement non à un mérite exceptionnel, mais à leurs relations politiques.

(2) On reproche à la Chambre des requêtes de se substituer en fait à la Chambre civile en rendant des arrêts longuement motivés et en créant une jurisprudence qui lui est personnelle. Il est question de la supprimer.

pourvois formés par le procureur général dans l'intérêt de la loi, et quelques autres, comme ceux qui sont relatifs à l'expropriation pour cause d'utilité publique ne passent pas par la Chambre des requêtes et vont directement à la Chambre civile.

La *Chambre criminelle* s'occupe des affaires pénales. Elle est saisie directement, sans passer par la Chambre des requêtes.

La Cour de cassation n'est pas un troisième degré de juridiction; elle ne juge pas les affaires, mais les jugements. Elle doit tenir pour *constants* les *faits* admis par le jugement attaqué.

Les jugements ou arrêts ne peuvent être cassés que pour l'un des motifs suivants :

1° *Incompétence ou excès de pouvoir* (1) ;

2° *Violation des formes* de procédure prescrites à peine de nullité ;

3° *Contrariété de jugements* rendus en dernier ressort par des Cours ou tribunaux différents, dans la même affaire, sur les mêmes moyens et entre les mêmes parties ;

4° *Violation de la loi.*

La Cour de cassation rejette le pourvoi ou casse les sentences qui lui sont déférées. Dans ce dernier cas, elle ne peut substituer une décision nouvelle à celle qu'elle a cassée. Elle renvoie l'affaire devant un tribunal du même ordre que celui qui a rendu l'arrêt ou le jugement attaqué (2). Ce second tribunal n'est pas obligé de suivre

---

(1) Les juges sortent de leur **compétence** lorsqu'ils connaissent d'une affaire que la loi attribue à un autre tribunal ; ils commettent un *excès de pouvoir* quand ils font des actes qui ne sont permis à aucune juridiction établie.

(2) Nous disons *l'arrêt* ou *le jugement* parce qu'on peut se pourvoir en cassation contre un jugement du tribunal de première instance réformant en appel un jugement de justice de paix. En pareil

l'opinion de la Cour de cassation. Si donc, il juge dans le même sens que le premier tribunal et contrairement à la décision de la Cour suprême, un nouveau pourvoi en cassation peut être formé pour le même motif.

Ce second pourvoi est, en ce cas, jugé par la Cour de cassation toutes Chambres réunies. Si la Cour persiste dans sa décision première, elle ne termine pas l'affaire elle-même, elle la renvoie devant un troisième tribunal du même ordre que celui qui a rendu les deux premières décisions ; et ce tribunal est lié par sa décision ; il est obligé de statuer dans le même sens.

Il y a auprès de la Cour de cassation un *ministère public* comprenant un procureur général et six avocats généraux. Il n'y a pas de *substituts* (1).

2° *Tribunaux administratifs.*

Les tribunaux administratifs peuvent être divisés en *deux catégories* : 1° ceux qui ont une compétence étendue à plusieurs matières ; 2° les tribunaux *spéciaux*, qui ne s'occupent que d'une catégorie d'affaires.

Le principe de la pluralité des juges n'est pas appliqué d'une manière aussi étendue dans la justice administrative que dans la justice judiciaire. Nous trouvons ici, en effet, plusieurs fois le *juge unique* : le ministre, le préfet,

---

cas, on ne peut interjeter un deuxième appel à la Cour d'appel : *Appel sur appel ne vaut.*

(1) Les *avocats à la Cour de cassation* doivent être classés à part. Ce sont des officiers ministériels nommés par le Gouvernement et formant une corporation fermée. Ils sont au nombre de 60. Il faut, pour y entrer, avoir l'âge de 25 ans, avoir fait un stage de 2 ans au barreau, avoir subi un examen devant le conseil de l'ordre et être agréé par la Cour de cassation. La charge est vénale. Les avocats à la Cour de cassation jouent à la fois le rôle d'*avoués* et d'*avocats*. Ils font les actes de procédure, rédigent et signent les mémoires, et plaident. Leur ministère est obligatoire.

le sous-préfet, le maire. Ces quatre fonctionnaires jugent, non en vertu d'un pouvoir propre, mais comme représentants de l'administration active, du chef du pouvoir exécutif. C'est là un reste de la *justice retenue* par opposition à la *justice déléguée* (1).

Le *maire*, le *sous-préfet* et le *préfet* n'ont que de rares attributions contentieuses. Nous n'insisterons pas sur ce point (2).

LE MINISTRE. — Dans une opinion qui n'est pas admise par le Conseil d'Etat, le *ministre* serait le juge de droit commun. Il semble plus exact de n'attribuer compétence aux ministres que dans les cas où cette compétence leur est accordée par un texte exprès (3). L'appel de leurs décisions doit être porté au Conseil d'Etat.

Les ministres connaissent, en outre, des recours exercés contre les décisions contentieuses des préfets.

Les deux tribunaux administratifs généraux, investis d'un pouvoir propre de décision, par application de la *justice déléguée*, sont le *Conseil de préfecture* et le *Conseil d'Etat*.

LE CONSEIL DE PRÉFECTURE. — Chaque département possède un conseil de préfecture composé de 3 ou 5 membres suivant son importance ; celui de Paris compte 9 membres. Les conseillers de préfecture sont nommés par le chef de l'Etat et révocables.

C'est le préfet qui préside le conseil de préfecture ; il a voix prépondérante en cas de partage. Chaque année,

---

(1) Voir nos *Eléments d'Histoire du Droit*, 2ᵉ édition, p. 200.
(2) Ainsi, le maire statue sur l'indemnité due par les officiers marchant sans troupes aux habitants qui ont été forcés de leur fournir le logement ; le sous-préfet statue sur les contestations en matière d'adjudication de coupes des bois de l'Etat, etc.
(3) Voir p. 315.

un décret nomme parmi les membres du conseil, un vice-président.

Le secrétaire général de la préfecture joue le rôle de ministère public.

Le conseil de préfecture a des attributions *administratives* et des attributions *contentieuses*. Nous nous occuperons uniquement de ces dernières.

La compétence de ce tribunal administratif ne s'étend pas à toutes les matières ; elle ne s'applique qu'aux affaires dont la connaissance lui a été attribuée par un texte formel. D'après l'article 4 de la loi du 28 pluviôse an VIII, ces affaires sont les suivantes :

A) *Impôts directs*. — Demandes en décharge ou en réduction, demandes en réintégration au rôle, en mutation de cote, réclamation contre le classement cadastral.

B) *Travaux publics*. — Ce sont les travaux entrepris dans un but d'utilité publique, par certaines personnes morales : Etat, établissements publics, associations syndicales autorisées ou forcées. Le conseil de préfecture interprète ou fait exécuter les marchés, fixe les indemnités dues aux propriétaires de terrains occupés ou fouillés, ordonne la réparation des torts et dommages causés, soit par le fait de l'administration, soit par le fait de l'entrepreneur.

C) *Grande voirie*. — La grande voirie comprend les routes nationales et les rues qui leur font suite, les rues et places de Paris, les chemins de fer, les fleuves et rivières navigables et flottables, les canaux de navigation, les ports, havres et rades. Le conseil de préfecture ordonne la démolition des constructions qui empiètent sur la voie publique, la destruction des ouvrages faits au mur de face d'une propriété soumise à l'alignement, ou de la « besogne mal plantée ». Il prononce aussi la peine de l'amende encourue par les contrevenants (1).

---

(1) En matière de *voirie vicinale*, le conseil de préfecture ordonne la réintégration du sol usurpé ou anticipé, à la route.

D) *Domaines nationaux*. — Le conseil de préfecture statue sur l'interprétation et l'exécution des actes des ventes consenties par l'Etat, sur les réclamations exercées contre l'Etat par des tiers ayant des droits réels sur les biens acquis par l'Etat pendant la période révolutionnaire et revendus à des particuliers.

E) Depuis la loi de pluviôse an VIII, de nouvelles lois ont étendu la compétence du conseil de préfecture à différentes matières : *contentieux des élections* au conseil d'arrondissement et au conseil municipal, *établissements dangereux, incommodes ou insalubres*, etc.

La *procédure* devant le conseil de préfecture est *écrite* ; elle est simple dans la forme, peu coûteuse et rapide. Il n'y a pas d'avoués devant ce tribunal ; mais les parties peuvent se faire assister d'avocats.

Le Conseil d'Etat. — Nous avons étudié précédemment le Conseil d'Etat comme conseil de gouvernement et comme conseil administratif (1).

Les affaires contentieuses ressortissant au Conseil d'Etat sont en principe jugées dans une *assemblée spéciale du contentieux* distincte à la fois de l'assemblée générale et de la section du contentieux. On l'appelle *assemblée du Conseil d'Etat délibérant au contentieux*.

La *section du contentieux* se borne à préparer la solution des affaires en dirigeant l'instruction et en faisant les rapports à l'assemblée délibérant au contentieux (2).

L'*assemblée du Conseil d'Etat délibérant au contentieux* comprend : 1° tous les membres de la section du contentieux, au nombre de 7, 2° 8 conseillers d'Etat en service ordinaire, 3° le vice-président du Conseil d'Etat comme président.

Le *ministère public* est représenté par quatre maîtres

---

(1) Voir p. 327.
(2) Par exception, la section du contentieux fait l'instruction et juge elle-même dans quelques cas.

des requêtes nommés par décret, qui portent le titre de *commissaires du gouvernement*.

Dans l'opinion qui l'emporte maintenant, le Conseil d'Etat est *juge de droit commun en matière administrative*. Il est en outre, *tribunal d'appel* et *tribunal de cassation*.

Comme *tribunal d'appel*, il connaît de tous les recours formés contre les décisions contentieuses non rendues en dernier ressort, telles que les arrêtés des conseils de préfecture et des ministres.

Comme *tribunal de cassation*, il connaît : 1° des recours formés, pour violation ou fausse interprétation de la loi, contre les décisions contentieuses rendues en dernier ressort par certains tribunaux : arrêts de la Cour des comptes, décisions des conseils de révision ; 2° des recours pour incompétence ou excès de pouvoir formés contre les décisions contentieuses émanant de tribunaux administratifs ; 3° des conflits de juridiction qui peuvent s'élever entre deux tribunaux administratifs.

Il y a plusieurs catégories de TRIBUNAUX ADMINISTRATIFS SPÉCIAUX : le *Conseil supérieur de l'instruction publique*, les *conseils académiques*, les *préfets maritimes*, les *conseils de révision*, la *Cour des comptes*. Nous ne parlerons que de cette dernière, la plus importante.

LA COUR DES COMPTES. — La Cour des comptes est investie d'un pouvoir de juridiction à l'égard des comptables des *deniers* publics. Elle n'est pas compétente à l'égard des comptables en *matière* qui ont le maniement du matériel de l'Etat, ni à l'égard des *ordonnateurs*, c'est-à-dire de ceux qui donnent aux comptables en deniers l'ordre de payer. Envers les comptables en matière et les ordonnateurs, elle n'a que des attributions de *contrôle* (1).

(1) Comme nous l'avons expliqué plus haut en étudiant la *responsabilité civile* des ministres, p. 327.

Elle est compétente, non seulement en ce qui concerne les comptables de droit, mais à l'égard des comptables de fait ou *comptables occultes*, de ceux qui par erreur ou par dol se sont immiscés dans le maniement des deniers publics sans avoir qualité : maire qui empiète sur les attributions du conseil municipal, curé sur les fonctions de comptable de la fabrique, etc.

La Cour des comptes examine si le comptable a opéré les recettes dans les délais légaux, si les dépenses sont régulières et ont été autorisées.

Sur le vu du compte, elle rend des arrêts *provisoires* et des arrêts *définitifs*. Les premiers sont communiqués au comptable qui, pendant deux mois peut fournir des explications. Passé ce délai, les arrêts deviennent définitifs.

Les arrêts définitifs se divisent en trois classes : 1° arrêts déclarant le comptable quitte, ou arrêts de *quitus* ; 2° arrêts déclarant le comptable en *débet* ; dans ce cas, la Cour le condamne à rembourser dans un certain délai, au taux de 5 0/0, la somme dont il est redevable ; 3° arrêts déclarant le comptable *en avance*.

La Cour des comptes n'a pas, comme la *Chambre des comptes* de notre ancien droit (1), le pouvoir de juger le comptable qui s'est rendu coupable de détournements. Elle ne peut que signaler le délit pour mettre en mouvement l'action publique.

Deux recours exceptionnels sont ouverts contre les arrêts de la Cour des comptes : 1° un recours en *révision* devant la Cour elle-même ; 2° un *recours en cassation* devant le Conseil d'État, pour incompétence, excès de pouvoir, violation ou fausse interprétation de la loi.

La Cour des comptes comprend : un *premier président*, trois *présidents de chambre*, dix-huit *conseillers maîtres*

---

(1) Voir nos *Éléments d'Histoire du Droit*, 2ᵉ éd., p. 117.

des comptes, quatre-vingt-six référendaires ou *conseillers référendaires*, dont 26 de première classe et 60 de deuxième classe ; vingt-cinq *auditeurs* (15 de première classe, 10 de deuxième).

Il y a en outre, à la Cour des comptes, un *procureur général*, un *avocat général* et un *substitut* du procureur général. L'avocat général est pris parmi les référendaires de première classe, le substitut parmi les référendaires de deuxième classe.

Le premier président, les trois présidents de chambre, les conseillers maîtres et les conseillers référendaires sont *inamovibles*. Ce sont les seuls membres des tribunaux administratifs qui jouissent de cette garantie d'indépendance.

§ 3. — Les conflits d'attributions et le tribunal des conflits.

L'existence des deux juridictions ordinaires et administrative peut donner lieu à un *conflit d'attributions* (1). Il est possible, en effet, qu'une même affaire soit revendiquée à la fois par la justice judiciaire et par la justice administrative, ou que les deux justices se déclarent l'une et l'autre incompétentes dans une affaire déterminée. Le conflit est *positif*, dans le premier cas, *négatif* dans le second.

Le jugement des conflits n'a pas toujours appartenu à la même autorité. Après avoir été de la compétence du chef de l'Etat, la solution des conflits d'attributions a été attribuée par la loi du 24 mai 1872, à un *Tribunal des conflits* (2).

---

(1) Il ne faut pas confondre le *conflit d'attributions* avec le *conflit de juridiction*. Dans ce dernier cas les deux autorités en lutte appartiennent au même ordre ; ce sont deux tribunaux judiciaires ou deux tribunaux administratifs.

(2) Le tribunal des conflits avait déjà existé de 1848 et 1852.

Le tribunal des conflits comprend : le *ministre de la justice*, président, *trois conseillers d'Etat* en service ordinaire ou élus par les autres conseillers d'Etat en service ordinaire, *trois conseillers de la Cour de cassation* élus également par leurs collègues, *deux membres titulaires* ou deux membres suppléants élus à la majorité par les autres juges.

Ils sont soumis à la réélection tous les trois ans et indéfiniment rééligibles. Ils élisent un vice-président.

Les fonctions de *ministère public* sont remplies par *deux commissaires du Gouvernement* et deux suppléants nommés tous les ans par décret du chef de l'Etat et pris, l'un parmi les maîtres des requêtes au Conseil d'Etat, l'autre parmi les membres du parquet de la Cour de cassation.

La théorie des *conflits positifs* a été conçue et organisée au profit de l'Administration, pour mieux garantir la séparation du pouvoir exécutif du pouvoir judiciaire. Ce qui le démontre, c'est que l'Administration a le droit d'élever le conflit devant les juridictions judiciaires, tandis que, de son côté, l'autorité judiciaire n'a pas le droit d'élever le conflit devant les tribunaux administratifs (1).

Le conflit *positif* est élevé par le préfet ; à Paris, il est élevé par le préfet de la Seine ou le préfet de police, suivant les cas.

Parmi les préfets, le conflit est élevé par celui dans le département duquel se trouve le tribunal de première

---

(1) « Cette inégalité, assez choquante, ne peut s'expliquer que par les souvenirs de l'ancien régime où les tribunaux judiciaires se montraient souvent agressifs à l'égard des administrateurs. — On a fait remarquer que contre les empiétements obstinés des administrateurs et des juridictions administratives, il y a la ressource de la révocation qui n'existe pas contre les magistrats judiciaires inamovibles. La ressource est illusoire, car c'est l'Administration elle-même qui devrait l'employer. » Moreau, *loc. cit.*, p. 420.

instance saisi de l'affaire qui donne lieu au conflit, alors même que l'affaire est pendante en appel.

Le *conflit négatif* n'a pas le même caractère que le conflit positif ; son but n'est pas d'empêcher les empiétements de l'autorité judiciaire sur les attributions réservées à l'autorité administrative, mais de prévenir un déni de justice de la part de l'une ou de l'autre autorité.

Ce conflit est élevé par les parties intéressées, qu'il s'agisse de particuliers ou de l'Administration.

Dans le cas de *conflit positif*, le tribunal des conflits annule le conflit ou le maintient. S'il l'annule, le tribunal judiciaire saisi reprendra la procédure au point où elle était au moment où le conflit a été élevé. S'il le maintient, le tribunal judiciaire restera définitivement dessaisi.

Dans le cas de *conflit négatif* le tribunal donne un juge aux parties et les renvoie devant le tribunal judiciaire ou administratif qui lui semble compétent. Sa décision n'est susceptible d'aucun recours.

TABLE DES MATIÈRES

	Pages
Préface	VII
Introduction	1
§ 1. — *Sources du droit constitutionnel*	1
§ 2. — *Constitutions coutumières et constitutions écrites*	7
§ 3. — *Théorie du pouvoir constituant*	8
§ 4. — *L'Etat, sa définition, ses formes*	12
§ 5. — *Différence entre l'Etat et le Gouvernement*	16

PREMIÈRE PARTIE

Les grands principes constitutionnels.

CHAPITRE PREMIER. — **La souveraineté nationale**	20
Section I. — Origine historique et fondement de la souveraineté nationale	20
§ 1. — *Le contrat social ou système de Rousseau*	20
§ 2. — *Système historique, évolutionniste, scientifique*	23
§ 3. — *Système de la monarchie de droit divin*	26
§ 4. — *Système des théologiens catholiques*	27
§ 5. — *Système de l'École libérale*	29
Section II. — Caractères de la souveraineté nationale	34
§ 1. — *La souveraineté est-elle inaliénable ?*	34
§ 2. — *La souveraineté est-elle indivisible ?*	40
§ 3. — *La souveraineté est-elle imprescriptible ?*	41
§ 4. — *La souveraineté est-elle illimitée ?*	42
Du tyrannicide	45

Section III. — Des différentes formes de Gouvernement . 47
Section IV. — Exercice de la souveraineté nationale . . . 50
  § 1. — *Gouvernement direct* 50
  § 2. — *Gouvernement représentatif.* 51
  § 3. — *Système représentatif mitigé de quatre façons.* 52
    1º Mandat impératif 53
    2º Referendum 54
    3º Initiative populaire. 60
    4º Veto populaire. 64
  § 4. — *Fonctionnement du gouvernement représentatif pur.* 64
    1º Electorat politique 64
    Historique du droit de suffrage en France 72
    Le droit de suffrage à l'étranger. 76
    2º Eligibilité politique 78
    3º Incompatibilités 82
    4º Systèmes électoraux. 86
    Scrutin de liste et scrutin uninominal. 88
    Représentation des minorités. 89

CHAPITRE II. — **Théorie de la séparation des pouvoirs.** 100

Section I. — Historique et règle générale 100
Section II. — Séparation absolue et séparation relative des pouvoirs 105
Section III. — Prépondérance du pouvoir législatif . . . 108
Section IV. — Séparation du pouvoir exécutif d'avec les deux autres. 111
  § 1. — *Séparation du pouvoir exécutif d'avec le pouvoir législatif.* 111
  § 2. — *Séparation du pouvoir exécutif d'avec le pouvoir judiciaire.* 112

Section V. — Séparation du pouvoir judiciaire d'avec les deux autres 119
  § 1. — *Séparation du pouvoir judiciaire d'avec le pouvoir législatif.* 119
  § 2. — *Séparation du pouvoir judiciaire d'avec le pouvoir exécutif.* 121

CHAPITRE III. — **Division du pouvoir législatif en deux Chambres** 122

Section I. — Historique. 122
Section II. — Utilité des deux Chambres dans les divers
             Etats. 125

CHAPITRE IV. — **Irresponsabilité du chef de l'Etat et
             responsabilité ministérielle** 128
CHAPITRE V. — **Le Gouvernement parlementaire** . . 131
CHAPITRE VI. — **Théorie des droits individuels ou du
             citoyen.** 135

Section I. — Historique et théorie générale 135
Section II. — Droits individuels se rattachant à l'idée de
            liberté. 141

§ 1. — *Liberté de conscience.* 141
§ 2. — *Liberté des cultes* 141
§ 3. — *Liberté de la presse.* 143
§ 4. — *Liberté de l'enseignement.* 147
§ 5. — *Liberté de réunion* 150
§ 6. — *Liberté d'association* 152
§ 7. — *Droit de pétition* 159
§ 8. — *Liberté individuelle.* 161
§ 9. — *Liberté du travail, du commerce et de l'indus-
      trie.* 163
§ 10. — *Inviolabilité du domicile* 165
§ 11. — *Inviolabilité de la propriété.* 165

Section III. — Droits individuels se rattachant à l'idée
             d'égalité 166

§ 1. — *Egalité devant les tribunaux.* 166
§ 2. — *Egalité devant la loi pénale.* 167
§ 3. — *Egalité devant l'impôt.* 167
§ 4. — *Egalité quant à l'accès aux fonctions publiques.* 168

DEUXIÈME PARTIE

Organisation des pouvoirs publics dans les principaux pays et spécialement en France.

CHAPITRE PREMIER. — **Aperçu général des Constitu-
             tions étrangères** 169

1° Angleterre. 169
2° Etats-Unis de l'Amérique du Nord. 174

TABLE DES MATIÈRES

    3° Allemagne 178
    4° Autriche-Hongrie 182
    5° Italie. 185
    6° Belgique. 187
    7° Suisse 188
    Pays-Bas, Espagne, Portugal, Danemark, Suède, Norwège 191-192

CHAPITRE II. — **Les Constitutions françaises depuis 1815** 192

    1° Charte constitutionnelle de 1814. 192
    2° Acte additionnel aux Constitutions de l'Empire. . . 196
    3° Charte constitutionnelle de 1830. 197
    4° Constitution républicaine de 1848. 199
    5° Constitution du 14 janvier 1852 202
    6° Evénements politiques depuis 1870 jusqu'en 1875. . 205
    Réforme de notre Constitution 212

HAPITRE III. — **Organisation actuelle des pouvoirs publics en France.** 216

  Section I. — Le pouvoir législatif 216

    § 1. — *Composition des deux Chambres.* 217
      1° Composition de la Chambre des députés. 217
      Le corps électoral. 217
      Circonscriptions électorales 219
      Procédure des élections. 220
      Durée du mandat des députés. 227
      2° Composition du Sénat 230
      Historique de l'organisation du Sénat 230
      Organisation primitive du Sénat (sénateurs élus et sénateurs à vie) 231
      Organisation actuelle du Sénat 233

    § 2. — *Fonctionnement des deux Chambres* 236
      1° Lieu de réunion des deux Chambres. 236
      2° Constitution des deux Chambres 237
      3° Règlement des deux Chambres 242
      Sessions des deux Chambres 243
      Réunion simultanée des deux Chambres. 246
      Ajournement des deux Chambres. 247
      Publicité des séances des deux Chambres 247

    § 3. — *Attributions des deux Chambres.* 249
      1° Attributions communes aux deux Chambres. . . . 249

TABLE DES MATIÈRES 357

Pouvoir législatif ordinaire des deux Chambres . . 249
  A. — Initiative des lois 250
  B. — Délibération des lois 252
  C. — La question préalable. 254
  D. — Votes sur les projets et les propositions de lois 255
Attributions financières des deux Chambres. . . . 258
  A. — Règles concernant le budget 258
  B. — Droits du Sénat relativement aux lois de finances 260
Contrôle du pouvoir exécutif 262
    Les enquêtes parlementaires 263
Participation à l'exercice de la souveraineté extérieure. 265
Attributions administratives des deux Chambres. . 267
2° Attributions spéciales à la Chambre des députés . . 269
3° Attributions spéciales au Sénat 269
    Haute-Cour de justice 271

§ 4. — *Prérogatives des membres des deux Chambres* . 272
Immunités parlementaires 273
  A. — Irresponsabilité politique. 273
  B. — Immunité pénale. 274
Indemnité législative. 276
Délits commis par la presse contre les membres du Parlement. 278
Insignes parlementaires 278

Section II. — Le pouvoir exécutif. 280

§ 1. — *Le Président de la République.* 280
1° Unité et collégialité du pouvoir exécutif. 280
2° Nomination du Président de la République . . . 281
3° Traitement du Président de la République. . . . 283
4° Attributions du Président de la République . . . 284
Attributions exécutives 284
  A. — Promulgation et publication des lois . . . 284
  B. — Exercice du pouvoir réglementaire 287
Rapports du pouvoir exécutif avec le pouvoir législatif. 289
  A. — Droit de dissoudre la Chambre des députés 289
  B. — Messages. 292
Attributions relatives à la souveraineté intérieure . 292
  A. — Droit de dispense 292
  B. — Droit de grâce 293

TABLE DES MATIÈRES

C. — Nomination aux emplois civils et militaires.	294
D. — Disposition de la force armée.	296
E. — Présidence des solennités nationales	297
Attributions relatives à l'administration.	297
Exercice de la souveraineté extérieure	298
A. — Agents diplomatiques	299
B. — Traités internationaux	300
C. — Déclarations de guerre.	302
Actes par lesquels le Président de la République exerce ses fonctions.	304
Responsabilité du Président de la République	306
§ 2. — *Les ministres*	307
1° Organisation ministérielle (nomination et révocation des ministres. — Nombre des ministres. — Sous-secrétaires d'Etat. — Traitement).	307
2° Modes de délibération des ministres.	311
A. — Le Conseil des ministres.	311
B. — Le Conseil de cabinet	313
3° Attributions des ministres	313
A. — Attributions gouvernementales.	313
B. — Direction supérieure des services administratifs.	314
C. — Attributions judiciaires.	315
4° Responsabilité des ministres	316
A. — Responsabilité politique	316
Interpellations	318
Questions.	319
B. — Responsabilité pénale	321
C. — Responsabilité civile.	324
§ 3. — *Le Conseil d'Etat.*	327
SECTION III. — Le pouvoir judiciaire	329
§ 1. — *Principes généraux de la juridiction judiciaire.*	330
§ 2. — *Les juridictions.*	334
1° Tribunaux judiciaires.	334
Juges de paix.	335
Conseils de prud'hommes	336
Tribunaux de commerce.	337
Tribunaux de première instance.	337
Cours d'appel.	339
Cours d'assises.	340
Cour de cassation	342

2º Tribunaux administratifs.	344
Le ministre.	345
Le Conseil de préfecture	345
Le Conseil d'Etat.	347
La Cour des comptes.	348
§ 3. — *Les conflits d'attributions et le tribunal des conflits*	350

TABLE ALPHABÉTIQUE

A

Accusation du Président de la République, 306.
— des ministres, 323.
Acte additionnel aux Constitutions de l'Empire, 196.
Administration. Attributions du Président de la République en cette matière, 297.
Age requis pour être électeur, 217.
— pour être député, 80.
— pour être sénateur, 80.
Agents diplomatiques. Sont nommés par le Président de la République, 299.
Ajournement des Chambres. En quoi consiste cette mesure, 244-247.
Allemagne. Sa constitution, 178.
Amendement. Ce droit sous le second Empire, 204.
— Actuellement, 251.
Amnistie. Ses caractères, 109 et 293.
— Qui exerce ce droit, 109.
Angleterre. Droit de suffrage dans ce pays, 76.
— La Constitution anglaise, 169.
Armée. Qui a le droit de disposer de la force armée, 296.
Assemblée nationale de 1871, 206.
— dans notre Constitution actuelle, 269-282.
Assemblées permanentes (système des), 244.
Assemblées primaires, leur définition, 55 et 72, note.
— leur fonctionnement pendant la période intermédiaire, 72.
Attentat contre la sûreté de l'Etat. Quelle est la juridiction compétente, 270 ; différences avec le complot, 270, note 1

Autorisation de poursuite contre les membres du Parlement, 273.
Autriche. Droit de suffrage dans ce pays, 77.
— Sa constitution, 182.

B

Ballottage, 223, 225.
Barnave. Son système électoral, 65.
Belgique. Ses rapports avec l'Etat libre du Congo, 13.
— Vote plural dans ce pays, 78.
— La représentation des minorités en Belgique, 95.
— Constitution belge, 187.
Bodin, auteur de l'ouvrage *Les six livres de la République*, écrivain absolutiste, 4.
Bossuet, admet l'état de nature et le contrat social, 6.
Bourgs pourris en Angleterre, 173.
Budget des Chambres, ses règles, 258.
Bulletin des lois, 287.
Bundesrath, Conseil fédéral allemand, 180.
Bureau de chaque Chambre, 240.
Bureaux des Chambres, 252.

C

Caducité des propositions de lois, 257.
Calvin, admet, dans son *Institution chrétienne*, la monarchie mêlée de démocratie, 3.
Candidature officielle, 222.
Candidatures multiples, loi qui les interdit, 82 et 224.
Capacité électorale. Adjonction des capacités sous la monarchie de 1830, 75. Capacité électorale en Belgique, 78.
Cens électoral, dans les diverses constitutions françaises, 72 et suivantes.
Cessions ou échanges de territoires, conditions requises en France, 266.
Chambres. Les deux Chambres ; origine des deux Chambres, 123 ; utilité des deux Chambres dans les différents pays, 125 ; inconvénients d'une seule Chambre, 126 ; lieux de réunion des deux Chambres, 236 ; sont juges de l'éligibilité de leurs membres et de la régularité de leur élection, 238 ; réunions simultanées des deux Chambres, 246.

TABLE ALPHABÉTIQUE

Chambre des communes, en Angleterre, son origine, 123.
— sa composition, 172.
Chambre des députés, sa composition, 217.
— son ajournement, 247.
— ses attributions, 249.
— sa dissolution, 289.
Chambre des représentants aux Etats-Unis, 177.
Chambre des Lords en Angleterre, son origine, 125.
— sa composition, 171.
Charte de 1814 ; droit de suffrage, 74.
— ses dispositions, 193.
Charte de 1830 ; droit de suffrage, 75.
— ses dispositions, 197.
Chef de l'Etat, en France, sa responsabilité, 128 et 306.
— ses attributions, 284.
Circonscriptions électorales, 219.
Collèges électoraux, 220.
Comités permanents au Congrès américain, 107.
Commissaire du Gouvernement au Conseil d'Etat, 348.
Commissions, dans les deux Assemblées, 252.
Confédérations d'Etats, définition, caractères, 14.
Conflits (tribunal des), 351.
Congo (Etat libre du), ses rapports avec la Belgique, 13.
Congrès aux Etats-Unis, 175, note 2.
Conseil de cabinet, 313.
Conseil de Prud'hommes, 336.
Conseil d'Etat, Conseil de gouvernement et Conseil administratif, 327 ; tribunal administratif, 347.
Conseil des Etats en Suisse, 189.
Conseil des ministres, 311.
Conseil fédéral en Suisse, 189.
Conseil national en Suisse, 189.
Conseil de préfecture, 345.
Constitutions étrangères, 169.
Constitutions écrites et constitutions coutumières, comparaison, 7.
Constitution de 1791, droit de suffrage, 72.
— de 1793, droit de suffrage, 72.
— de l'an III, droit de suffrage, 73.
— de l'an VIII, droit de suffrage, 73.

Constitution, article 75 de la Constitution de l'an VIII, abrogé en 1870, 118.
— de 1848, 199.
— de 1852, 202.
— de 1875, 211.
Constitution Rivet, 207.
Convention nationale, droit de suffrage, 72.
Contrat social, système de J.-J. Rousseau, 20.
Corps électoral, 217.
Cour d'appel, 339.
Cour d'assises, 340.
Cour de cassation, 342.
Cour des comptes, 348.

D

Danemark, sa constitution, 191.
Décès du Président de la République, 282.
Déclarations de candidature, 82.
Déclaration des droits de l'homme, 138.
Décrets, différentes espèces, 304.
Délégations autrichienne et hongroise, 183.
Démission du Président de la République, 282.
Députés. Electorat, 217.
— Durée du mandat, 227.
— Immunité des députés, 273.
— Diffamation contre un député, 278.
Dissolution de la Chambre des députés, 289.
Domicile, son inviolabilité, 165.
Doyen d'âge des Chambres, préside la séance d'ouverture, 241.
Droit constitutionnel, sa définition, 1.
Droits individuels ou du citoyen (théorie des), 135.

E

Ecole du droit, de la nature et des gens, 6.
Egalité devant les tribunaux, 166.
— devant la loi pénale, 167.
— devant l'impôt, 167.
— quant à l'accès aux fonctions publiques, 168.

Election à la Chambre des députés, 220.
Election du Président de la République, 281.
Electorat politique. Est-ce un droit ou une fonction ? 65.
— Théorie de Robespierre et système de Barnave, 65.
— Conditions d'exercice, 67.
— Electorat à la Chambre des députés, 217.
— — au Sénat, 233.
Eligibilité politique, 78.
— conditions d'âge, 79.
— inéligibilité absolue et inéligibilité relative, 80.
Empire d'Allemagne.
Enquêtes parlementaires, leur objet, droits des membres des commissions d'enquête, 263.
Espagne. Sa constitution, 191.
Etat. Définition de l'Etat, ses formes, 13.
— Différences entre l'Etat et le gouvernement, 16.
Etat fédéral. Sa définition, ses caractères, 15.
Etats protégés, 16.
Etats vassaux, 16.
Etats-Unis de l'Amérique du Nord, leur constitution, 174.
Etrangers naturalisés. Ne sont pas éligibles au Parlement pendant 10 ans, 81.

F

Familles ayant régné sur la France, leur inéligibilité politique, 81.
Femmes. La question de leurs droits électoraux, 68.
Finances. Droits réciproques de la Chambre des députés et du Sénat, 260.
— Droits des deux Chambres en Angleterre et aux Etats-Unis, 261.
Flagrant délit. Droit de poursuivre les députés et sénateurs, en cas de flagrant délit, 274.
Fonctionnaires. Qui les nomme et les révoque, 295.

G

Garantie des droits du citoyen, dans les différentes constitutions françaises, 138.

Gouvernement. Divers sens de ce mot, 16.
— différentes formes de gouvernement, 47.
— direct, 50.
— représentatif, 51.
— mitigé de quatre façons, 52.
— parlementaire. En quoi il consiste, 131.
— provisoire en 1848, 199.
— — en 1871, 205.
Grâce. Différences avec l'amnistie, 112.
— ses caractères, 112 et 293.
Grotius. Fondateur de l'école du droit de la nature et des gens, 6.
Groupements professionnels (système électoral), 87.
Guerre. Conditions requises pour la déclaration de guerre, en France, 302 ; à l'étranger, 304.

H

Haute Cour de justice (Voyez *Cour de justice*).
Haute trahison (Voyez *Trahison*).
Hobbes (Thomas). Ecrivain absolutiste, 5.
Hongrie. Son organisation politique, 182, 184.
Hotman (François). Auteur de la *Franco-gallia*, 3.

I

Immunités parlementaires, 273.
Impeachment. Accusation contre un ministre, en Angleterre, aux États-Unis et en France, 128.
Impôts. Comment ils sont votés, 258.
Incompatibilités. Différences avec l'inéligibilité, 83.
— dans les diverses constitutions françaises, 83.
— actuellement, 85.
Inéligibilités (Voir *Eligibilité*).
Indemnités des députés et sénateurs, 276.
Initiative populaire. En quoi elle consiste, 60.
— son fonctionnement en Suisse, 61.
Initiative des lois en France, 250.
Injures contre un membre du Parlement, 278.
Insignes parlementaires, 278.

Interpellation des ministres, 318.
Italie. Sa constitution, 185.
— Droit de suffrage en Italie, 77.

J

Juges. Comment doivent-ils être nommés, 103.
Juge de paix, 335.
Juridiction administrative, critique, 115.
Justice judiciaire. Principes généraux, 330.

L

La Boëtie. Son *Discours sur la servitude volontaire*, 3.
Lainez. Père jésuite, admet la souveraineté nationale, 4.
Landsgemeinde. Assemblées primaires en Suisse, 58, 61.
Languet (Hubert). Auteur des *Vindiciæ contra tyrannos*, 4.
Lectures ou délibérations des lois, 253.
Législature. Durée des pouvoirs d'une Assemblée législative soumise au renouvellement intégral. En France, 227.
Liberté de conscience, 141.
— des cultes, 141.
— de la presse, 143.
— de l'enseignement, 147.
— de réunion, 150.
— d'association, 152.
— individuelle, 161.
— du travail, du commerce et de l'industrie, 163.
Lois. Règles concernant leur confection, 250.
Lois constitutionnelles et lois ordinaires, différences, 9.
Lois organiques, leur caractère, 11.
Luther, 3.
Luxembourg. Son union personnelle, anciennement, avec les Pays-Bas, 13.

M

Mac-Mahon. Président de la République Française, 209.
Magistrature en France. Son inamovibilité prétendue, 103.
Mandat impératif. En quoi il consiste, 53.
Marcile de Padoue. Auteur du *Defensor pacis*, 2.

Ministres. Organisation ministérielle, 317.
— Modes de délibération des ministres, 311.
— Attributions, 313.
— Responsabilité politique, pénale et civile, 316.
— Les ministres considérés comme juges administratifs, 346.
Ministère public, 332.
— près du Conseil d'Etat, 348.
Minorités (représentation des), 89.
— Système du quotient électoral, 93.
— Système du vote accumulé, 94.
— Système du vote limité, 95.
— Système de la concurrence des listes, 95.
— Système belge, 95.
Monarchie de droit divin, 26.
Montesquieu. Auteur de la théorie de la séparation des pouvoirs, 101.

N

Négociation des traités, 265.
Norwège. Sa constitution, 192.

O

Ordres du jour. Sens de cette expression, différentes espèces d'ordres du jour, 309.

P

Pays-Bas. Ancien Etat à forme d'union personnelle, 13.
— Constitution des Pays-Bas, 191.
Pétitions (Droit de), 159.
Portugal. Sa constitution, 191.
Politique d'Aristote, 1.
Pouvoir constituant (théorie du), 8.
— n'est pas admis en Angleterre, 10.
Pouvoir exécutif. Unité et collégialité, 280.
Pouvoir judiciaire, 329.
Pouvoir législatif. Sa prépondérance, 108.
— Organisation en France, 246.

Président de la République. Sa nomination, 281.
— Son traitement, 283.
— Ses attributions, 284.
— Sa responsabilité, 306.
Prise en considération des propositions de lois, 251.
Projet de loi (sens de cette expression), 250.
Promulgation des lois, 284.
Propositions de lois (sens de cette expression), 250.
Proposition Rivet, 207.
Propriété (inviolabilité de la), 165.
Prorogation des Chambres, 244, note.
Publicité des séances des deux Chambres, 247.
Puffendorf, 6.

Q

Questeurs, 242.
Question préalable. En quoi elle consiste, 259, 320.
Questions posées aux ministres. Différences avec les interpellations, 320.

R

Ratification des traités, 265, 300.
Referendum. Sa définition, 53.
— Sa disposition, 53.
— Ses formes, 53.
Le *referendum* en Suisse, 57.
Réforme de notre Constitution, 212.
Règlement des deux Chambres, 242.
Réhabilitation, 114.
Reichstag, allemand, 181.
Renouvellement intégral et renouvellement partiel des Assemblées, 228.
Représentation des intérêts, 86.
Représentation des minorités, 89.
Responsabilité du Président de la République, 306.
Responsabilité des ministres (voir *Ministres*).
Révision de notre Constitution. Révisions de 1879 et de 1884, 211.
Rousseau (J. J.), 20.

S

Salisbury (Jean de), 2.
Scrutin de liste et scrutin uninominal, leur comparaison, 89.
Sessions des deux Chambres, 243.
Sessions périodiques (Système des), 244.
Sénat. Sa composition, 230.
— Son organisation, 231.
— Electorat, 233.
— Ses droits en matière de finances, 260.
Sénateurs à vie ou inamovibles, 231.
Séparation des pouvoirs. Historique et règle générale, 100.
— Séparation absolue et relative, 105.
— Séparation des pouvoirs en France, 111 et suiv.
Siège (état de), 267.
Sous-secrétaires d'État, 311.
Souveraineté nationale. Système historique, 23.
— Monarchie du droit divin, 26.
— Système des théoriciens catholiques, 27.
— Système de l'école libérale, 24.
— Caractères de la souveraineté nationale, 34.
Speaker. Président de la Chambre des Communes, 173.
Suarès. Père jésuite, auteur du traité *De legibus*, 2.
Suède. Sa Constitution, 191.
Suffrage direct et indirect. Comparaison, 71.
— Historique du droit de suffrage en France, 72.
— Droit de suffrage à l'étranger, 76.
Suisse. Sa constitution, 188.
Systèmes électoraux, 86.

T

Territoires. Cessions, échanges et adjonctions, 266.
Thiers. Président de la République Française, 209.
Trahison (Crime de haute), 306.
Traités diplomatiques, qui les négocie, 265.
— qui les conclut, 300.
Tribunal de commerce, 337.

Tribunal des conflits, 351.
Tribunal de première instance, 337.
Tribunal fédéral en Suisse, 189.
Tribunaux administratifs, critiques, 125.
Tribunaux judiciaires, 334.
Tyrannicide (théorie du), 45.

U

Union personnelle, 12.
Union réelle, 14.
Urgence (déclaration d'urgence d'une loi), 251.

V

Validation des élections des députés et sénateurs, 240.
Vattel. Philosophe de l'école du droit de la nature et des gens, 6.
Veto populaire, 64.
Veto suspensif, 111.
Vote. A qui ce droit appartient-il, 68.
— Doit-il être obligatoire, 69.
— Conditions à exiger de l'électeur, 70.
Vote plural, en Belgique, 78.

W

Wolff. Philosophe du droit de la nature et des gens, 6.

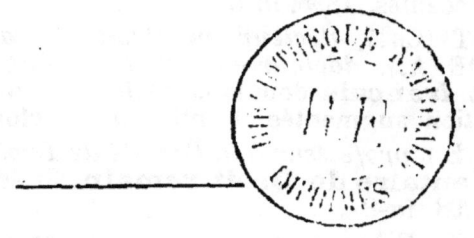

Imp. J. Thevenot, Saint-Dizier (Haute-Marne).

ARTHUR ROUSSEAU, Éditeur, 14, rue Soufflot, Paris.

Extrait du Catalogue général :

BERTHÉLEMY, *professeur de Droit administratif à l'Université de Paris.* — **Traité élémentaire de Droit administratif.** 1 fort vol. in-8, 1900. . . . . 12 fr. 50

BONFILS (Henry), *doyen honoraire et professeur à la Faculté de Droit de Toulouse.* — **Traité élémentaire d'organisation judiciaire, de compétence et de procédure en matière civile et commerciale.** 2e édition, 1892, 1 vol. in-. 8. 8 fr.

— **Manuel de droit international public** (Droit des gens. 2e édition, revue et mise au courant par M. Paul Fauchille, directeur de la *Revue de droit international public.* 1898, in-8. 12 fr.

GINOULHIAC, *professeur à la Faculté de Droit de Toulouse.* — **Cours élémentaire d'Histoire générale du Droit français public et privé,** depuis les premiers temps jusqu'à la publication du Code civil. 2e édition entièrement refondue. 1890, in-8. . . . . 10 fr.

GIRARD (P. F.), *professeur de Droit romain à l'Université de Paris.* — **Manuel élémentaire de Droit romain.** 1 vol. in-8 de 1088 pages. 2e édition . . . . 12 fr. 50

JOURDAN (Alfred), *doyen de la Faculté de Droit d'Aix, professeur d'économie politique à la Faculté des sciences de Marseille et à la Faculté de Droit d'Aix, correspondant de l'Institut.* — **Cours analytique d'économie politique,** professé à la Faculté de Droit d'Aix. 1890, 2e édition, in-8 . . . . 10 fr.

LABORDE (A.), *professeur à la Faculté de Droit de Montpellier.* — **Cours de Droit criminel conforme aux programmes universitaires.** 2e édition revue et mise au courant des lois les plus récentes. 1898, in-8. . . . . 10 fr.

MONNOT (Ch.), *docteur en Droit, avocat à la Cour d'appel* et BONDE (A.), *docteur en Droit.* — **Eléments d'histoire du droit français** depuis la période gallo-romaine jusqu'en 1815. 2e édition augmentée et entièrement refondue. 1898, in-18. 6 fr.

PETIT (E.), *professeur à la Faculté de Droit de Poitiers.* — **Traité élémentaire de Droit romain.** 3e édition, revue et augmentée. 1898, in-8 . . . . 10 fr.

THALLER (E.), *professeur de Droit commercial à l'Université de Paris, professeur honoraire à l'Université de Lyon.* — **Traité élémentaire de Droit commercial,** à l'exclusion du Droit maritime. 2e édition, refondue et augmentée, contenant les principes de la Propriété industrielle et des assurances. 1 fort vol. in-8, 1900 . . . . 12 fr. 50

VIGIÉ (A.), *doyen de la Faculté de Droit de Montpellier, professeur de Droit civil.* — **Cours élémentaire de Droit civil français.** 3 vol. in-8 . . . . 30 fr.
Chaque volume se vend séparément . . . . 10 fr.

www.ingramcontent.com/pod-product-compliance
Lightning Source LLC
Chambersburg PA
CBHW070451170426
43201CB00010B/1293